中国农金30人论坛
互学互鉴 共创共享

中国农金30人论坛
重点课题研究报告（2022年）

中国农村金融杂志社 主编

中国财经出版传媒集团
中国财政经济出版社

图书在版编目（CIP）数据

中国农金 30 人论坛重点课题研究报告 . 2022 年 /《中国农村金融》杂志社主编. --北京：中国财政经济出版社，2023. 3

ISBN 978 -7 -5223 -1792 -2

Ⅰ. ①中… Ⅱ. ①中… Ⅲ. ①农村金融 - 研究报告 - 中国 -2022 Ⅳ. ①F832. 35

中国国家版本馆 CIP 数据核字（2023）第 053491 号

责任编辑：胡 懿　　责任校对：胡永立

封面设计：王 颖　　责任印制：党 辉

中国农金 30 人论坛重点课题研究报告

ZHONGGUO NONGJIN 30 REN LUNTAN ZHONGDIAN KETI YANJIU BAOGAO

中国财政经济出版社 出版

URL：http：//www. cfeph. cn

E - mail：cfeph@ cfeph. cn

社址：北京市海淀区阜成路甲 28 号 邮政编码：100142

营销中心电话：010 -88191522

天猫网店：中国财政经济出版社旗舰店

网址：https：//zgczjjcbs. tmall. com

北京时捷印刷有限公司印刷 各地新华书店经销

成品尺寸：185mm ×260mm 16 开 35. 75 印张 593 000 字

2023 年 4 月第 1 版 2023 年 4 月北京第 1 次印刷

定价：149. 00 元（全两册）

ISBN 978 -7 -5223 -1792 -2

（图书出现印装问题，本社负责调换，电话：010 -88190548）

本社质量投诉电话：010 -88190744

打击盗版举报热线：010 -88191661 QQ：2242791300

目 录

报告一

农村中小银行支农支小服务新模式研究

课题牵头单位
广西壮族自治区农村信用社联合社
天津农村商业银行股份有限公司

主要观点

本课题由《中国农村金融》杂志社发起，广西农信社、天津农商行共同牵头研究。课题从农村中小银行支农支小现状出发，分析当前面临的主要问题，通过研究典型案例，聚焦信贷角度，概括总结出四种支农支小服务新模式——信用批量化服务模式、信用产融化服务模式、信用数字化服务模式和信用组织化服务模式，并进一步提出相关建议。

报告第一部分对过去支农支小服务特征和政策进行梳理分析，指出当前农村中小银行面临的主要问题有战略定位模糊、同业竞争激烈、产品种类单一、风控能力不足、科技能力欠缺、考核体系粗放、跨境服务不足和绿色金融发展滞后等。

报告第二部分主要对四种支农支小服务新模式进行了重点分析：

信用批量化服务模式方面，通过整村授信模式、农村地区数字化金融服务平台和中小微企业信用信息融资平台等三种服务模式强化对当地信息的采集和利用，实现零售业务批量做，提升农村金融覆盖面工作成效。

信用产融化服务模式方面，发展的关键是要充分挖掘当地特色优势产业资源，从对单一客户的金融支持，向整条产业链支持转变，结合市场需求，充分借助金融科技手段，提高支农支小金融服务能力，助力地方特色产业发展。

信用数字化服务模式方面，农村中小银行应做好顶层设计，遵循总体规划，突出重点，急用先行，量力而为，业技融合等原则，从产品、营销、风控、渠道、管理等角度全面推进银行数字化转型，促进战略目标实现。

信用组织化服务模式方面，农村中小银行可通过“金融村干部”和金融专员等多种方式主动参与地方基层党组织建设，也可依靠地方政府对贷款的财政贴息，推动普惠金融与地方治理的深度融合，实现自身业务持续稳健发展。

报告最后，分别从地方政府、监管部门、省联社及农村中小银行四个方向提出建议：一是加大地方政府扶持，实行差异管理，提升农村中小银行金融服务普惠业务的力度和水平；二是加强监管引导，科学考核，从业务指标、“不良容忍”等方面加强支农支小管理和指导；三是省联社应厘清职能定位，从管理、指导、协调、服务四个基本职能出发，提升对农村中小银行的服务质效；四是农村中小银行应转变经营理念，回归服务本源，在服务好本域的基础上，可逐步推进理念共享、系统共享等同业合作。

一、农村中小银行支农支小服务新模式动因

党的十八大以来，以习近平同志为核心的党中央坚持把解决好“三农”问题作为全党工作的重中之重。党的十九大报告首次提出“乡村振兴”战略，随后制定并出台了《乡村振兴战略规划（2018—2022 年）》，明确了乡村振兴的阶段性重点任务。2021 年，我国首设国家乡村振兴局，颁布《中华人民共和国乡村振兴促进法》，巩固脱贫攻坚成果。党的二十大报告进一步指出全面推进乡村振兴，坚持农业农村优先发展，完善农业支持保障制度，健全农村金融服务体系。

《推进普惠金融发展规划（2016—2020 年）》是我国首个发展普惠金融的国家级战略规划，确立了推进普惠金融发展的指导思想、基本原则和发展目标。2021 年出台的《关于支持“专精特新”中小企业高质量发展的通知》提出启动中央财政支持“专精特新”中小企业高质量发展政策。

一系列推进乡村振兴与支持中小企业的重要论述，展现了国家聚焦“三农”和“小微”工作，促进经济发展和人民增收的前进方向。经济是肌体，金融是血脉，坚守支农支小是农村中小银行的时代使命。

（一）支农支小服务发展现状

1. 服务发展概况

长期以来，农村中小银行坚持支农支小的市场定位，扎根基层、服务“三农”、支持“小微”，是农村金融体系中的典型代表，持续发挥着不可替代的重要作用。

从机构分布和服务覆盖面来看，农村中小银行依旧是不可替代的农村金融主力军。据中国银行业协会披露数据，2021 年末，全国农村中小银行（包括农村信用社、农村商业银行、农村合作银行）法人机构共 2 196 家，营业网点超 7 万家，约占银行业金融机构的 48% 和 33%，几乎乡乡有机构、村村有站点，积累了庞大的农村客群。

从支持“三农”的力度来看，农村中小银行依旧是名副其实的农村金融主力

军。近年来，农村中小银行涉农贷款余额不断上升，2020年已突破11万亿元，在金融机构中的占比维持在30%左右（见图1）。2021年全国农村金融机构（含村镇银行）涉农贷款余额13.3亿元，规模几乎与6家国有大行之和持平（见图2）。

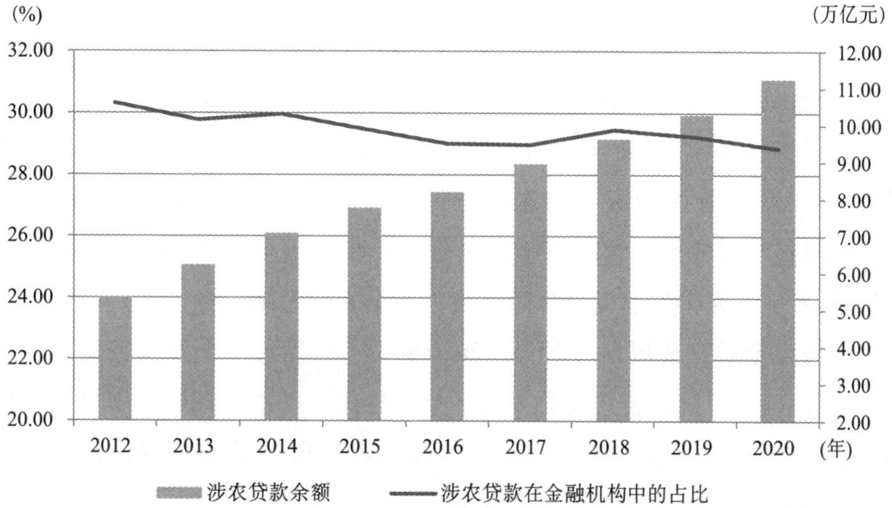

图1　农村中小银行2012—2020年涉农贷款余额及占比

资料来源：Wind.

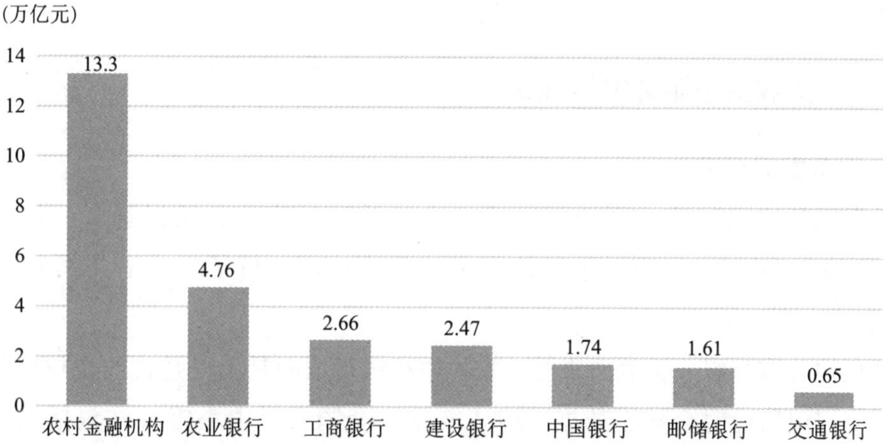

图2　2021年农村金融机构及国有银行涉农贷款余额

资料来源：Wind和各银行年报。

注：农村金融机构含农村中小银行和村镇银行。

从支持“小微”的力度来看，农村中小银行依旧是破解小微企业融资难的主要力量。2019 年以来，农村中小银行普惠型小微企业贷款占比在各类银行业金融机构中保持前列，占比与 6 家国有大行之和不相上下（见图 3）。

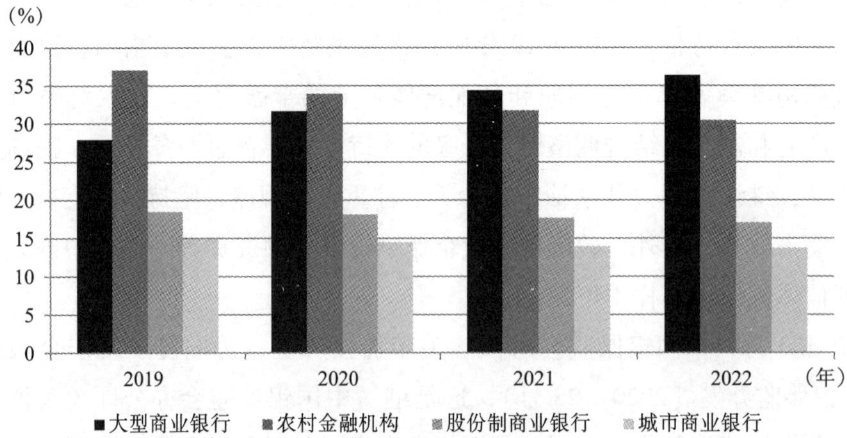

图 3　银行业金融机构普惠型小微企业贷款占比

资料来源：银保监会官网。

2. 重要政策回顾及梳理

从党的十九大报告首次提出要实施乡村振兴战略，到中央农村工作会议进一步明确实施乡村振兴战略的目标任务，清晰制定乡村振兴战略的时间表和路线图，再到 2022 年全国稳住经济大盘电视电话会议上强调的扎实推动稳经济各项政策落地见效，保市场主体、保就业、保民生，均体现出国家对“三农”金融、实体经济发展的高度重视。

2018 年，“中央一号文件”全面部署实施乡村振兴战略，明确要求农村金融机构回归本源，把更多金融资源配置到农村经济社会发展的重点领域和薄弱环节，更好满足乡村振兴多样化金融需求。同年，为了响应国家发展普惠金融，向小微企业、个体工商户等薄弱群体提供更多信贷支持，中国银保监会出台《关于 2018 年推动银行业小微企业金融服务高质量发展的通知》（银监办发〔2018〕29 号），首次提出“两增两控”概念。

中国银保监会主席郭树清也强调，初步考虑对民营企业的贷款要实现“一二五”的目标，将从“稳”“改”“拓”“腾”“降”等方面入手，不断加强金融服务实体经济力度，解决好民营小微企业融资难等问题。

2019年初中国银保监会发布《关于做好2019年银行业保险业服务乡村振兴和助力脱贫攻坚工作的通知》，要求农村中小银行等地方法人银行要立足本地、服务本地。要做好各类现代农业主体金融服务，加快推进新型农业经营主体信用评价体系建设，提高小额信用贷款覆盖面，将新增可贷资金主要用于当地。

中国人民银行行长易纲在2019年中国人民银行工作会议上指出，要引导银行业等金融机构继续做好重点领域和其他薄弱环节的金融服务，加大对高新技术企业、新兴产业和制造业结构调整转型升级的支持，完善普惠服务体系，提高金融科技服务水平，继续发挥“几家抬”的合力，注重市场规律，坚持精准支持，防止盲目支持、突击放贷。此外，破解中小微企业融资难、融资贵等问题，中国人民银行牵头的征信体系建设同样不可缺位。

2020年3月，中国银保监会出台《关于加强产业链协同复工复产金融服务的通知》（银保监办发〔2020〕28号），这是继《中国银保监会办公厅关于推动供应链金融服务实体经济的指导意见》（银保监办发〔2019〕155号）之后，监管部门针对供应链金融的又一专门政策，着重围绕重点产业链构建供应链金融服务体系，并通过增强中长期信贷支持，充分运用再贷款再贴现等货币政策工具，将资金有效注入重点产业链上下游企业，提高重点产业链小微企业的首贷率与信用贷款占比。

9月，在中国人民银行举行的金融支持保市场主体系列新闻发布会上，有关负责人结合“增量扩面、提质降本”总目标，从业务实际出发，聚焦基层“敢贷、愿贷、会贷、能贷”四个关键环节，围绕信贷投放考核、不良容忍度、尽职免责等方面，就出台的一系列差异化激励支持政策进行梳理，为疫情防控和经济协同发展提供更加精准的金融服务。

2022年6月，根据中央经济工作会议和中央农村工作会议精神，按照2022年“中央一号文件”工作部署，银保监会办公厅发布《关于2022年银行业保险业服务全面推进乡村振兴重点工作的通知》，就确保涉农金融投入稳定增长、优化涉农金融供给体制机制、聚焦服务乡村振兴重点领域、提高新市民金融服务水平、增强保险功能作用、强化农村金融环境建设等方面提出具体工作举措，再次强调“农村中小银行要不断增强乡村振兴服务能力”。

金融支持小微企业发展的监管政策对比见表1。

表1　　金融支持小微企业发展的监管政策对比

<table>
<tr><td>中国银保监会办公厅关于 2022 年进一步强化金融支持小微企业发展工作的通知（银保监办发〔2022〕37 号）</td><td>中国银保监会办公厅关于 2021 年进一步推动小微企业金融服务高质量发展的通知（银保监办发〔2021〕49 号）</td><td>监管法规对比</td></tr>
<tr><td>一、坚持稳中求进，持续改进小微企业金融供给</td><td>一、总体目标</td><td>—</td></tr>
<tr><td>（一）总体要求。完整、准确、全面贯彻新发展理念，围绕“六稳”“六保”战略任务，加强和深化小微企业金融服务，支持小微企业纾困恢复和高质量发展，稳定宏观经济大盘</td><td>（一）牢牢把握高质量发展主题，进一步提升小微企业金融服务整体效能</td><td rowspan="2">一是总体要求方面，2021 年强调“高质量发展”，2022 年强调贯彻“新发展理念”，其中包含纾困恢复和高质量发展；二是工作目标方面，2022 年对于 2021 年第二部分提及的“两增”目标进行了明确和细化</td></tr>
<tr><td>（二）工作目标。银行业金融机构总体继续实现单户授信 1000 万元以下（含）的普惠型小微企业贷款“两增”目标，即此类贷款增速不低于各项贷款增速、有贷款余额的户数不低于年初水平</td><td>—</td></tr>
<tr><td>二、深化供给侧结构性改革，提高信贷资源配置效能</td><td>二、以信贷投放为抓手，确保稳定高效的增量金融供给</td><td>—</td></tr>
<tr><td>（三）完善多层次的小微企业信贷供给体系</td><td>（二）围绕“两增”目标，确保对小微企业的信贷支持力度</td><td rowspan="5">对于信贷资源配置，2022 年较 2021 年更深化供给侧改革，明确完善供给体系，且阐明具体做法，如延期还本付息、让利成果等</td></tr>
<tr><td>（四）进一步增强小微企业贷款可获得性</td><td>（三）突出各类机构差异化定位，形成有序竞争、各有侧重的信贷供给格局</td></tr>
<tr><td>（五）做好延期还本付息政策接续和贷款期限管理</td><td>（四）完善定价机制，将小微企业融资利率保持在合理水平</td></tr>
<tr><td>（六）巩固向小微企业让利成果</td><td>（五）落实服务价格管理要求，规范融资收费</td></tr>
<tr><td>—</td><td>（六）加强小微企业贷款用途监控，确保资金投向真实合规</td></tr>
<tr><td>三、强化对重点领域和薄弱环节小微企业的金融支持，助力畅通国民经济循环</td><td>三、以支持创新为出发点，全面优化金融供给结构</td><td>—</td></tr>
</table>

续表

（七）持续做好对小微制造业企业的金融服务	（七）着眼小微企业融资“痛点”“弱点”，补齐信贷业务短板	2021年和2022年均对小微企业科技创新给予支持和金融支撑。2022年增加了对金融资源覆盖、投放、长效管控等更为具体的措施
（八）强化对小微企业科技创新的金融支撑	（八）丰富普惠保险产品业务，更好地为小微企业提供融资增信和保障服务	
（九）多维度加强对小微外贸企业的金融服务	（九）主动倾斜业务布局，以金融资源带动小微企业发展	
（十）扩大对新市民、个体工商户等微观主体的金融覆盖	（十）探索完善科技型小微企业金融服务，促进新技术产业化规模化应用	
（十一）着力改善金融资源投放的区域均衡性	（十一）加强产业链供应链金融创新，助力与资金链有效对接	
（十二）健全完善金融支持抗疫救灾长效机制	—	
四、做实服务小微企业的专业机制，提升综合金融服务能力	四、做优机制体制和专业能力，实现“敢贷愿贷、能贷会贷”	—
（十三）对标监管要求做实做细“敢贷愿贷”内部机制	（十二）对照监管评价要求，完善“敢贷愿贷”内部机制	一是“敢贷愿贷”内部机制，2022年更强调做实做细；二是落实小微企业服务，2022年侧重在满足小微企业金融需求的同时，提升综合服务能力，并加强风险管理
（十四）多措并举满足小微企业非信贷金融需求	（十三）进一步细化落实不良容忍度和授信尽职免责规定，切实保护基层积极性	
（十五）严格落实信贷融资收费和服务价格管理规定	（十四）综合运用金融科技手段和信用信息资源，增强“能贷会贷”服务能力	
（十六）切实加强风险管理和数据治理	（十五）充分传导政策红利，用好用足配套支持机制	
五、推动加强信用信息共享应用，促进小微企业融资	五、多措并举盘活存量信贷资源，提高金融供给效率	—
（十七）积极参与推进信用信息共享机制和融资服务平台建设	（十六）做好贷款期限管理，确保惠企纾困政策平稳衔接	2021年侧重盘活存量信贷资源的相关措施，2022年侧重建立信息共享机制等科学、长效的管理机制，通过更为完善的机制和平台促进小微企业融资
（十八）依托信用信息共享机制加快大数据金融产品开发应用	（十七）鼓励开展信贷资产流转，盘活存量小微企业信贷资源	
（十九）加强信用信息安全和保密管理	（十八）进一步拓宽不良贷款处置渠道，鼓励主动化解风险	

续表

六、监管靠前担当作为，凝聚合力强化支持保障	六、强化监管引领督导，推动营造更好外部环境	—
（二十）上下联动，分层分类加强督导引领	（十九）推动深化信用信息共享机制，加快建设综合金融服务平台	2021 年侧重监管建立共享、考核等机制；2022 年在机制建设的基础上，要求多方位多层次落实相关管理质效
（二十一）横向协同，综合施策增强治理效能	（二十）用好监管评价“指挥棒”，实施分类考核督导	
—	（二十一）加强调研监测，做好经验总结	

3. 传统服务特征

一直以来，农村中小银行始终坚持政策导向，深耕本土、服务本域，以点多面广的服务点、服务站为农村区域提供综合化的金融服务。农村中小银行传统的支农支小业务主要有以下特征。

一是“人海战术”做业务。农村中小银行在支农支小业务拓展方面，尤其是“三农”领域，高度依赖“人”的作用。大量信用数据是通过客户经理团队“靠腿走”“靠手签”得来的，需要挨家挨户、走街串巷开展面对面营销。

二是“经验主义”作判断。判断客户是否能够获得授信更多依靠信贷员的经验。信贷员通过实地考察，了解借款人的生产、资金运转、信用等情况，摸清客户还款能力及偿还意愿。放贷的依据大部分依赖信贷员获得的实地信息以及其基于经验做出的判断。因此，传统服务模式对客户经理专业性和经验性要求较高。

三是产品及业务较为固定。借助农村熟人社会结构，通过人缘地缘的线下优势，农商行的传统经营模式主要是依靠存贷利差，信贷产品多聚焦传统农业、农村、农民，融资需求多“短、频、急”，并具有较强的周期性特点。

四是业务主要以线下为主。长期扎根农村金融市场，拥有覆盖城乡的物理网点，并通过建设综合型金融服务站，不断延伸服务触角，打通普惠金融服务“最后一公里”，获客拓客也多凭借线下营销手段。

4. 调查问卷结果

为深入了解涉农小微客群的金融需求，课题组通过发放调查问卷（问卷问题设置见附录），收集东北地区、中部地区、东部地区、南方地区和西部地区代表省市的农村中小银行服务客户近年来在疫情影响下的相关业务数据。调研共收回有效问卷 1 622 份。根据调查问卷分析结果，共得出以下两点结论：

一是小微企业现在运营面临用工成本较高、原材料价格上涨、税负较重和现金流压力等困难（见图4）。

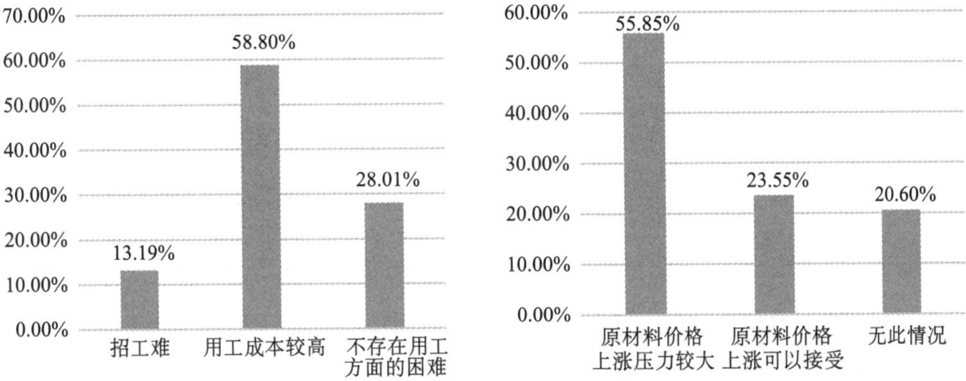

图4　小微企业用工成本与原材料价格情况

二是疫情对一半以上参与问卷调查的企业产生影响，主要体现在企业营收、盈利、复工方面。收入和盈利近年来大部分呈下降态势，企业对未来预期较差（见图5），这在一定程度上影响了小微企业融资的积极性。

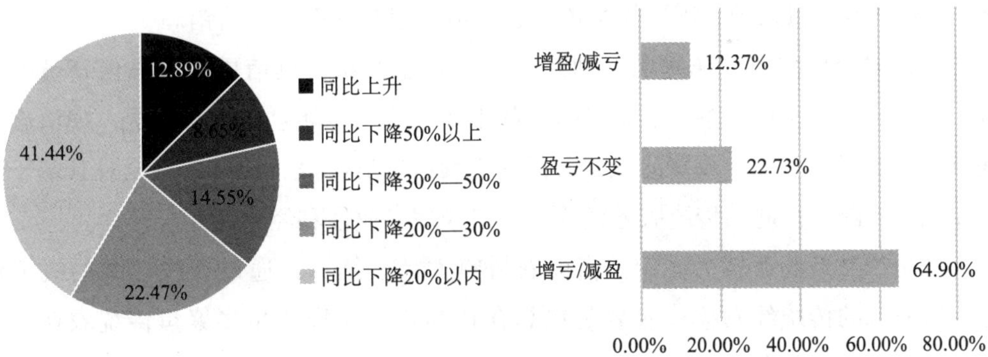

图5　2022年上半年营收及盈利同比变化情况

从问卷调查结果看，小微企业经营成本普遍较高。58.8%的企业用工成本较高，55.85%认为原材料价格上涨压力较大。

87.32%的企业2022年上半年的营收较上年同比下降，大部分受疫情影响较为严重。同时，65.6%的企业2022年上半年的盈利较上年减少，这与营业收入变化较为一致（见图6）。

83.94%的企业预计下半年营业收入减少，其中42.17%的企业同比减少20%以内，83.86%的企业预计下半年盈利减少，大部分受调查企业预期并不乐观。

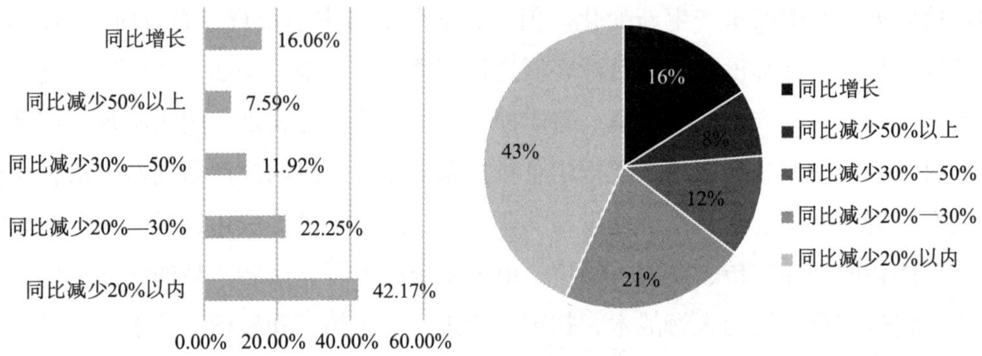

图6　企业预计2022年下半年营业收入及盈利情况

随着疫情持续影响，农村中小银行亟需查找自身面临的“痛点”和难点，为探索实践新服务模式提供思路。

（二）支农支小服务面临的问题

1. 战略定力不足

部分农村中小银行支农支小战略定力不足，缺少有效的战略实施路径，尤其是城区机构业务发展容易受到同区域其他竞争对手的影响，支农支小发展战略难以坚守、执行不力，不同程度存在涉农及小微企业贷款增速和占比较低、新增可贷资金中实际用于服务当地实体经济的比例大幅下降、大额贷款占比升高等问题。此外，农村中小银行的战略发展委员会在监督发展战略执行方向上存在管理缺位，导致省级机构和自身制定的发展规划流于形式，难以落地。

2. 同业竞争激烈

当前国有大行、股份制银行、城商行等纷纷建设农村金融服务站、金融便民服务点等，将金融服务逐步向县域农村市场下沉，凭借资金成本低、产品多样化等优势，借助先进的线上化渠道和平台，以低利率、高授信额度等方式对农村中小银行传统优质客群进行“掐尖”。中国农业银行2021年年报显示，当年新迁建网点65%分布于城乡接合部、县域和乡镇等区域。中国建设银行在乡村大量布放“裕农通”设备，同时派出万名“普惠专员”（2021年末数量约1.9万名）深入农村拓展业务，涉农贷款快速增长。

3. 创新能力不足

随着乡村振兴战略实施，家庭农场、种养大户、专业合作社等新型农业经营主体快速发展，金融需求产生新变化。但是，部分农村中小银行没有及时创新产品，或开发了相应产品却没有针对目标客群进行精准宣传营销。譬如，结合地方资源优势的订单农业、动产和权利融资、碳质押等新型抵质押方式推广应用不足。产品创新对科技手段应用较为不足，现行信息科技系统无法敏捷响应产品创新需求，相应的大数据资源共享、平台系统建设与共联、科技风控手段等应用迟缓，未配套数字化、智能化的产品宣传、获客、销售、申办系统或平台支撑新产品的深度推广，业务拓展仍是依靠传统的人海战术、扫街方式进行获客拓客和授信。缺乏金融科技系统全生命周期支撑的“复制型”产品创新在应对大行先进科技手段拓展业务的竞争中慢慢丧失优势。

4. 风控能力不强

支农支小支微贷款笔数多金额小，客户群体“多、散、弱、小”，风险管理难度往往较大。部分农村中小银行在提供支农支小服务时风险管理不同程度存在重放轻管、重抵押担保轻第一还款来源、重规模扩张轻质量把控等问题，全面风险管理和全流程监控还有待完善。此外，由于信息化、智能化、数字化的水平相对较低，风险控制平台功能不够齐全，风险数据可获得性不高、覆盖面不全，风险信息过度依赖人工采集和线下分析，易出现贷前风险预警不及时、贷中风险防控不到位、贷后风险提示迟滞等问题，易引发信用风险、操作风险等。再者，因信贷业务增速放缓且吸收了部分实体经济的经营风险，不少农村中小银行出现存量不良资产清收难、新增不良资产增多等情况，耗用了大量拨备，严重影响营业收入和利润水平。内控制度建设不够健全，制度后评价机制未有效实施。

5. 科技能力落后

农村中小银行普遍存在科技创新意识不强，员工对金融科技缺乏了解和熟悉，业务办理效率较低等问题，与时代发展要求和客户需求仍有较大差距。受机制体制以及工作区域等限制，农村中小银行对高层次研发人才的吸引力明显不足，导致农村中小银行引进科技人才难，留住人才更难。云计算、大数据、区块链、物联网、人工智能等高科技手段在金融科技中应用不足，对涉农主体和小微企业金融需求的识别和发掘程度还有待加强。基层法人行社缺乏金融科技研创能力，高度依赖省联社的金融科技开发和应用开放水平。

6. 考核体系粗放

部分农村中小银行的考核体系设置有待加强，甚至没有完整的考核评价体系，缺乏具体的考核方向和目标。部分指标没有建立在可量化的目标和行为能力基础之上，缺少科学的目标设置，引导性和可操作性不强。支农支小考核评价要素和维度单一，奖惩方式简单直接，仅以经济效益、职务升降的奖惩作为考核结果运用，缺乏对员工精神层面需求的考虑。同时，部分农村中小银行没有将中长期发展目标纳入评价，过于追求短期效应，忽视中长期平衡发展，导致部分员工急功近利或是惧贷惜贷。

此外，省联社在为辖内机构制定考核目标时，差异化和精细化程度不足，考核实施与运用效果高度依赖于各机构自身的管理水平，存在考核难落地的现实情况。

7. 跨境服务滞后

农村中小银行普遍存在国际业务起步晚、专业人才缺乏、境外展业渠道欠缺等问题。我国国际贸易开放程度不断提高，尤其是 RCEP 生效后，跨境中小微企业和涉农客群的进出口贸易金融服务需求不断增大。农村中小银行的跨境金融服务不足，在营销跨境产业链参与市场主体的竞争中不具备优势，融入国内国际双循环的新发展格局效果不佳。

8. 绿色金融滞后

农村中小银行绿色金融业务起步普遍较晚，在发展绿色金融业务过程中，除了面临市场风险外，还要面临自身组织架构、管理体系、产品服务等内部体制机制的变革挑战。从实际情况来看，多数农村中小银行依然没有建立明晰的绿色金融发展路径，绿色金融的产品、服务、制度、架构都尚未明确，绿色金融与支农支小的结合点也并未找到，两者发展的协同性不足。

疫情反复、经济下行、大行下沉，农村中小银行切实感受到寒冬来临，行业难点焦点问题在严峻的市场环境下愈加明显。认清现状，发挥差异化竞争优势，成为发展的关键所在。

二、农村中小银行支农支小服务新模式探索

近年来，农村中小银行在发展传统业务模式的基础上逐步探索出一批创新服务

模式。本课题通过对10个省、自治区农村中小银行进行实地和线上调研，收集关于支农支小的信贷模式的具体做法，共计收集相关案例56个。基于案例呈现的服务模式和具体做法，本课题进行分类整理并归纳总结出信用批量化服务模式、信用产融化服务模式、信用数字化服务模式和信用组织化服务模式等四大类服务新模式。

（一）信用批量化服务模式

支农支小的很大一部分客群是小而散的，在客户面广量大的情况下，信用批量化服务模式由开发单一客户升级为开发共性客户，有效提高工作效率。本报告将整村授信模式、农村地区数字化金融服务平台和中小微企业信用信息融资平台模式三种新模式归类为该种模式。

1. 网格嵌入精准到人的“整村授信”

（1）模式简介。“整村授信”是以一个行政村为单位，提前对符合条件的村民给予一定信用贷款额度，农户凭信用就能获得授信额度。“整村授信”的核心流程可归纳为“建档、授信、签约、用信”四个步骤。当前绝大部分农村中小银行都积极开展整村授信，有些还探索推进整镇授信，稳固农村市场传统根据地。课题组收集了浙江江山农商行、浙江东阳农商行、宁夏黄河农商行、海南省农信社等多家银行“整村授信”等案例。

（2）主要优点。

• 实现农村金融服务全覆盖。通过“整村授信”，可以实现对一个区域内所有行政村及其农户的全覆盖，全面掌握农村区域金融服务需求。

• 充分发挥农村中小银行人缘地缘优势。通过入村进户，可准确掌握农户基本情况，弥补线上数据缺少的不足，为建立乡村信用体系奠定数据基础。

• 有利于助推农商行自身的数字化转型。“整村授信”的过程，也是引导农户金融需求往线上迁移的过程。在采集信息过程中引导农户下载银行App或关注公众号、使用小程序等，并通过功能服务使农户需求逐步迁移至线上。

案例1：浙江江山农商行依托整村授信实现农户小额晋惠贷款全覆盖①

浙江江山农商银行充分利用全省农户小额普惠贷款试点行的契机，通过“整村

① 案例来源：《中国农村金融》杂志社提供。

授信”的服务模式，简化流程，优化内涵。与其他地方有所区别的是，江山农商银行改“按户授信”为“按人授信”，在一定条件下，18—65岁的家庭成员都可获得授信，实现“人人可贷”。目前，当地已完成普惠授信15.1万户，授信金额223亿元，除去负面清单农户，授信率达到100%，实现了授信全覆盖；完成农户贷款3.6万户，贷款金额36.78亿元。

案例2：浙江东阳农商银行“网格化”整镇授信①

浙江东阳农商银行根据当地小微企业以镇为单位聚集的特点，对全镇企业走访授信，探索出整镇授信的服务新模式。通过“政银合作”从当地税务部门获取小微企业纳税等级ABM级清单数据，按经营地划分区域网格，落实网格责任到人；后期，通过走访调研收集企业上年经营产值、投入资金、员工人数、资金回笼时间等重要信息，建立台账，录入普惠管理平台，通过规则模型计算并自动生成企业预授信额度，实现无感授信。这一模式推广后，东阳农商银行半年对近5 000家小微企业完成预授信100多亿元，成效明显。这种模式的突出特点是从企业主动提出融资需求，“反转”为银行主动给企业做预授信。

2. 农村地区数字化金融服务平台

（1）模式简介。中小银行通过搭建数字化金融服务平台，与政府相关机构合作，将区、市、县、乡的涉农信息数据引入，结合行内数据，精准识别客户贷款需求，运用自动化风控模型，测算出客户的授信额度，辅以人工手段，满足客户融资需求，并实现普惠信贷业务的全流程管理。课题组收集了广西农信的“桂盛富民”金融平台、吉林榆树农商银行的“榆快金融”线上普惠金融平台和湖南省联社的“智慧乡村”数字化平台等多家银行的案例。

（2）主要优点。

- 简化信贷流程，提高工作效率。数字化金融服务平台极大简化了流程步骤，为客户节省更多时间。通过富民平台办理业务最长不超过3日，最快仅需8分钟，远超该平台上线前的办理周期，显著提升工作效率和客户体验感。

- 完善风控流程，做到精准防控。数字化金融服务平台提升了风险防控的全面性。通过接入外部数据，富民平台风控指标增加至100多项，使风控指标数达到

① 案例来源：《中国农村金融》杂志社提供。

原有指标数的近5倍，且可以实现精准化和自动化预期提醒和拦截防控。

• 授信用信额度提升，金融支持力度加大。数字化金融服务平台提升了授信评估的精准性。通过桂盛富民平台精准采信授信，户均授信额度达到了8.8万元，相比原先的授信额度翻了一番，户均用信额也从原有的4.4万元增加至8.4万元，实现农户授信用信额度双提升。

案例3：广西农信“桂盛富民”金融服务平台创新数字金融助力乡村振兴①

广西农信社积极推动信用体系、金融科技、数据治理等重点工作，建成投产了“桂盛富民”金融服务平台。该平台集贷前信息调查、评级授信、数据可视化平台等27个功能模块为一体，接入政务共享数据814项，实现个人信贷业务“无纸化、线上化、移动化、标准化”全流程业务管理，具有“少跑腿、无纸化、助授信、强监督、控风险”五大优势，率先形成规范统一的区域级涉农数据规范体系，实现区、市、县、乡镇的涉农信息数据共享，行内数据与外部数据相结合、系统自动识别辅以人工复核，精准识别客户贷款需求，同步控制风险程度，实现信贷资源合理、有效配置。截至2022年9月30日，广西农信在全自治区创建6个信用县、619个信用乡（镇）、7 235个信用村，评定信用户446.95万户。全辖信贷客户经理通过“桂盛富民”金融服务平台累计走访有效客户334.27万户，授信户数269.43万户，授信金额2 352.46亿元，用信户数103.36万户，用信金额1 579.04亿元。

3. 中小微企业信用信息融资平台

（1）模式简介。由政府主导整合多部门信息，搭建小微企业信用信息与融资平台，商业银行可通过该平台实现银行信贷产品发布、企业信贷业务受理、企业信用信息查询、企业贷前风险评估、信贷合同录入上传、企业贷后风险预警等功能。企业可实现查看商业银行信贷产品、提出信贷需求申请、授权信息查询、银行办理进度查询等功能。课题组收集了广东的“粤信融”、青海的“青信融”与天津的“津心融”等案例。

（2）主要优点。“粤信融”征信平台为银行提供了快速了解企业经营情况的便捷渠道，银企信息对称、透明，为银行防范信贷风险提供了有力支持，也促使银行对经营状况好的企业放心贷、大胆贷。

---

① 案例来源：广西农信社提供。

• 高效、广泛的数据整合。粤信融平台的最主要的优势在于平台整合了不同单位、不同来源的政务信息，包括工商、税务、海关等信息，还有水、电、煤及人民银行的金融信用信息等，有效解决商业银行发放贷款过程中存在的数据来源少、标准不统一、查询不便等问题，为精准评价企业信用等级夯实数据基础。

• 实用的信用评价机制。加强小微企业信用体系服务模式还要充分运用好人工智能、大数据等技术，建立企业信用评价和评分体系，对企业进行"画像"，帮助商业银行精准识别企业经营和信用情况，对企业进行全面贷前风险评估，促进企业依靠良好的"信用记录"获得信贷资金。

• 较低的成本和较高的金融可获得性。小微企业信用金融模式成功的本质是满足了资金供给方和资金需求方的双边需求。征信平台促进了线上信息共享，降低了商业银行搜寻目标客户的成本，低成本促进中小微企业融资机会和可得性大幅提高。

• 丰富的金融服务功能。除银企融资对接等核心功能外，服务平台还可提供抗疫防疫绿色通道、绿金金融融资、稳企业保就业、企业走访管理、不动产抵押登记和查册、农融通、首贷服务、跨境金融服务等功能，以便更好地支持中小微企业发展。

案例4："粤信融"助力中小微企业解决贷款难[①]

2015年7月，广东省人民政府指定人民银行牵头建设了"广东省中小微企业信用信息和融资（粤信融）"平台，广东金融机构通过对接"粤信融"平台，实现了跨层级、跨部门、跨地域信用信息的深度融合，帮助各级政府部门和商业银行全面了解企业状况，着力破解小微企业融资难背后的信息不对称难题，实现资金供需双方线上高效对接。

自"粤信融"平台建设以来，已成功入驻广东省内城市20座，共采集数据8.2亿条，涉及1 800多万个市场主体。平台累计接入207家银行机构的1.3万个网点，发布信贷产品4 520个，累计撮合银企融资对接41.7万笔、金额2万亿元。

4. 模式小结

总结各地信用体系服务模式的典型案例，关键之处就在于如何有效地采集并使用好客户的数据，以建立属于农村中小银行自身的信用体系。在推进"整村授信"

① 案例来源：广东省联社提供。

和数字化平台建设的过程中，要把工作重点放到对客户信息的有效使用上。在推进过程中，既要提质增效造福于民，又要因地制宜防控风险，切实提高人民群众金融获得感，赋能乡村振兴。

需要注意的是，信用批量化服务模式实现了银行由“被动服务”向“主动服务”的转变，也实现了客户“抵押担保才能贷”到“诚实守信就能贷”的转变，通过提前授信，用时提款，真正让客户生产经营“不差钱”。不过，也正是因为批量授信的广覆盖、简操作、弱担保，才更要求农村中小银行注重风险控制。可通过采取“背靠背”独立评议、实行“下限控制”与“增信提额”相结合等方式加以防范。

（二）信用产融化服务模式

信用产融化服务模式方面，发展的关键是要充分挖掘当地特色优势产业资源，从对单一客户的金融支持，向对整条产业链的支持转变，结合市场需求，充分借助金融科技手段，提高支农支小金融服务能力，助力地方特色产业发展。从2016年至2020年，供应链金融市场规模从16.7万亿元增长至24.9万亿元，增长率高达49.1%，全国各地农村中小银行也积极发挥主观能动性，与当地产业园区、产业联盟组织签订合作协议，将本土特色产业的上下游客户一并纳入服务范围，更好服务当地链属企业。

1. 供应链金融

（1）模式简介。供应链金融是一种针对中小企业的新型融资模式，将供应链核心企业及其上下游企业视为一个有机统一整体，在保证贸易真实发生的背景前提下，采用应收账款质押、仓单质押等方式保障供应链资金的相对封闭。课题组收集了安徽亳州的“金农信e链”、广东佛山农商银行的“订单贷”“与河南西峡农商银行”“订单融资”等多家银行的案例。

（2）主要优点。

- 明确开展供应链金融的产业链条。农村中小银行通过调研在本地区现有且发展前景广阔的供应链条，多维度进行甄选。同时要积极关注并参与未形成产业链核心企业的发展，提前布局谋划，推动地方特色产业链修复重构和优化升级，通过加大金融扶持力度争取促进该产业链的形成，并打通产业链上下游企业间的“商流”“物流”“信息流”。

• 完善信息化管理系统。从农村中小银行科技力量普遍薄弱这一现实因素出发，积极建立信息化管理系统或通过共享方式学习借鉴他行先进技术，针对供应链金融创新产品，在业务管理模块增加与供应链金融相关的信用证、应收账款等业务模式。

• 严格风控管理。通过整理省级联社下发的数据，结合当地政府部门、人民银行征信系统中数据，利用第三方评估机构数据服务平台，对接税务发票验真数据，搭建业务准入、评级授信、利率定价、贷后预警等模型。同时需要关注供应链金融中的关键环节和关键风险，加强资金交易分析和税务数据分析，重点核实贸易背景，防止出现重复质押和空单质押的现象。

案例5：亳州中药材供应链金融服务平台[①]

安徽亳州药都农商银行抓住“亳州市被认定为全国55个供应链创新与应用试点城市之一”的历史重要机遇，启动中医药供应链金融项目，搭建中药材供应链金融服务平台（简称“金农信e链”），通过区块链、大数据、互联网、物联网等信息化技术融合创新，在全面推进当地中药材产业发展、立足行业和数据资源优势的基础上，有效解决当地药企的融资难题，打通药企“融资难、融资贵”的资金链，促进中药材供应端稳健发展。供应链上各相关主体可在线实现申请、评级、授信、预警和贷后管理。以该银行的抵押贷款为例，围绕268家核心企业及其上下游，通过中医药供应链系统，客户在入库后，从申请到获得贷款一般只需5分钟。

2. 农业产业链金融

（1）模式简介。农业产业链金融是以地方特色农业产业为切入口，通过供应链金融的模式解决农业产业链上下游中小企业融资难问题，探索出一条以“降低农业信贷交易成本、助力农业产业提质增效”为目标，推动农村第一、二、三产业融合发展的金融惠农道路。课题组收集了广东江门农商银行“陈皮贷”、江苏如皋农商银行黑鱼产业、天津农商行小站稻产业等案例。

（2）主要优点。

• 做深做透农业产业链。一是根据当地实际情况，找准特色、优势的农业产业链。二是主动对接，深入调研，下沉服务，全面掌握产业链全链条的生产经营模

---

① 案例来源：中国农村金融杂志社提供。

式，在此基础上为企业定制专属的产业供应链金融解决方案。

- 多渠道创新合作方式。积极与当地政府、保险公司、担保公司开展深度合作，摸清当地农产品生产经营周期，整合合作方优势，从准入、期限、额度、利率、担保、渠道六大方面精准满足农业产业融资需求。

- 科技手段提高贷后管理水平。通过建立地方特色农产品贷款全流程风险缓释和监测制度，利用5G、物联网、卫星遥感、电子围栏、智能监控、大数据分析等科技手段，实时掌握产业链各参与方的风险状况，做到风险早识别、早发现、早提示、早处置，确保贷款期间银行风险敞口得到有效覆盖，切实保障农业产业链条上各参与方的利益。

案例6：广东江门农商银行陈皮产业①

广东江门农商银行立足当地最具特色的新会陈皮产业，以陈皮全产业链为场景，创新产品和服务，抓住陈皮“陈”的价值，针对陈皮越陈价值越大的属性，推动仓储融资模式创新，借助“公司＋农户”“公司＋农民合作社＋农户”生产特点，探索“链条联通”的融合发展新模式，致力将“小陈皮”做成“大产业”，努力实现多元抱团一起发展。截至2021年底，在以当地政府为主导的农业产业链金融服务模式推动下，陈皮产业集群蓬勃发展，新会柑种植面积约10万亩，新会陈皮产业企业超1 700家，带动陈皮产业就业5万人，农民人均增收1.88万元，陈皮产业市值从2018年的89亿元增长到2021年的超145亿元，增幅高达63%。截至2022年9月末，江门农商银行累计向陈皮产业链发放资金13.04亿元，近1 200笔，贷款余额4.68亿元，受惠农户580多户，市场份额接近四成，居当地金融机构首位。

3. 新型农业经营主体

（1）模式简介。党的十八大以来，农民合作社、家庭农场、社会化服务组织、农业产业化龙头企业等新型农业经营主体以强大的生命力蓬勃发展，深刻改变着传统农业生产组织和经营方式。此类客群是农村经营主力军用款意愿强，资金需求金额较大，用款稳定，风险分散，是农村中小银行需重点挖掘的客群。课题组收集了新疆农信“农户＋新型农业经营主体”模式、甘肃天祝农商银行“1246”服务模

① 案例来源：广东江门农商银行提供。

式、天津农商银行新型农业经营主体建档评级授信模式等金融助力新型农业经营主体案例。

（2）主要优点。

• 与整村授信工作结合。在整村授信时同步建立新型农业经营主体信息档案，建立信用评价体系，开展建档、评级、授信工作。

• 利用科技手段提高效率。开发建档评级工具，强化结果运用，创设标准化业务流程，以提高建档评级及后期业务统计便捷性，方便客户经理及时通过手机进行数据信息的录入、查询、额度测算等。

案例7：新疆农信“农户+新型农业经营主体”模式①

新疆农信以手续简便、担保适度等为原则，进行信贷产品创新，通过排列组合授信方式、授信额度、时间期限、还贷方式等元素，满足不同类型、不同规模、不同新型农业经营主体的融资需求，努力做到应贷尽贷，既适应了区域产业发展现状，又解决了融资难问题。截至2022年4月30日，全自治区新型农业经营主体贷款余额70.51亿元，前4个月累计投放30.64亿元。

4. 模式小结

产融结合是要充分挖掘当地特色优势产业资源，从供应链整体出发，运用金融科技手段，整合物流、资金流、信息流等信息，为企业提供系统性金融解决方案，增强企业资金流动性，逐步建立良性循环的产业生态网链结构。从一定程度来说，产融结合突破了常规融资模式瓶颈，丰富了农村中小银行支农支小金融服务手段。

信用产融化服务模式下，整个产业链中的核心企业掌握了链条的核心价值，决定了其上下游企业的生存状况和交易质量。银行正是基于核心企业的综合实力、信用级别等对上下游企业开展授信业务，一旦核心企业出现信用问题，必然影响供应链金融的整体安全。因此，应随时关注核心企业的信用状况与发展前景，结合当地发展规划与政策导向，做出前瞻性判断。

（三）信用数字化服务模式

目前，以“A、B、C、D、E、G、H、I”（分别是人工智能、区块链、云计算、

---

① 案例来源：中国日报网。

大数据、边缘计算、5G、智慧家庭、物联网）等技术为代表的数字技术正在快速改变各行各业，不少农村中小银行把加快数字化转型作为提升竞争力的“利器”。在这一进程中，分化趋势愈加明显：数字化转型走在前列的农村中小银行，大数据等基础支撑建设较为完善，逐渐进入“数智化”转型阶段，赋能业务发展效果明显；中间梯队的农村中小银行正通过零售、小微等领域“小步快跑”探索转型；还有部分农村中小银行受理念、管理、技术等制约尚未搭上数字化转型的快车。

1. 数字化转型

（1）模式简介。农村中小银行通过数字化转型赋能驱动产品创新、渠道升级、管理转型和金融场景的融合，改变传统经营模式，提升服务效率、强化风控能力，促进降本增效，获得新的业务增长机会。课题组收集了天津农商银行、吉林榆树农商行、广东农信、河北农信等多家银行数字化转型案例。

（2）主要优点。

- 强化顶层设计，明确组织保障。将数字化转型纳入战略发展规划，锚定数字化转型方向。构建由高级管理层统筹决策、跨部门间协同运作的数字化转型架构，搭建数字化人才梯队，促进业务与科技团队双向互动，提高业务部门数字文化意识和数字思维，推动数字化转型由网点、产品、队伍等外在改变，向能力、思维、理念更深层次的转变。
- 完善体系建设，赋能业务发展。秉承“降低成本、提高效率、创造价值、防控风险”为数字化转型目标，以业务数字化、管理数字化、场景数字化三大体系建设为核心，围绕国家重大战略部署和支农支小服务，打造数字化金融产品、转变金融服务方式、构建数字化经营管理体系。
- 坚持数据驱动，发挥数据价值。坚持以数据治理为抓手，推进数据标准化建设，提升数据资产价值挖掘能力，结合反洗钱、反欺诈、信贷风控、经营管理等数据应用场景，构建数据分析模型，充分发挥数据在防控风险隐患、完善绩效考核、助力经营决策中的作用。

案例8：天津农商银行数字化转型[①]

天津农商银行自2020年起启动数字化转型工作，制定了数字化转型“333”战

① 案例来源：天津农商银行提供。

略，实施了“数字助力计划1.0”和“数字助力计划2.0”，通过近3年的科技建设完成160余套系统的新建、重构和优化。在客户拓展、风险防范、人力替代、节约成本、提高效率等方面取得显著成效（见图7）。

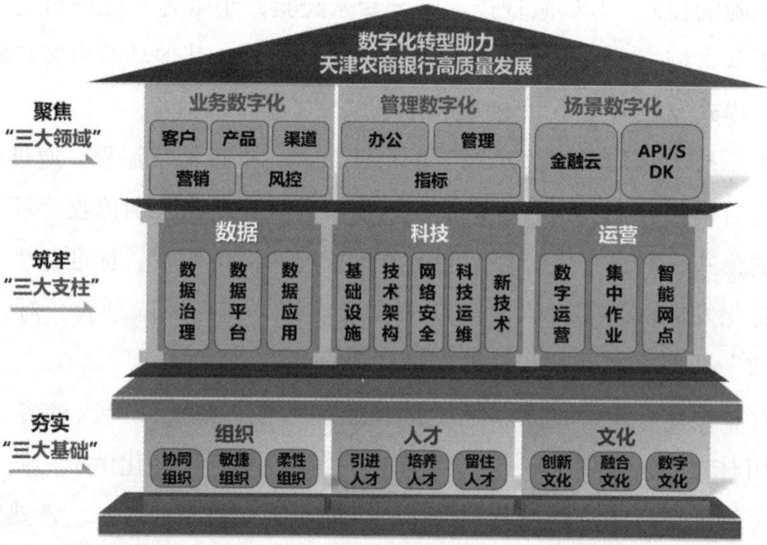

图7　数字化转型助力天津农商银行高质量发展

案例9：天津农商银行移动柜台拓宽金融服务边界[①]

天津农商银行的移动柜台系统以PAD作为业务办理介质，拓展了柜面业务办理渠道，通过“分散营销+集中授权”的业务模式，形成一套“说走就走”的单兵移动作战模式，打破了物理网点服务边界，突破营业时间限制，全面提升客户经理服务效能，实现了服务模式由“坐商”到“行商”的转变。截至2022年9月，天津农商银行已完成个人活期开卡及联动签约、密码管理、凭证挂失、社保卡即时发卡、社保卡领卡等10余项功能的应用，日均累计交易超过300笔。

2. 基于IPC技术的信贷工厂

《飞燕筑梦——常熟农商银行小微金融模式解码》一书中提到，常熟农商银行微贷模式将ipc技术、信贷工厂技术和数字化技术融合起来，整合在一台移动设备内，既方便了客户经理，也给客户带来更好的体验。

① 案例来源：天津农商银行提供。

IPC技术的核心主要由三部分组成。一是考察借款人偿还贷款的能力，信贷人员通过实地考察，了解客户生产经营状况，为银行信贷提供信息；二是考虑借款人偿还贷款的意愿，包括客户的信用历史、贷款申请历史等各项基本情况；三是银行内部操作风险的控制。IPC微贷技术属于专家经验，小微客户经理负责全流程业务操作，除了双人调查、贷款审批和征信查询等环节外，其他环节由客户经理一人完成，因此该模式发展需要不断地培养信贷员。

信贷工厂技术就是以"流水线"的形式批量化处理信贷流程，通过将小微信贷业务划分为营销、分配、调查、审批、放款、贷后管理和逾期催收等环节，按照工厂流水线的模式，对每个生产环节制定质量标准和岗位职责，标准化生产、流程化操作、批量化发放，落实专人对生产的"准次品"进行风险预警，对"次品"进行"软回收"再组合，或通过法院渠道"硬回收"。

两者互补性好。IPC的优点是质量管控能力强，缺点是对人的专业性依赖较高，效率相对较低：信贷工厂的优点是分工提高效率、规模化生产，使客户经理专注于放款前的工作，缺点是按流程操作，可能不能有效识别客户。常熟农商银行将二者结合起来，扬长避短，重构小微信贷流程，形成了"前端减负、后端剥离、集中审批"的信贷工厂建设目标。

按照这一思想，贷款流程被切成了三个方面——贷前、贷中和贷后，从原来六个节点细化成八大节点（见图8），每一节点定义功能、职责，相应设置新的岗位和工作规则。贷前流程体现在贷前准备与现场调查工作，保留了经过改良的IPC调查表。贷中流程划分为贷前审核和贷款审批两部分，资料审核岗人员审核贷款资料是否填写完整及全面，贷款审批部分改变最大，将分散的审批权限转为集中的专职审批。贷后职能增加后督审计和风险管理，后督检查客户资金流向以及贷款资金用途是否真实。此外，工作流程的优化还包括专人放款、合同归档、风险电子预警监控等职责设立和专门人员负责。改造过程中实行关键风控技术保留，进行技术升级，用数字化方式提升效率。此后又结合信贷工厂流程上线移动信贷平台（MCP）系统，形成了一键信息采集、全面合同签约、实时充盈管理等七大亮点功能，逐步带来小微业务营销和管理的变革。

常熟农商银行打造的基于IPC技术的信贷工厂，前端通过IPC微贷技术控制进件的质量，实现对小微客户的信用下沉，在营销环节便可以进行风险过滤。后端通过信贷工厂流水线的方式，将环节拆分突破IPC技术对"超级信贷员"的依赖，以标准化流程使得贷款质量和效率得到兼顾，并通过科技赋能融合形成使用至今的MCP，真正解决跨区域复制难题。

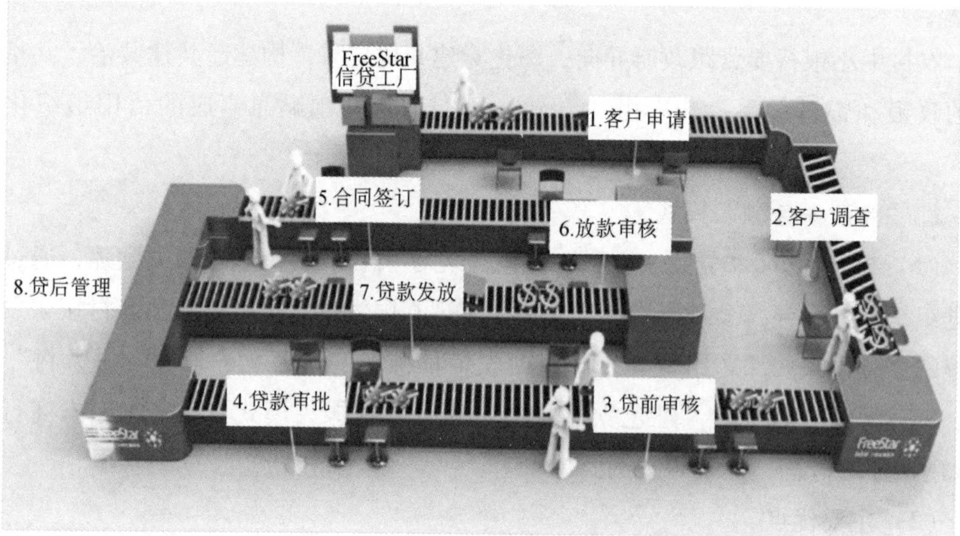

图8　调整优化的信贷流程

3. 模式小结

科技赋能是发展的助推器，全面加强了金融服务能力，为创新产品模式、提升风控能力、精细考核体系提供坚强技术保障，从根本上为农村中小银行转型发展开拓了新的战略方向，有力支撑了创新驱动发展、数字经济、乡村振兴、碳达峰碳中和等战略实施，为高质量发展注入充沛动能。

（四）信用组织化服务模式

农村中小银行要紧跟政府工作规划，主动承担金融服务乡村振兴职责，把自身发展融入地方区域发展，也只有这样才能得到政府的支持和认可，才能获取更多的政府资源。

首先，要突出党建在经营发展中的重要作用，强化全系统服务乡村振兴的政治站位和主责意识，争做服务乡村振兴主办银行。引导行社加强与地方政府沟通协作，获取支持乡村振兴的主动权。

其次，各省的农业农村发展基础和发展方向各不相同，各地政府也基于自身情况进行了探索。地方政府通过搭建地方综合金融服务平台，能有效发挥金融资源对农村经济发展的促进作用。在鼓励信贷投放上的主要方法是通过财政贴息将资金直接拨付贷款银行，由贷款银行以低于市场利率的政策性优惠利率向个人、企业提供贷款。

农村中小银行要紧跟政府导向，深化党建共建成果，构建起共建共治、共享共赢的政银和银村关系，开启由“党建 +”与政府专项贴息组成的信用组织化新模式。

1.“党建 + 金融”模式

（1）模式简介。“党建 + 金融”模式是党建引领发展，金融助力党建，通过基层党组织共建引导，金融机构融合支持，实现基层党建、金融服务和乡村振兴发展共赢的服务模式。课题组收集了如广西农信社推行的“万名农信党员进万村”工程、江苏海安农商行的“红色党建联盟”服务乡村振兴模式、湖南浏阳农商行的“党建 + 金融村官”模式等案例。

（2）主要优点。

- 政银联动，实现资源整合利用。“党建 + 金融”模式的最大优势就是农村中小银行通过以党建共建的形式，发挥政府和农村中小银行基层党组织的作用，实现优势互补、资源共享、力量整合等，有效利用政府的平台资源和力量，以党建聚集合力，为农村中小银行的市场业务拓展、份额巩固以及助力乡村振兴提供了一个新的途径和渠道。
- “党建 + 金融”，互促融合齐发展。党组织有着强大的宣传引导和组织协调作用，通过政银党建共建，充分发挥外部基层党组织的效能作用，农村中小银行本身的党建得到了强化，自身建设和业务发展也得到推动和促进。同时，农村中小银行通过自身金融资源将党建工作落到实处，履行社会责任，帮助政府基层党组织实现工作目标，推动地区经济社会和产业发展，反过来也促使政府基层党组织将其政务资源主动地与金融资源整合，实现互促共发展。
- 党建搭台，业务唱戏。“党建 + 金融”即以党建共建为平台，农村中小银行在参与地方基层党组织建设过程中，通过借力地方政府平台资源，深入全面地掌握信息，大力推进全面金融服务，拓展渠道和市场，做好“金融政策的宣传员”“普惠金融的推广员”“乡村振兴的联络员”“服务‘三农’的信贷员”，抢占先机和市场资源，进一步夯实普惠金融的根基。

（3）经验总结。在新时代新形势下，“党建 + 金融”服务模式有效将政府和农村中小银行的基层党组织优势转化为金融优势，将资源变为资金，政银双方以“围绕中心、服务大局、整合力量、资源共享、优势互补、双方同促、创新载体、共同提高”为目标原则，激活双方活力与合力，为农村中小银行自身建设和业务发展打造新动能，实现互赢共利。

案例10：广西农信“万名农信党员进万村”①

广西农信社于2020年初启动实施“党旗引领+金融先锋”暨“万名农信党员进万村”（即以党建为引领，选派各级农合机构党员骨干主动下沉到各村屯、社区开展金融服务等）工程，实现“党建搭台、业务唱戏”，在党建共建、服务乡村振兴、化解金融风险、普及金融知识、信用工程建设、乡村治理等方面发挥积极作用，推动金融资源、人才队伍与乡村振兴大局有机融合。目前已累计选派5 512名金融专员赴15 982个村镇（社区）挂职（其中23名挂任乡镇党委副书记），覆盖率超98%。累计为全自治区3 500余个基层组织赠阅超300万元的图书杂志和报刊，与当地党组织联合开展主题党日9 000余次，举办金融夜校或金融宣讲超8 000次。此工程成为金融助力巩固拓展脱贫攻坚成果同乡村振兴有效衔接的有力抓手、巩固提升农村金融市场份额的有力手段。

案例11：湖南浏阳农商行“党建+金融村干部”助力浏阳乡村振兴②

湖南浏阳农商银行“党建+金融村干部”模式是通过“政府主导、银行参与、村委推进、基层联动”的机制，由浏阳农商银行推荐骨干人选，经由各乡镇党委、政府同意，将这些推荐的骨干人选聘任为“金融村干部”。“金融村干部”围绕乡村振兴战略，明确“五四三二一”纲领（即五大职能，四项任务，三大纪律，双向考核，一个核心），推动普惠金融与地方基层治理深度融合，实现自身业务持续稳健发展。目前，浏阳市325个村（社区）实现了“金融村干部”全覆盖，累计走访户数达6.9万户，走访低收入人群5 350户，特别是针对基层治理体系人员进行了专题走访，走访率达到94%，真正融入“党建+微网格”。

2. 政府贴息贷款模式

（1）模式简介。政府为实现高质量发展目标，支持特定领域或区域发展，根据

---

① 案例来源：广西农信社提供。

② 案例来源：《中国农村金融》杂志社提供。

国家宏观经济形势和政策目标，通过对银行发放贷款给予一定利息补贴的方式来引导银行增大信贷投放。

（2）主要优点。

- 小资金，大投放。通过贷款贴息，地方政府用较少的财政资金即可引导规模较大的银行信贷投放，极大提高了融资效率。
- 明晰产业发展方向。贷款贴息实际上是政府给农村中小银行指明了未来的信贷投放方向，引导资金投向需要发展的产业，实现产业结构的合理化。
- 减轻信贷投放的成本压力。目前，大行、城商行下沉加剧了县域的存款竞争，农村中小银行的付息成本不断上升，而支农支小的贷款利率较低，付息成本上升会降低农村中小银行支农支小动力。政府的财政贴息则会降低农村中小银行的贷款顾虑，鼓励农村中小银行加大支农支小服务力度。

（3）经验总结。政府贴息贷款能够有效地调动农村中小银行主动服务涉农、小微客户的积极性，以较小的资金规模撬动较大的金融资源，实现资金的有效利用。但是，这一模式也存在一定的不足，例如贴息贷款申请比较复杂，需要准备的资料比较多，补贴到位时间拖延等。这些问题也亟待通过建立地方性的数字化金融平台来提升融资效率。

案例12：广西农信社积极投放“桂惠贷”，降低企业融资成本①

广西壮族自治区人民政府通过实施“桂惠贷”政策，统筹广西各级财政资金，每年安排40亿元，对广西金融机构当年新发放且符合条件的贷款按照2个或3个点利差比例进行补贴，引导金融机构按照市场化、法制化原则每年投放约2 000亿元优惠利率贷款，并搭建广西综合金融服务平台作为科技支撑，减少信息不对称，提升融资效率。广西农信社以“桂惠贷”政策为契机，聚焦“三农”、小微企业和民营企业等薄弱环节，提供有力金融支持，推动融资覆盖面显著提升，融资成本明显降低。政策实施以来，广西农信社依托金融综合服务平台，累计投放“桂惠贷”超过10万笔，金额1 117亿元（其中小伟企业累计投放1 004亿元，占比89%），惠及市场主体超8万户，直接降低企业融资成本22.74亿元。“桂惠贷”在投放金额、投放户数等12个方面居广西金融同业首位。

① 案例来源：广西农信社提供。

3. 模式小结

信用组织化模式的核心关键是农村中小银行依托政府的行政力量开展支农支小业务。无论是党建融合、双基共建的模式，还是通过政府贴息贷款的方式，本质上都是将农村中小银行的发展嵌入地方政府的发展。因此，农村中小银行要紧跟地方政府的发展策略，用实用好发展政策，做好主责职业。

三、农村中小银行构建支农支小服务新模式的建议

课题组从打通农村中小银行高质量发展的“痛点”、难点、堵点出发，总结了全国部分农村中小银行在支农支小过程中的成熟经验和优秀案例，系统梳理了服务支农支小过程中的一些新点子新方法。

总体上，农村中小银行落实支农支小工作可遵循以下三项基本原则：一是中国化原则，支农支小要结合中国经济发展的实际情况，走中国特色金融发展之路，围绕人民群众和实体经济多样化的需求进行金融创新，坚持市场化运作和政策扶持双并重。二是数字化原则，推动数字化普惠金融，着力打造“线下＋线上”“人工＋智能”“传统＋创新”的新服务模式，通过数据采集、数据治理和数据利用解决信息不对称问题。三是农业现代化原则，以支持农业农村现代化为目标，加大农业基础设施建设资金支持力度，推动农村第一、二、三产业深度融合发展。在上述三大原则的指导下，课题组根据分析结果形成如下建议。

（一）加大地方政府扶持，实行差异化管理

地方政府的政策导向是农村中小银行金融服务的主要内容。农村中小银行在农村金融服务领域发挥重要作用，也离不开政府的支持和帮助。政府政策明确了农村中小银行主体责任、服务对象以及服务内容，各级地方政府应加大对农村中小银行支持力度，不断增强农村中小银行支农支小服务能力。农村中小银行也应充分利用好相关政策，全面提升金融服务“三农”和小微企业的力度和水平。

1. 引导农村中小银行采取差异化发展策略

对城区、县域农村中小银行业务发展实行差异化引导，结合地方实际，明确不同业务重点和方向。积极向地方政府汇报沟通，争取将区分城区和县域的农村中小银行差异化发展的建议正式纳入省级经济或金融发展规划。深化“放管服”，对质量好、风险低的优秀农村中小银行，提高其经营独立性，在政策允许范围内，提高风险容忍度，鼓励自主创新。风险隐患较大的农村中小银行，一行一策制定风险化解策略，使其健康有序发展，提高其经营能力和服务水平。

2. 加大财税支持力度

加大农村中小银行开展支农支小业务的财政支持，制定出台补贴政策，鼓励加大涉农贷款投放和在农村偏远地区和财务不可持续地区设立网点。对因重大自然灾害造成的农业贷款损失进行财政补贴。支持农村中小银行升级支农支小产品服务，对金融产品服务创新以及相应的金融科技平台建设、数字化转型给予税费支持。清理和废除财政和事业在开户、存款、代理业务等方面针对农信社的限制性、歧视性做法和不合理的政策规定。取消对农合机构差别化增值税政策，支持城区农村银行与县域农合机构相同的增值税政策。将农村中小银行建设数字化平台的研发投入视同利润加回，支持农村中小银行数字化转型提升支农支小服务质效。

3. 建立信息共享长效机制

农村中小银行应与政府部门建立长期合作关系。地方政府在地方性信息平台建设、接入时，不给农村中小银行设置进入门槛。农村中小银行也要积极对接政府信息平台，实现政银数据双向共享机制，提高政务信息使用效率，并依托农村中小银行点多线长面广的人缘地缘优势，持续充实政务大数据资源，在降低农村中小银行信用信息搜集成本与贷款全流程监管成本，并提升农村中小银行的业务效率的同时，有效拓宽政府数据信息采集面，显著降低政府数据信息采集成本。

4. 强化区域政策针对性

争取地方政府制定地方性金融支持农业生产、科创企业发展等相关政策，以及财政性存款、优质项目推荐时，充分参考不同金融机构对地方经济增长的贡献度，对于长期承担支农支小的农村中小银行予以优先考虑，将农村中小银行纳入服务名单，充分给予农村中小银行参与本区域内涉及乡村振兴战略实施的优质项目的机会，保障农村中小银行与其他金融同业同等的竞争地位。

（二）加强监管引导，实行科学考核

金融监管的约束条件，是农村中小银行经营服务的空间。农村中小银行在合规经营的前提下，需找准市场定位，找到支农支小与机构发展的平衡点。近年来，对农村中小银行的金融监管日趋严格，建议监管部门从如下方面加强对农村中小银行的管理和指导。

1. 差异化设置支农支小绩效考核指标

建议监管部门在制定相关指标的过程中，加强前期调研，充分考虑客观实际，以引导鼓励为主，不断优化和完善切合农村中小银行发展实际和差异化的考核指标。对涉农、小微业务存量高，占比高的农村中小银行，考虑边际增长的困难性，适当调整增量或增速考核目标，避免因过度考核导致的金融发展不可持续。弱化短期考核指标，谋划长远发展目标，在指标权重设置方面，建议侧重考虑和强调长期效果，以鼓励农村中小银行不断提升坚守定位质效。

2. 保障不良贷款容忍度机制合理运行

目前，针对涉农、小微等客户群体已有差异化的监管考核要求，包括提升不良贷款容忍度等内容。但在具体执行过程中，涉农、小微的不良贷款容忍度与农村中小银行的整体信贷不良率限制要求存在考核冲突，导致涉农、小微贷款占比高的农村中小银行不良容忍度政策难以落地。建议监管部门在制定整体以及分类指标考核时充分考虑单项指标和总体指标的相容性与兼顾性，保障涉农、小微不良贷款容忍度等机制的合理有效运行。

此外，对于部分存贷比达到监管限制的农村中小银行，建议对支农支小类贷款的存贷比限制适当放宽，在不发生流动性风险的范围内予以一定宽限。

3. 定期组织支农支小政策培训

建议监管部门定期或不定期组织农村中小银行开展政策学习，帮助农村中小银行理解和把握监管部门的风险防范策略和风险控制底线，了解支农支小的前沿政策信息，树立风险大局观，在落实好支农支小政策的同时守住不发生系统性风险的底线。

4. 拓宽支农支小金融服务容忍度

在面对农村中小银行支农支小过程中出现的困难，建议监管部门在确保风险合规的前提下，采取较为宽容的态度，视具体情况而定，原则上不实施禁止性标准或建议性标准。对要求整改的事项，如流动性互助资金机制等，采取逐步退出或视情况保留等措施。

（三）省联社应厘清职能定位，提升服务质效

1. 加强党的领导，健全法人治理

应持续推进党的领导垂直统一领导，完善农村中小银行的法人治理体系，支持省联社进一步理顺系统组织关系，以系统党委垂直管理确保农村中小银行对国家方针政策的贯彻落实，切实履行普惠金融、支农支小主体责任，因地制宜完善行业服务体系，引导农商行系统健康发展，提升农村金融服务实体经济效能。

2. 构建全面风险管理长效机制

金融稳定是经济高质量发展的前提条件，省联社在发展和改革中必须坚持防范、化解金融风险。发挥大平台小法人的优势，全面提升农村中小银行风险管控能力，完善农村中小银行风险管控机制，建立农村中小银行系统内的存款保险救助保障机制，制定风险事前防范预警、事中及时处置、事后严格问责的配套机制，有效提升农村中小银行风险抵御能力，为农村中小银行高质量发展奠定坚实基础。

3. 畅通信息沟通，引导协同发展

充分发挥省联社的桥梁纽带作用，成为省级地方政府与省级监管部门与县级农村中小银行的信息交互枢纽和对话桥梁，实现各级地方政府和监管部门对农村中小银行的指导帮助与联系，深化监管部门对农村中小银行的认可和理解。同时，省联社也要充分发挥对农村中小银行的资源整合能力，拓宽同业合作范围、提升合作层级，实现农村中小银行协同各方资源，更好履行支农支小战略引导者职责。

4. 集中优势资源，发挥规模效应

发挥省联社大平台优势，实现农村中小银行在金融科技和数字化转型发展背景下，引入外部科技资源，做好信息系统基础设施建设，实现科技赋能业务发展的战略航母。通过与银行系金融科技子公司、互联网金融企业等机构的合作，推进科技基础设施建设，提升新型金融科技应用能力，加速银行数字化经营转型，实现金融科技治理的整体升级。升级科技基础设施，构建“区域行业云”。发挥省联社归集全省信息科技需求的规模效益、规避信息数据风险，为农村中小银行全面实现智慧金融高质量发展打好科技平台基础。

（四）农村中小银行应转变经营理念，回归服务本源

1. 坚守定位，服务地方经济发展

农村中小银行要坚守市场定位，回归服务地方、服务社区、服务实体经济的本源，继续发挥好“地缘、亲缘、人缘”的服务优势，改进信贷产品、技术和服务，做优做实传统金融业务。强化对小微企业和“三农”客户的金融支持，根据区域经济发展特点和借款人的实际需求，开发适合的信用信贷产品，让金融服务更贴近农村企业和经济社会发展实际。找准发力点，避免“大而全”，重在“小而实”。

2. 加强金融产品与服务创新

以数字化转型为契机，实现供给侧结构性改革。变单一的产品供给格局为丰富的金融产品体系，针对县域客群需求，形成专门服务农村客群的特色产品体系，更好地满足县域客群的金融服务需求——如针对农业投入周期长的中长期特色贷款和针对小微企业无抵押的信用类贷款产品等。农村中小银行可在省联社提供统一的产品类型下，根据当地实际客群需求，进行符合当地实际的产品创新，增强支农支小服务能力。建立完善的农村中小银行客户服务体系（包括微信、电话、手机银行、网络银行等）和各类金融产品及服务平台，在提升客户满意度的同时，提高信贷审批、发放效率和贷后管理水平。

3. 推动数字化风控，差异化授信

农村中小银行可整合行内外大数据资源，建立各类黑白名单库，对不同客户群体进行画像，借助数据模型和风控策略对不同客群、客户进行个性化授信和风控预警、监测管理。可以根据不同类型企业的风险特征进行风险组合管理，以优化存量、严控增量为工作纲领，针对新型农业经营主体的需求型信贷约束，围绕信息不对称的抵押、信息体系的构建和信息共享、合同执行等问题，在完善产权界定、登记和转让制度的基础上，继续探索建立担保机制和培育抵押品市场，并扎扎实实地在信息透明、整理和共享方面做一些具体工作；发挥好小微企业 IPC 技术的风控标准化优势，加强小微企业风险防控。同时，关注资金交易类风险，完善风险补偿和风险缓释机制，建立中小微企业融资担保机制，完善风险防范措施。

4. 加强人才队伍建设

农村中小银行应紧密围绕支农支小经营管理战略与业务发展目标，统筹组织各条线有计划地开展适应性培训和专业胜任力培训，加强支农支小获客拓客能力，培

育一批有思路、懂业务、善创新的高素质支农支小专业化人才。针对适应能力较强、一专多能的综合型人才，加大在各业务条线之间的轮岗挂职力度，实行一线营销到后台管理、后台管理到一线营销双向轮岗挂职锻炼，通过培训、以工代训、短期交流、多岗位锻炼等多种形式，推动后备人才整体素质与当前转型发展要求逐步匹配。同时，积极引进懂技术、懂业务的综合型数字化人才，缓解支农支小业务数字化转型过程中人才不足的问题，为下一步改革发展做好人才储备。

5. 加强同业合作

农村中小银行在支农支小工作上不能闭门造车，而是要群策群力、集思广益。可在服务好本区域的基础上，逐步推进银行间的合作，基于各自核心竞争力，通过理念共享、业务合作、系统共享、市场交易等，在数据治理、系统研发、金融市场、人才培养等领域建立合作，强化支农支小资源整合，提升支农支小服务效能，实现合作共赢。

6. 数字化驱动助推业务转型

农小业务具有“额度小、数量大、地域分散”等特点，决定了开展农小业务的风险成本和人工成本居高不下，收益却难以覆盖成本。引进云计算、大数据、区块链、人工智能等数字技术，实现获客与风控的智能化，能大幅降低成本，提高农小业务覆盖面，提升农小客户获得感幸福感。推动数字化转型要坚持四个原则。一是坚持总体规划、统筹推进原则。将数字化融入服务乡村振兴战略，统筹构建数字化体系，建立不同资源和要素之间的协作配合机制，确保数字化转型服务于支农支小业务开展。二是坚持突出重点、急用先行原则，立足现状，找准支农支小业务“痛点”，把重点放在提升支农支小服务质效上。三是遵循循序渐进、分步实施原则。数字化转型要立足经营实际，区分轻重缓急，合理安排优先级，循序渐进、稳步快跑，在促进业务发展的同时提升核心能力。四是遵循自主可控、开放合作原则。重点提升自主研发及对系统掌控能力，防范服务合作风险，实现敏捷迭代需求，着力打造开放银行，加强与同业及第三方伙伴开展合作，形成适合自己需要的转型方案和路径。

7. 丰富 RCEP 框架下支农支小手段

农村中小银行要根据各类农业主体的出口需求，在办理本币融资、出口收结汇等传统业务的基础上，在跨境环节融入押汇、出口订单融资、出口信保融资等短期融资产品，提供优惠利率、汇率和手续费率，降低农产品进出口的交易成本。运用好国内保理、供应链票据、应收账款融资等供应链产品持续强链补链，服务好链上中小微企业。基于 RCEP 电子商务规则，探索与境外同业或境内同业境外分支机构合作为参与跨境电子商务交易的涉农、小微企业提供结算、结售汇等配套金融服务。

8. 推进绿色金融与支农支小深度融合

强化金融科技手段运用，探索金融业绿色发展的科技支撑工具，提高对涉农领域和小微客户绿色贷款的认证和审批效率。推动当地政府和有关单位建立绿色企业（项目）库，推进农户、个体工商户等个人主体纳入认证范围，享受绿色信贷优惠政策。因地制宜创新具有当地特色、符合支农支小定位的绿色信贷产品，重点支持美丽乡村建设、农产品品牌打造、农村生态环境建设等方面，助力乡村生态振兴。

附录　调查问卷问题设置

调查问卷问题设置情况如附表 1 所示。

附表 1　　调查问卷问题设置

序号	问题内容	序号	问题内容
1	企业所属行业是哪个行业	12	企业目前原材料价格涨跌情况
2	企业员工数量是多少	13	企业目前产品（服务）销售情况
3	疫情对企业生产的影响如何	14	企业目前税收负担情况
4	企业经营年限	15	企业目前经营场地成本情况
5	企业当年上半年营业收入比上年同期变化情况	16	企业在疫情期间获得了哪些银行信贷支持（多选）
6	企业当年上半年总体盈利比上年同期变化情况	17	企业在疫情期间获得了哪些费用减免优惠（多选）
7	企业目前的现金流支持经营情况	18	企业在疫情期间获得了哪些税收优惠（多选）
8	企业复工情况	19	目前的优惠政策缓解了企业多长时间的现金流压力
9	企业预计当年下半年营业收入情况	20	企业对疫情下复工复产还需要哪些政策支持（多选）
10	企业预计当年下半年盈利情况	21	企业所属省级行政区
11	企业目前用工情况	—	—

报告二

农村中小银行经营管理成本研究

课题牵头单位

浙江农商联合银行

山东省农村信用社联合社

主要观点

在利率市场化改革、减费让利、大行下沉等新形势新政策下，银行业发展的内外部环境已发生深刻变化，原有的银行业分层竞争格局已被打破。农村中小银行是服务地方经济社会发展的重要金融力量，相较于大型银行，经营管理成本更高、利润空间更小，提高成本管理水平对于拓宽农村中小银行的利润空间意义重大。

本报告以省级农信系统和上市银行为分析样本，横向对比农村中小银行资金成本、运营成本、风险成本、资本成本等主要成本管理现状，发现农村中小银行原有的低资金成本优势由于存款结构长期化、定期化逐渐消失，运营成本总体处于高位并逐年攀升，高不良贷款率和低拨备水平使得风险成本负担较重，外源融资规模最小、利率最高，资本补充成本明显高于其他类型银行。深入剖析，造成农村中小银行经营管理成本高企的因素主要有四个方面：农村中小银行服务县域、支农支小的市场定位决定其高投入高风险的经营特质；范围不经济、业务资质匮乏使得市场竞争手段单一依赖“以价换量”；规模不经济又进一步推升经营成本；自身精细化管理意识不强、经营较为粗放。为此，建议农村中小银行要坚守普惠金融市场定位，构建与自身能力相适配的服务模式和风控体系，加快数字化转型和精细化管理，实现降本增效；依托“小法人 + 大平台”模式，充分发挥省级联社服务大平台功能，赋能小银行“共享”集约化发展；监管部门要为优质农村中小银行“松绑”，给予更多监管公平待遇和发展空间，促进实现可持续发展。

按照银保监会对商业银行的监管分类，我国商业银行体系包括大型商业银行、股份制商业银行、城市商业银行、农村金融机构、民营银行及外资银行。本报告所指的农村中小银行包括农村商业银行、农村合作银行及农村信用合作社在内的农村金融机构。农村中小银行作为地方法人金融机构，主要为当地农村、城市居民以及中小微企业提供金融服务，在推动地方经济社会发展中具有重要作用。农村中小银行已成为我国银行业重要的组成部分之一。到2022年6月末，我国农村金融机构总资产49.16万亿元，占银行业金融机构总资产的13.6%。但近年来，同业竞争加剧、利率市场化以及减费让利政策均对银行业利润空间形成挤压。相比于资源和成本优势明显的大中型银行，农村中小银行经营管理成本总体偏高，利润空间更小，经营发展面临较多困难。

一、农村中小银行经营管理成本情况

（一）资金成本

农村中小银行普遍拥有较好的储蓄存款基础，但近年来随着客户理财意识觉醒、大行金融服务下沉，存款竞争日趋激烈。农村中小银行竞争手段单一，主要依靠“价格战”争揽存款，存款结构呈定期化、长期化趋势，负债端资金成本显著抬升。

1. 农村中小银行存款成本持续抬升，负债成本保持高位

近年来，农村中小银行存款付息成本呈逐年抬升态势。上市银行数据显示，农商银行存款付息率提高幅度最大，从2018年的1.78%攀升至2021年的2.09%，存款成本远高于大型国有银行。大型国有银行存款成本优势明显，具有强大的规模优势和品牌效应，以及完备的对公业务基础体系，储蓄存款、对公存款均衡发展，整体付息率维持在1.7%以下（见图1）。

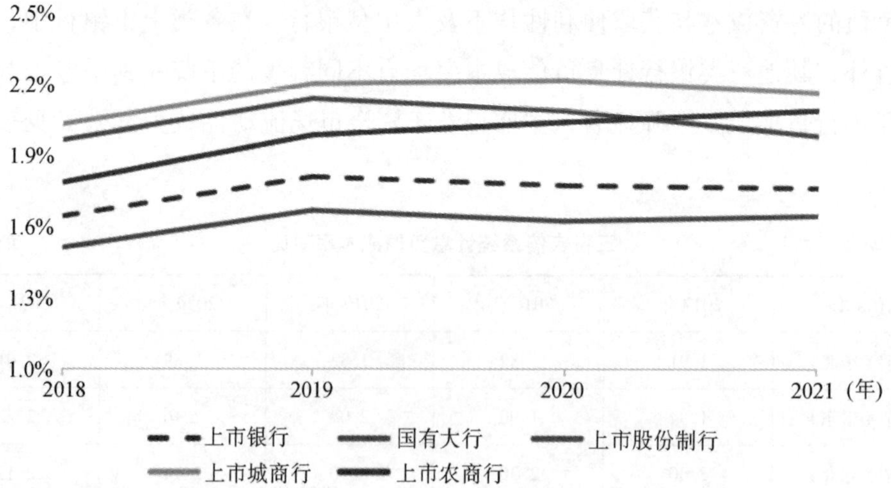

图1　各类上市银行存款付息率对比

资料来源：Wind.

选取华北、华东、东北地区各1家代表性省级（以下简称A省、B省、C省）农信系统进行分析，自2017年起，三省农信系统存款付息率整体均有较大幅度的提升，分别提升0.66个、0.50个和0.44个百分点。其中，B省农信系统2021年存款付息率2.20%，较2017年提升0.50个百分点，高于上市农商银行平均水平。C省农信系统近年来存款付息率均处于较高水平，2021年末达2.31%，高于上市农商银行平均水平，分别较A、B两省农信系统高0.36个和0.11个百分点，对成本管控能力相对较弱（见表1）。

表1　　三省农信系统存款付息率对比　　单位:%

农信系统	2017年	2018年	2019年	2020年	2021年
A省（华北）	1.29	1.49	1.65	1.80	1.95
B省（华东）	1.70	1.72	2.00	2.12	2.20
C省（东北）	1.87	1.84	1.95	2.20	2.31

存款是农村中小银行负债的最主要构成，存款付息率的持续抬升导致农村中小银行总体负债成本居高不下。以B省农信系统为例，2021年计息负债成本率高达2.23%，较2017年上升0.33个百分点。一方面，存款依旧是农村中小银行主要的负债来源，存款付息水平持续抬升；另一方面，农村中小银行主动负债能力较弱，同业负债的筹资成本与获取便利性均不及大中型银行。在各类上市银行中，除农商银行外，其他三类银行计息负债成本率均有不同程度的下降，其中股份制银行和城商银行负债成本下降显著，主要得益于资金市场流动性较为宽松（见表2和图2）。

表2　　三省农信系统计息负债成本率对比　　单位:%

农信系统	2017年	2018年	2019年	2020年	2021年
A省（华北）	1.91	1.82	1.82	1.88	2.01
B省（华东）	1.94	1.90	2.08	2.16	2.23
C省（东北）	2.40	2.30	2.20	2.14	2.12

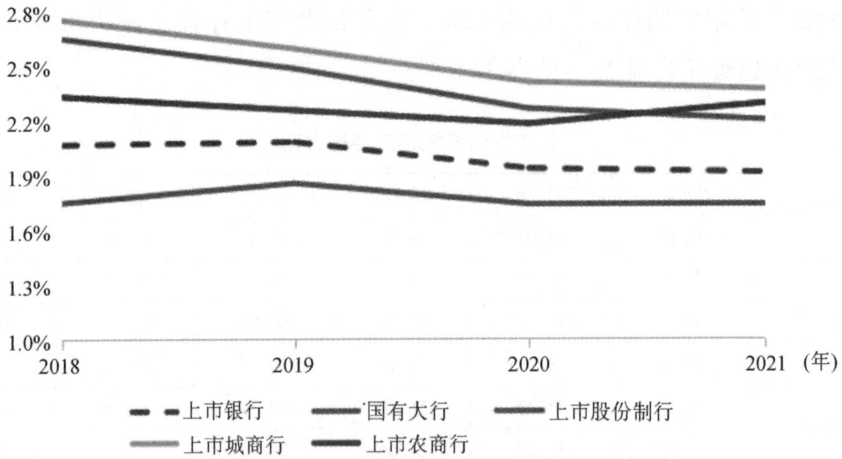

图2　各类上市银行计息负债成本率对比

资料来源：Wind.

2. 存款结构的定期化、长期化是推高付息成本的主要因素

存款结构定期化、长期化致使存款付息率明显提升，从而推高了农村中小银行资金成本。近年来，为响应国家普惠金融的号召，大型国有银行、股份制银行不断下沉金融服务，加剧“三农”、小微企业等普惠金融市场竞争。为保持存款业务在当地的竞争力，农村中小银行将定期存款利率上浮至同业较高水平，并依托在当地营业网点广泛、经营历史较长等优势进行展业，实现定期存款规模大幅增长。四类上市银行中，农商银行定期存款占比最高，且上升幅度明显，2021 年末定期存款占比 62. 1%（见图 3），较 2018 年提高了 6. 3 个百分点。

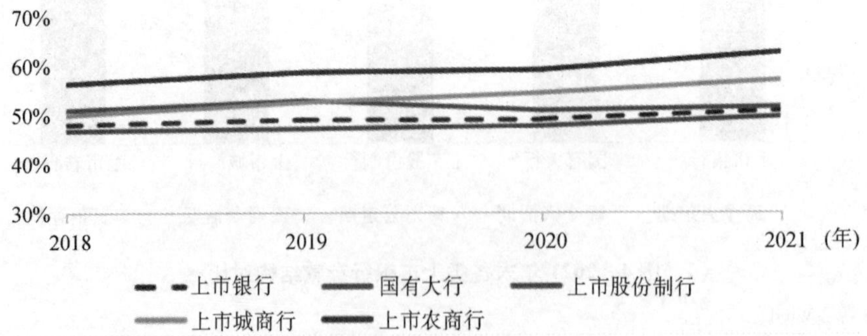

图3　各类上市银行定期存款占比对比

资料来源：Wind.

三省农信系统定期存款占比均有不同幅度的抬升。如 A 省农信系统 2021 年较

2018年增量存款中定期存款占比达92%、三年期及以上存款占比达88%，存款定期化、长期化趋势尤为显著（见表3）。

表3　　　　三省农信系统存款结构占比　　　　单位：%

农信系统	结构	2017年	2018年	2019年	2020年	2021年
A省（华北）	定期	47.08	49.28	53.08	54.09	57.12
	长期	10.52	13.27	20.57	25.35	29.53
B省（华东）	定期	60.97	59.92	60.72	61.51	62.17
	长期	18.68	21.70	28.11	31.79	33.99
C省（东北）	定期	57.90	58.10	58.74	61.41	65.83
	长期	22.20	24.66	28.25	33.51	38.93

3. 储蓄定期存款占比高，综合服务能力较弱

从上市银行存款结构看，2021年末，农商银行个人存款占比59.8%，个人定期存款占比48.1%，为四类银行最高；农商银行对公客户服务能力相对较弱，对公活期存款占比22.5%，为四类银行最低（见图4）。

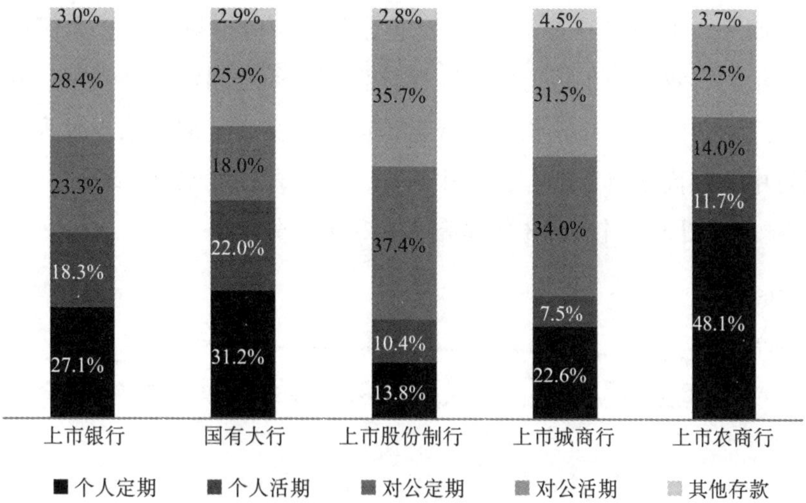

图4　2021年末各类上市银行存款结构对比

资料来源：Wind.

2021年末，30家省级农信系统储蓄存款占比平均63.9%，高于上市银行平均水平（见表4）。

表 4　　2021 年末 30 家省级农信系统储蓄存款占比

序号	储蓄存款占比	数量（家）
1	小于 50%	4
2	50%（含）—60%	5
3	60%（含）—70%	15
4	70%（含）以上	6

资料来源：中国银行业协会农村合作金融工作委员会。

从 A、B、C 三省农信系统 2017—2021 年存款结构变动情况看，除 B 省农信系统相对稳定，A、C 两省储蓄定期存款占比均大幅提升，四年间抬升幅度超过 7 个百分点（见图 5）。

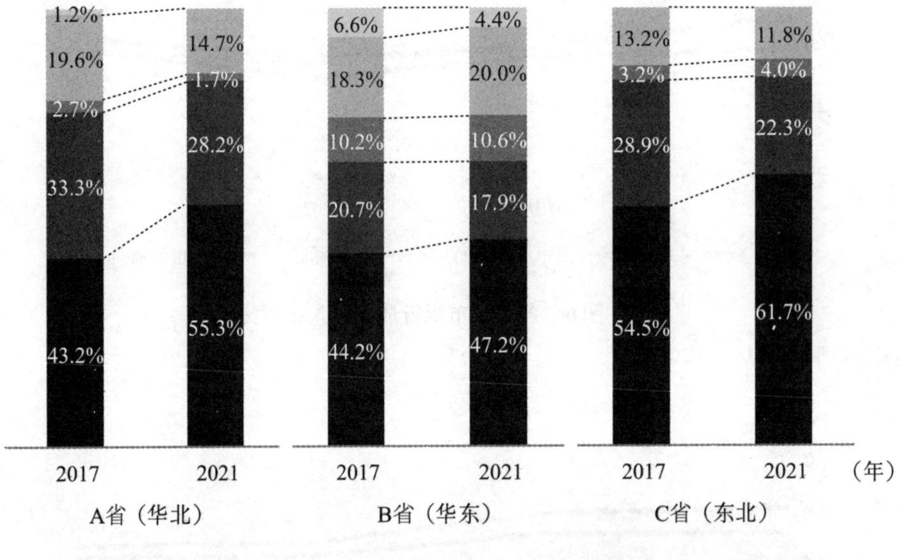

图 5　三省农信系统 2017—2021 年日均存款结构变动情况

农村中小银行存款客户结构相对单一，客户以个人为主，对利率变动较为敏感，偏好高利率产品。对个人定期存款的依赖是农村中小银行负债成本难以压降的主要原因。另外，农村中小银行的产品结构单一也是导致资金成本居高不下的重要因素，目前农村中小银行的产品以存款为主，理财等产品相对较少，资金来源渠道单一。未对客户、产品进行分层管理，产品和客户一刀切、利率一浮到顶的情况较为普遍，利率是参与市场竞争的主要手段，短时间内降低利率、降低资金成本难度大。

（二）运营成本

农村中小银行网点多、人员多的特点，导致其运营管理成本难以压降。上市银行披露数据显示，2021年农商银行平均成本收入比为32.23%（见图6），单位资产费用率（业务及管理费/平均资产×100%）为0.82%，均为四类银行最高（见图7）。上市农商银行是农村中小银行中经营管理相对优秀的主体，众多非上市的农村中小银行运营管理成本压力更为严峻。

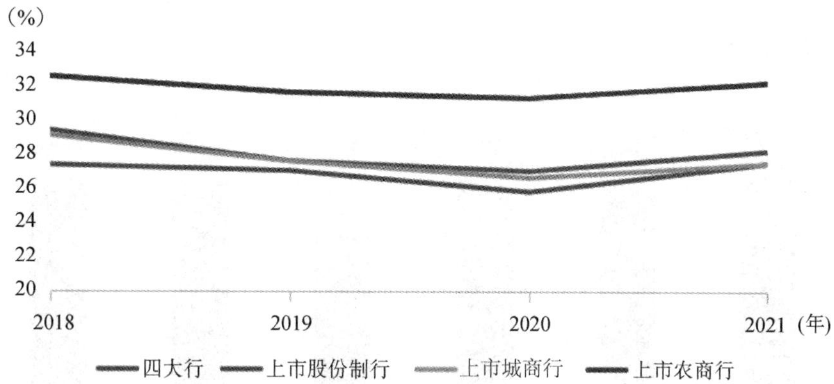

图6 各类上市银行成本收入比对比

资料来源：Wind.

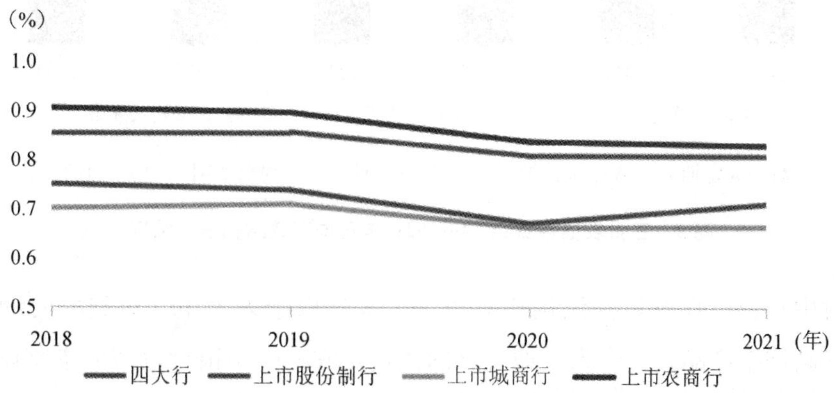

图7 各类上市银行单位资产费用率对比

资料来源：Wind.

表5显示，在30家省级农信系统中，2021年14家成本收入比超过40%，运营成本压力普遍较重。以A省农信系统为例，成本收入比近年来快速攀升，已连续3年突破50%，2021年成本收入比已高达64.73%，单位资产费用率1.81%，人均资产规模2 260万元，人均创利5.30万元。从表6可知，在人均效能方面，农村中小银行与其他类型银行差距显著，2021年三省农信系统人均资产规模4 609万元，仅为四大行的59%、上市股份制银行的39%；人均创利（净利润/员工数）35.02万元，仅为四大行的49%、上市股份制银行的37%。如何在收入稳定增长的同时，做好成本控制，是当前大部分农村中小银行面临的共同难题。

表5　2021年30家省级农信系统成本收入比

序号	成本收入比	数量（家）
1	小于35%	7
2	35%（含）—40%	8
3	40%（含）以上	14

注：1家农信成本收入比数据未披露。

资料来源：中国银行业协会农村合作金融工作委员会。

表6　各类银行人均资产规模及人均创利　单位：万元

指标	四大行	股份制银行	城商银行	三省农信
人均资产规模	7 836	11 720	12 874	4 609
人均创利	71.67	93.64	101.39	35.02

注：股份制银行、城商银行为上市银行平均数据。

资料来源：Wind.

三省农信系统运营成本相关指标对比如表7所示。

表7　三省农信系统运营成本相关指标

农信系统	指标	2017年	2018年	2019年	2020年	2021年
A省（华北）	成本收入比（%）	35.58	41.07	58.51	57.85	64.73
	单位资产费用率（%）	1.77	1.97	1.94	1.78	1.81
	人均资产规模（万元）	1 895	1 871	1 963	2 067	2 260
	人均创利（万元）	14.80	11.64	10.45	5.10	5.30

续表

农信系统	指标	2017年	2018年	2019年	2020年	2021年
B省（华东）	成本收入比（%）	32.02	29.87	31.57	31.29	30.77
	单位资产费用率（%）	1.04	1.06	1.00	0.86	0.81
	人均资产规模（万元）	4 283	4 733	5 343	6 239	7 107
	人均创利（万元）	44.09	51.77	56.53	56.42	64.15
C省（东北）	成本收入比（%）	56.15	60.04	66.29	66.26	62.27
	单位资产费用率（%）	1.36	1.45	1.41	1.20	1.26
	人均资产规模（万元）	1 614	1 505	1 702	1 947	2 264
	人均创利（万元）	10.85	9.23	9.99	8.57	10.17

分析农村中小银行运营成本保持高位的主要原因：一是农村中小银行整体规模小，规模效应弱。以A省农信系统为例，其共有94家法人行社，总资产规模约7 000亿元，平均每家法人行社资产规模不到75亿元。二是在机构网点设立上，由于农村中小银行承担特殊的社会责任，只能是不加选择地普设，而其他银行可以按市场化原则择点设立。在人口稀少、金融资源贫瘠的乡镇，只有农村中小银行设立网点，这类网点业务规模难以达到盈亏平衡点，自身没有经济效益，更多地是体现满足当地人民群众金融需求的社会效益。以总资产规模接近的上市农商银行与城商银行作为对比，重庆农商银行2021年末资产规模1.27万亿元，共设分支机构1 760个，而杭州银行2021年末资产规模1.39万亿元，分支机构238个，只有重庆农商银行的13.5%。三是农村中小银行受限于数字化、智能化、自动化程度较低的劣势，需要投入大量的人力、物力保证日常运营，人力、物力投入的不断增加导致运营成本不断上升，加快数字化转型提升运营效率是降低运营成本的关键。

（三）风险成本

2022年6月末，农村中小银行不良贷款余额7 545亿元，不良贷款率3.30%，不良贷款率高于银行业平均水平（1.67%），不良贷款拨备覆盖率137.57%，低于银行业平均水平（203.78%），信贷资产质量有待提高，面临的拨备计提压力较大，风险成本负担较重（见图8）。

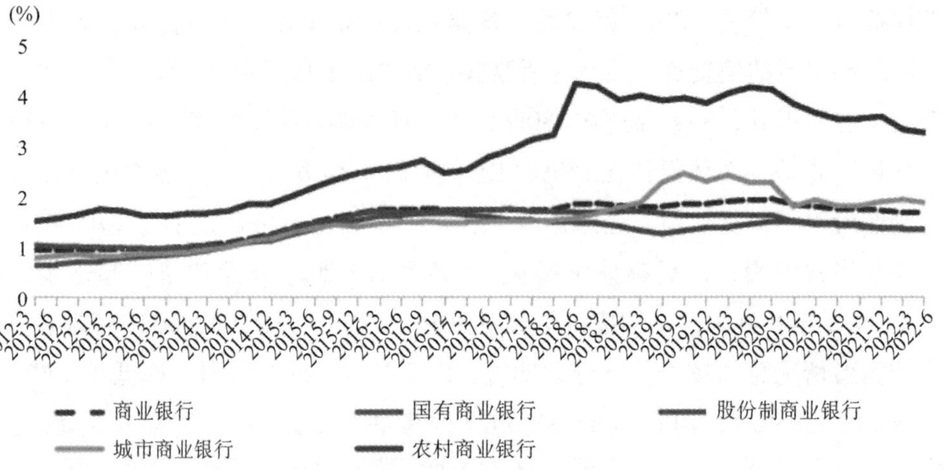

图 8　各类银行不良贷款率对比

注：银保监会银行金融机构分类中，“农村商业银行”包含农村商业银行、农村合作银行、农村信用社以及新型农村金融机构，下同。

资料来源：银保监会。

1. 农村中小银行不良贷款率较高，信贷资产质量有待改善

经历了 21 世纪初的信贷业务结构调整、信用风险管理体系完善以及不良资产处置后，我国商业银行信贷资产质量迎来了平稳的态势，总体趋于稳定，尤其是大型国有银行和股份制银行。农村中小银行不良贷款率整体偏高，虽然近年来在银保监会指导下加大不良资产处置力度，但资产质量包袱仍然较重。进一步分析，各省级农信系统信贷资产质量情况分化严重。其中，华东地区的资产质量相对乐观，有 7 家农信系统 2021 年末不良贷款率低于银行业平均水平（1. 67%），东北地区和西部地区部分省份风险突出，有 17 家农信系统不良贷款率高于 3%，更有甚者，高达 22. 57%，存在较重资产质量包袱（见表 8）。

表 8　2021 年末 30 家省级农信系统不良率、拨备覆盖率

序号	不良贷款率	家数	序号	拨备覆盖率	数量（家）
1	小于 1%	2	1	小于 150%	8
2	1%（含）—3%	11	2	150%（含）—300%	16
3	3%（含）以上	17	3	300%（含）以上	6

资料来源：中国银行业协会农村合作金融工作委员会。

2. 农村中小银行拨备水平承压，风险成本负担较重

2017 年以前，各类银行基于风险考虑和监管要求，一般会超额计提拨备，银行业整体拨备水平较高。2017年以后，各类银行拨备覆盖率出现分化：大型国有银行、股份制银行的信贷资产质量有所改善，加之出于利润和业务发展的考虑，其拨备覆盖率有所提升，一直保持在180%以上；城商银行拨备覆盖率在2018—2020年呈“U形”走势，总体保持在150%以上；农村中小银行拨备覆盖率则出现大幅下滑。受监管对不良贷款划分趋严影响，农村中小银行拨备覆盖率在2018年第二季度出现断崖式下滑，之后整体维持在120%左右，2020年第四季度起逐步缓慢回升，至2022年6月末，平均拨备覆盖率为137.57%（见图9）。2021年末各省级农信系统拨备情况总体较低，且分化明显：8家农信系统拨备覆盖率低于150%，其中辽宁（30.86%）、河南（35.81%）、内蒙古（65.50%）3家农信系统不及100%；浙江（523.37%）、上海（442.82%）等6家拨备覆盖率高于300%。总体来看，大部分农村中小银行未来面临计提拨备的压力较大，意味着风险成本负担仍然较重。

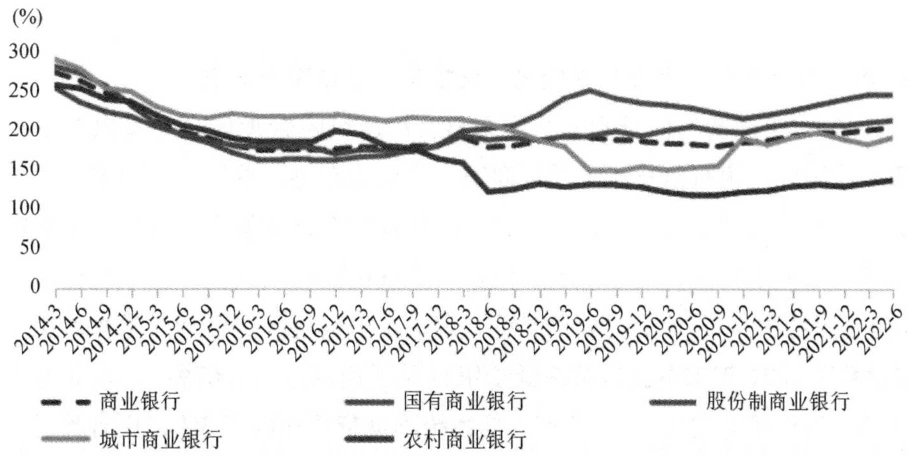

图9 各类银行不良贷款拨备覆盖率对比

资料来源：银保监会。

（四）资本成本

在宏观经济下行叠加新冠肺炎疫情的冲击下，农村中小银行受信贷资产增速较快、资产质量下行、盈利能力下滑等因素影响，面临资本消耗加速、内生补充不足、外源补充困难等问题，“融资难、融资贵”已成为制约农村中小银行发展的主要瓶颈。

1. 从过去8年的时间看，农村中小银行资本补充压力明显高于其他银行

2014年第一季度，四类商业银行中，资本充足率最高为农村中小银行

13.29%，其次是大型国有银行 12.56%、城商银行 11.9%，最低为股份制银行 10.92%。到 2022 年第二季度，情况则发生大幅转变：大型国有银行、股份制银行资本充足率逐年上升，资本充足率分别升至 17.26%、13.28%；城商银行资本充足率波动幅度较小，资本充足率微升至 12.73%；农村中小银行资本充足率逐年下降至 12.25%，已成为四类银行中最低（见图 10）。在 30 家省级农信系统中，2021 年末有 7 家资本充足率跌破 10.5% 底线要求，资本补充刻不容缓。

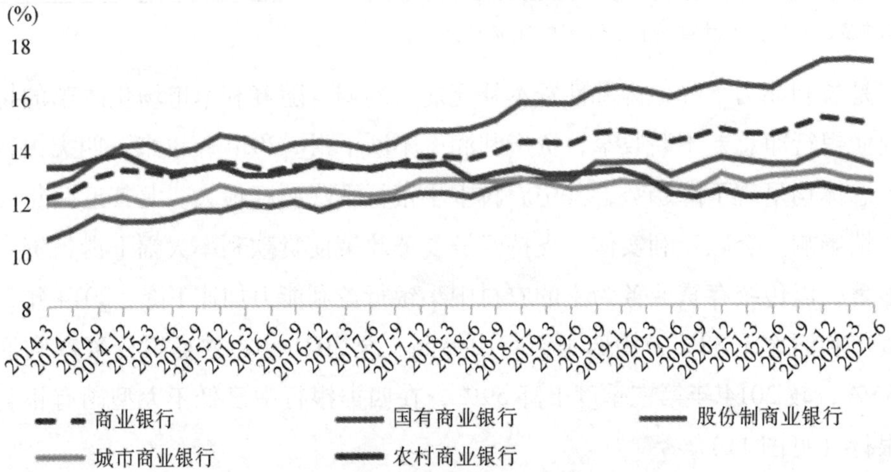

图 10　各类银行资本充足率对比

资料来源：Wind，银保监会。

表 9　　2021 年末 30 家省级农信系统资本充足率

序号	区间	数量（家）
1	小于 10.5%	5
2	10.5%（含）—12%	1
3	12%（含）—15%	16
4	15%（含）以上	6

注：两家农信系统资本充足率数据未披露。

资料来源：中国银行业协会农村合作金融工作委员会。

2. 农村中小银行资本补充压力上升的因素分析

一是信贷资产规模增长较快，加剧资本消耗。农村中小银行作为立足当地、支农支小的地方性银行，近年来积极响应回归存贷款业务本源的监管政策，同时为应对贷款利率下滑的盈利压力，通过“以量补价”的形式加大信贷投放力度，各项贷款余额保持较高增速（见表 10）。2021 年，30 家省级农信系统平均贷款余额增速

10.27%。信贷资产的快速增长推动风险加权资产规模提升，资本消耗加速，导致农村中小银行资本充足率承压。

表10　2021年30家省级农信系统贷款余额增速

序号	贷款余额增速	数量（家）
1	小于10.27%	12
2	10.27%（含）—15%	15
3	15%（含）及以上	3

资料来源：中国银行业协会农村合作金融工作委员会。

二是盈利能力下降，内源性资本补充能力削弱。随着利率市场化改革的持续推进，商业银行净息差不断收窄，资产利润率不断下滑。2014年以来，四类银行资产利润率总体均呈现下降趋势，其中农村中小银行下降幅度最大。尤其近两年受新冠肺炎疫情影响，金融让利实体、支持经济复苏政策使贷款利率大幅下滑，资产质量承压显著，以传统存贷业务为主的农村中小银行盈利能力加速下降。2014年，农商银行资产利润率1.38%，为四类银行中最高，至2021年，农商银行资产利润率仅为0.56%，较2014年第三季度下降59%，在四类银行中已低于大型国有银行、股份制银行（见图11）。

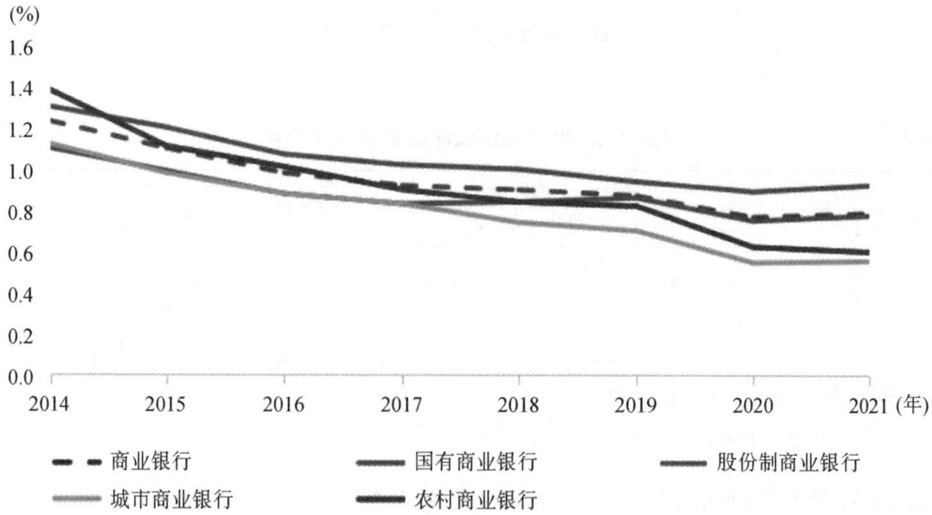

图11　各类银行资产利润率对比

资料来源：Wind，银保监会。

表11显示，在息差收窄压力下，叠加资产端信用风险带来的拨备计提影响，农商银行利润空间不断被侵蚀，2021年有12家省级农信系统资产利润率已跌破0.5%。

表 11　　2021 年 30 家省级农信系统资产利润率

序号	资产利润率	数量（家）
1	小于 0.8%	25
2	0.8%（含）以上	5

资料来源：中国银行业协会农村合作金融工作委员会。

三是资本补充渠道有限，外源性资本补充难度大。农村中小银行可以使用的资本工具有限，外源性资本补充难度大。从资本工具的公开发行情况看，2014—2020 年，农商银行共募集资本金 1 840 亿元（见图 12），仅占全部商业银行的 3.8%、大型国有银行的 7.7%。与城商银行也存在较大差距，在资产总规模与城商银行基本相当的情况下，资本补充工具的发行规模却只有城商银行的四分之一。各类资本补充工具中，IPO、定增、可转债、优先股等工具发行门槛高，基本只限于上市银行使用，不能覆盖大量的非上市银行。对非上市的农村中小银行来说，资本补充渠道有限，主要以发行二级资本债、永续债为主。

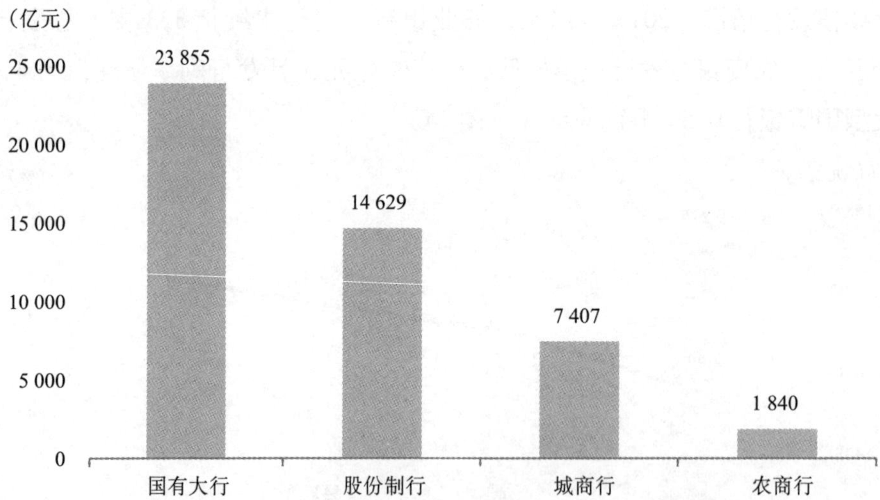

图 12　2014—2020 年各类银行外源性资本补充情况

资料来源：Wind.

3. 农村中小银行二级资本债、永续债发行成本较高

二级资本债发行情况。2021 年，商业银行共发行二级资本债 82 支，加权平均发行利率 3.79%，较 2019 年下降 0.58 个百分点。分银行类型看，农商银行发行规模最低，且发行利率最高，平均为 4.65%，高出大型国有银行 0.70 个百分点（见图 13）。

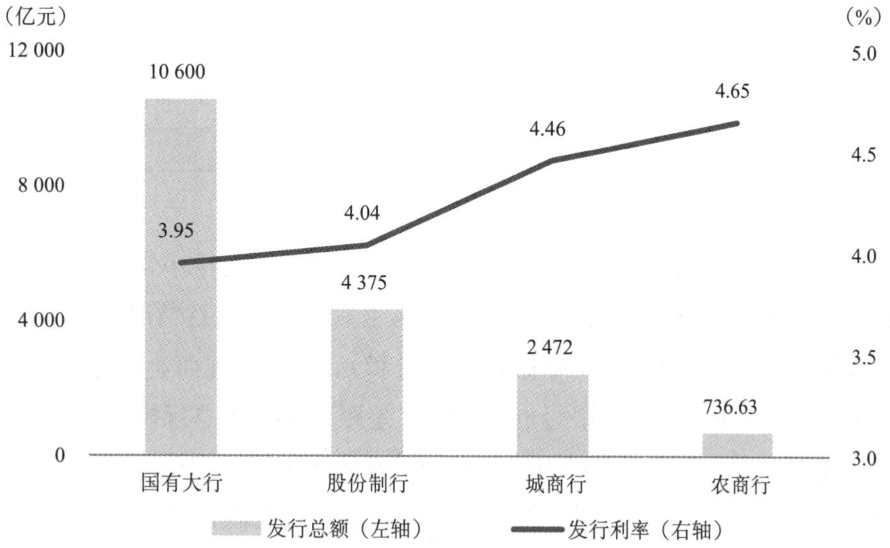

图13　2019—2021年各类银行二级资本债发行规模及利率

资料来源：Wind.

永续债发行情况。2019年以来，商业银行共发行永续债133支，总发行规模1.80万亿元。农商银行发行规模最低，仅279亿元，且发行利率最高，为4.68%，高出大型国有银行0.59个百分点（见图14）。

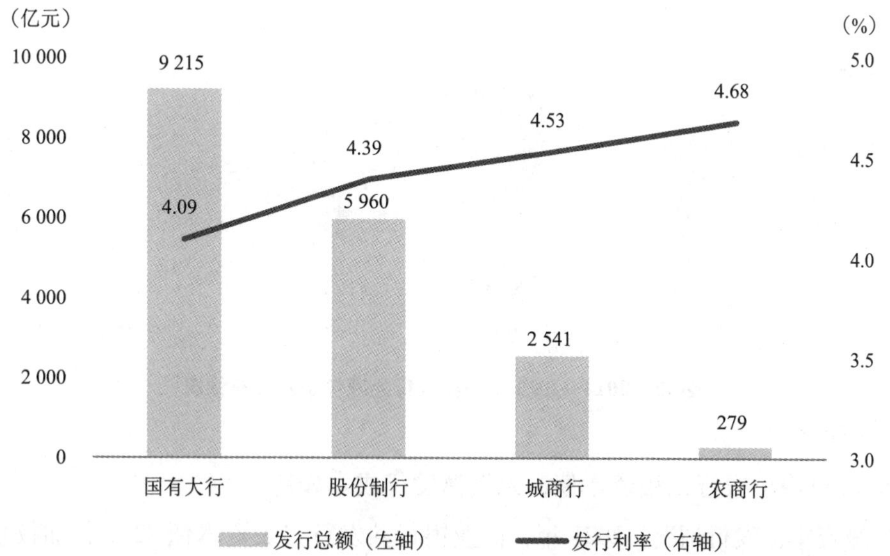

图14　2019—2021年各类商业银行永续债发行规模及利率

资料来源：Wind.

二、农村中小银行经营管理成本影响因素分析

（一）服务县域、支农支小的市场定位决定了高投入高风险的经营特质

服务县域、支农支小，是国家赋予农村中小银行的特殊使命，是农村中小银行赖以生存的基本定位。作为社区性地方金融机构，农村中小银行始终坚持发展普惠金融、支农支小。普惠金融的特点是服务受众广、单笔金额小、业务笔数多，运营投入高。尽管技术革新可以部分提升经营效率，降低业务成本，但仍需要投入大量的资金和人力。

服务县域、支农支小的市场定位也决定了信贷业务高风险的特征。作为根植于县域的地方性金融机构，农村中小银行具有显著的区域性经营特征，信贷业务的投放区域高度集中，风险无法有效分散。农村中小银行贷款主流客群以小微及涉农客户为主，该类客户抵御风险能力弱、受宏观经济下行冲击大且整体信用意识较弱，因此产生不良贷款的比例高。2021 年末，农村中小银行在当地提供了四分之一以上的涉农贷款和小微企业贷款，大部分农村中小银行涉农贷款占各项贷款比例达 60% 以上，小微企业贷款占各项贷款比例达 40% 以上，部分银行该项占比甚至超过 80%。

（二）经营范围受限、业务种类单一导致市场竞争力低下

业务种类单一、综合服务能力弱，被动依赖价格竞争，农村中小银行存款成本大幅抬升。过去十几年，存款的竞争基本是靠铺网点、铺人员的“跑马圈地”模式，这恰恰是农村中小银行最显著的特点，并因此积累了深厚的存款基础。但是，随着客户成熟度的上升、新技术的赋能、竞争的复杂化，只靠同质化的渠道、产品和服务已经很难再获得持续的、优质的存款资源，但是受限于业务品种单一，农村中小银行只能依赖价格竞争，存款成本显著抬升，利润空间明显收窄。

业务资质牌照受限，中间业务发展滞后，导致综合金融服务能力低下，且难以拓展新的创利空间。中间业务主要是银行利用信息技术及网络等作为代理人为客户

办理担保、代理、租赁等活动并收取相关服务费用的业务。中间业务能够有效促进银行各业务的协同发展，提升服务能力，保持与客户的稳定性关系，提高市场综合竞争力。同时，中间业务带来的利润增长既能稳定银行的盈利能力，又不占用资本，是高效率的业务。但中间业务的开展更多依赖资质牌照，目前农村中小银行资质牌照远少于全国性银行、股份制银行和城商银行，已严重制约其中间业务发展。大部分全国性银行通过集团公司布局证券、基金、保险、金融租赁、资产管理等金融业务，实现全牌照经营。反观农村中小银行业务资质牌照“一照难求”，农信机构的省级行业管理机构目前也尚未实现零的突破。这导致农村中小银行提升综合金融服务能力存在较大约束，经营效益大为受限，盈利能力低下也直接影响到资本内生补充能力，从而进一步限制农村中小银行规模发展。

（三）规模不经济明显，进一步推升经营成本

运营成本上，金融科技发展加剧农村中小银行技术规模不经济。近年来，金融科技逐渐发展成熟，技术曲线改变规模效应曲线，对业务规模大、交易笔数多的大型商业银行而言，金融技术应用促进规模效应曲线向上延伸，无论是销售渠道，还是交易体系的不断升级改造，在减少其交易成本的同时更加提高了其交易效率，从而提升自身盈利能力。但对农村中小银行而言，技术进步带来的边际效益相对较少，对规模效应曲线的修正是有限的。

业务发展上，面对国有银行和股份制商业银行普惠金融下沉纷纷涉足农村金融市场，农村中小银行原有的高市场份额被压缩，当地市场竞争地位下降，难以依托地方经济发展的政策优势快速实现规模扩张。农村中小银行要维持市场地位，必须加快发展，使得资本补充面临挑战。农村中小银行在市场发起募集资本行为时，由于资产规模小、信用风险溢价高，难以获得投资者青睐，往往只能通过更高的资金成本募得小规模的资本，进一步推升经营成本，降低经营效率，陷入资本补充的“囚徒困境”。同时我国银行业存在着“大而不能倒”的客观事实，政府会为规模更大、影响力更强的国有银行和股份制银行提供更多的政策红利和其他方面的支持，使得农村中小银行的规模不经济劣势更为明显。

（四）部分地区管理能力较弱，精细化管理意识普遍不强

农村中小银行资产负债管理意识不强，量、价、险均衡管理能力较弱。在利

率市场化大背景下，银行业发展已经从量的扩张阶段迈向质的提升阶段，银行从粗放式管理向精细化管理转型是必然趋势。但是，目前农村中小银行仍普遍存在规模情结，经营管理层大多把重心放在业务量的增长上，而忽视效益与风险的管控。效益方面，在规模导向下，普遍存在“以价换量”现象，个别行社往往为了冲高业务规模，一味地盲目吸收高息存款、发放低息贷款，而不综合考虑吸收资金与资产投向的匹配，以牺牲效益来换取规模扩张。风险方面，大部分农村中小银行风险管控意识和能力相对薄弱，部分地区农信系统热衷于“垒大户”、发放大额贷款，偏离了支农支小定位，导致在经济结构调整过程中集聚大量的不良资产。银行做大还是做小没有定论，但“小银行、大客户”的经营模式肯定不行。作为地方性金融机构，做小做散做广客群，是农村中小银行管控信用风险的根本之道。

三、对策建议

农村中小银行虽然天生存在弱势，但并非必然经营不好，近年来全国也涌现出一批发展稳、效益佳、质量好的农村中小银行，成为支持地方经济社会发展的中坚力量。农村中小银行具备良好的生长基础和发展机遇。宏观层面，进入新时代，国家治理现代化、普惠金融助力乡村振兴、共同富裕等国家战略纵深推进，作为普惠金融、支农支小的金融主力军、国家完善金融机构体系布局的重要发展对象和推进社会治理现代化建设的重要力量，农村中小银行面临的战略机遇和发展空间广阔无垠。微观层面，决策链短、机制灵活、贴近客户、背靠省级联社大平台等独特优势也使得农村中小银行“船小好调头”。因此，农村中小银行是能够实现持续健康发展的。面向未来，农村中小银行应找准自身定位、打造相对优势，固本强基、增厚特色，实现降本增效，增强可持续发展能力。同时，农村中小银行提升经营效率并非靠一己之力能够达成，需要地方政府、监管机构、财税部门等发挥合力，为农村中小银行可持续发展蓄能添势。

（一）坚守普惠金融市场定位，打造相对优势

农村中小银行是服务县域、支农支小的社区性地方金融机构，是每个县域内真正的本土银行，是县域经济社会发展的命运共同体。面对服务半径有限且无法向外延伸的监管约束，农村中小银行要坚持差异化竞争，在市场竞争中锻造相对优势。在市场定位上，坚守服务县域、支农支小，坚定不移走普惠金融道路，主动融入当地市场，围绕地方党委政府中心工作，服务地方经济社会发展大局，保障“三农”、小微企业等重点领域和薄弱环节的金融供给，推动地方经济社会健康协调发展。在政银合作上，服务好社会治理现代化、乡村振兴、共同富裕等国家战略，成体系全方位对接好政务、民生工程，联合政府打造医疗、养老、教育、交通等场景应用生态圈，构建符合当地居民个性和产业特性的综合金融服务体系，提升综合金融服务水平，从而增强市场竞争力，获取千家万户的存款，带动低成本资金沉淀。在服务对象上，扎扎实实地开展客户走访活动，加大普惠金融增户拓面行动，提高个人和小微企业客户渗透率和覆盖率，辐射更多的长尾客群，进一步提高运营效率。

（二）加强风险管控能力，提升资产质量

风险防控是银行可持续发展的生命线。小额、流动、分散是信用风险管控的有效手段。农村中小银行规模小，难以匹配大客户，必须做小做散做广客群，做实做细做深业务基础，牢牢把住信用风险底线。宁波银行、招商银行等优秀同业的零售转型实践证明，零售业务具有弱周期性，有助于稳息差、降风险，而控制风险就是减少成本。一是业务选择上：一方面，既要牢牢守住零售业务基本盘，深耕个人和额度较小的小微业务，夯实客户基础，降低经济周期波动影响，增强风险抵御能力。另一方面，适度参与区域内评级较高的政府平台类项目，审慎介入较大资金需求的企业贷款，有序退出主业不清、股权债权关系混乱的高风险企业融资。二是风险管控上，树立全面风险管理理念，建立健全适配支农支小主业特点的风险管理机制，提高风险识别、预警和处置能力，早识别早预警早发现早处置，全面提升资产质量。加大不良清收力度，建立科学有效的激励机制，有效盘活表内外不良资产，有效缓解风险成本高企的压力。加强员工行为监督管理，充分发挥风险、合规、审计、纪检、巡察等协同合力，紧盯风险背后“人”的问题，守住不发生系统性区域性金融风险底线。

（三）加快实施数字化转型，降低运营成本

数字技术的应用大幅提高银行业服务水平和经营效率。在数字金融发展日新月异的趋势下，农村中小银行要主动适应变化，紧跟技术发展方向，以实用为导向，积极拥抱数字化转型。结合“智能银行、智慧网点、智能客服、智能风控、智能审计、智能办公”等场景开展创新实践，充分发挥数字技术在优化业务流程、降低运营成本、提升协同效率等方面的作用。以数字化赋能网点转型，分类打造全能型金融服务点、简易型金融便利店、自助型金融服务点等网点模式，加快推进智能柜员机应用和网点设备整合，加大大数据等技术的应用，促进网点轻型化、智能化转型。以数字化赋能风险防控，运用大数据、机器学习、知识图谱等数字技术，推动风险的精准识别和计量，完善贷前防范、贷中预警、贷后控制管理，构建数字化、智能化、集约化风控体系，全面提升数字风控水平。以数字化赋能客群管理，构建数字化报表平台，通过数字标签、分析、建模，加强客户生命周期管理，对客户进行分层分类，打造全客群运营模式，提升客户经理人均管户效率和精准营销能力，降低客户营销和维护成本。

（四）加强精细化管理，提高经营效率

农村中小银行要加强财务精细化管理，向管理要效益。在银行内部管理机制上，农村中小银行由于理念、人才、技术上的不足，与大银行相比显得相对粗放，在精细化管理上尚有很大的提升空间。从近年来的实践看，管理会计的应用对于推动理念转换、机制转型、业务提升的作用非常明显，是实现精细化管理的重要手段。农村中小银行要强化资产负债管理理念，熟练掌握并运用好内部资金转移定价（FTP）、经济利润（EVA）、经风险调节后的资本收益率（RAROC）等管理会计工具，提高成本管理能力、产品定价能力和资本集约管理能力，处理好资产扩张与资本补充之间的关系，努力实现规模、质量与效益的均衡发展。

要加强人力资源的精细管理，农村中小银行总行员工占比普遍在三成以上，是“沉睡的人力资源”因此要优化人力资源配置，精简配强总部员工队伍，扩充一线客户经理队伍，分类打造零售、公司、财富等专业营销团队，探索建立有效的考核激励机制，充分激发员工干事创业的激情，提高整体员工的投入产出效能。

（五）完善“小法人＋大平台”模式，促进集约化发展

“小法人＋大平台”管理服务体系符合国际惯例。以德国储蓄银行集团（DSGV）为例，200多年来，既发挥小法人银行的灵活性，又强调集团总部的资源整合与服务，已成长为全球排名前五，德国本土规模最大、最具影响力的银行业金融机构，占目标市场50%的份额。国发〔2003〕15号文件确立了农信社特有的省县两级管理服务体系，本质上就是国际通行的“小法人＋大平台”模式。因此，要继续发挥省级联社专业化规模化集约化优势，强化平台服务功能和资源整合作用，有效解决单家行重复建设引致资源浪费和规模不经济问题。一是建立完善“总对总”合作机制，由省级联社对接省级机关部门、事业单位、系统性行业、大型企业等，上下联动进一步服务好有利于“三农”和小微企业发展的单位或集团客户。二是建立完善统一的信息科技、产品创新、资金清算、理财资管、教育培训等省级服务平台，有序放开数据、技术等接口，优化需求流转机制，集中全系统资源，集聚高端专业人才，做单家行“做不了、做不好、做了不经济”的事，不断提升服务辖内农村中小银行的能力和效率，增强整体竞争力、服务力。

（六）积极争取监管“松绑”，拓展发展空间

农村中小银行的商业可持续发展离不开金融监管部门的大力支持，但目前农村中小银行面临更多的监管约束。实践证明，农村中小银行也能业务稳、效益佳、质量好。因此，监管部门应加强差异化监管研究，既要考虑农村中小银行与其他银行之间的差异，也要兼顾农村中小银行内部的地域和发展状况差异，适度开展分类监管。一是考虑放宽农村中小银行资本充足率监管要求，进一步释放农村中小银行发展空间。相比系统性重要银行，农村中小银行是地方金融机构，不跨区经营、不参与国际竞争，却面临同等严标准的资本监管，资本负担压力较大。二是省级联社缺乏金融牌照，增强“大平台”服务功能受到严重掣肘，对于履职较好的省级联社，可考虑探索支持设立理财、资管、科技、金融租赁等子公司，促进其更好发挥省级大平台集约化服务功能，助力辖内农村中小银行降本增效。三是对于经营稳健的农村中小银行，可以支持其探索建立简洁高效实用的差异化公司治理机制，实现公司治理领域的降本增效。四是协调财政部门推出财税金融优惠政策，给予农村中小银行在偏远乡镇建设物理网点的地方财政补贴，降低因承担社会责任而带来的重资产运营压力。

报告三

新市民金融服务的实践与思考

——以福建省为例

课题牵头单位
福建省银保监局

主要观点

近年来，随着新型城镇化进程的加速推进，农村劳动力人口逐步向城市转移，新市民群体规模不断扩大，逐渐成为新经济的重要组成部分。2022 年 3 月，中国银保监会、中国人民银行联合印发《关于加强新市民金融服务工作的通知》（银保监发〔2022〕4 号），对做好新市民金融服务作出具体部署。为探讨如何更好改进新市民金融服务，福建省银保监局课题组从国际视角简要梳理了发达国家针对新市民融入城市进程中面临的住房、就业、土地流转、教育等需求所采取的服务策略和措施，同时对我国新市民群体的数量、学历、就业、收入、住房等结构化因子进行现状分析，形成国内新市民群体的基本画像。在此基础上，课题组立足福建区域，对福建省新市民群体的现状与金融服务需求进行综合分析，对福建省银行保险机构“城乡联合贷款”“服务产业集群”等新市民金融服务的主要做法进行总结，分析金融政策、金融机制、金融服务等方面面临的主要梗阻，并提出发挥政府部门主体作用、完善金融服务长效机制、健全金融市场体系、提高覆盖水平、建立风险补偿机制和监测机制等改进路径，以期为更好地统筹推进新市民金融服务提供思路。[①]

① 本报告系课题组的研究成果，不代表中国银保监会福建监管局的立场和观点，有关文章的任何问题请与课题组成员直接联系。

一、新市民金融服务的国际实践

新市民是城镇化进程中的特殊产物，是各国城镇化发展最主要的驱动力。新市民群体的形成往往伴随着城市化工业化浪潮而产生的人口迁移，其本质是向城市居民转化的过渡阶段的农村居民，属于未完成市民化的准市民、半市民群体。从国际城镇化发展历程看，在新市民融入城市工作生活的过程中，英国、美国、日本、德国、法国、韩国等所采取的策略和方式主要集中在服务新市民的住房、就业、土地流转、教育等四项基本需求。

（一）针对住房需求的服务策略

1. 美国

深度金融服务。利用发达的金融市场，为新市民解决住房问题提供多样化金融服务。一是由住房抵押贷款发放机构为新市民提供多样化的贷款产品；二是由政府和保险公司为中低收入家庭提供贷款担保；三是通过抵押贷款资产证券化为市场持续提供流动性，分散发行方风险。

2. 日本

公营住宅。一是设立住宅金融金库，为有购房能力但无法从民间金融机构取得贷款的中低收入家庭提供中长期低息贷款，贷款总额可达购房总费用的60%；二是建立公营住宅，由国家与地方政府合作，建设可满足生活需求的住宅，并以低租金出租给存在住房困难的低收入人群；三是创建住宅公团，负责在大城市开发住宅用地、建设与住宅区相关的配套设施和公共设施、建设出租用的大型公寓及出售用的商品房、出租并管理所建公团住宅等。

3. 英国

公屋/廉租房及租房补贴。住宅协会是负责建造、出租、管理廉租房的非营利性机构，其建造房屋的资金有近一半来自政府拨款，剩余部分通过收取房租、从银行借款、发行债券等方式筹措。租房补贴是指政府向低收入家庭提供补贴，便于这部分人群用很少的自有资金或完全靠补贴租用私人拥有的房屋。

（二）针对就业需求的服务策略

1. 完善就业中介服务

美国建立了三级就业服务组织，劳工部负责全国的劳工就业工作；各州劳工局负责本州劳工就业工作；“一站式”服务中心负责为劳动者提供免费就业服务。德国更注重引入社会力量，通过公私联合完善就业服务机构建设，在做好公共服务基础上，允许私人职业介绍所向所有人开放，打破了劳动总署在职业介绍方面的垄断。

2. 建立就业培训体系

美国建立了以“职业中心”为主体的就业、再就业培训体系，就业培训由劳工部负责，联邦政府提供资金支持，州政府、企业和个人配合进行。日本政府建立了由国家或地方公共部门主办的民间就业培训体系，对失业者进行就业训练和指导。

3. 促进中小企业发展

德国对符合政府补贴要求的中小企业提供财政补助，最低资助标准为总投资额的 5%；根据企业营业额的大小提供不同规模的低息贷款，对于增加就业岗位的企业，低息贷款额可以达到总投资额的 75%，除此之外，还会给予总投资额 10% 的补贴；对在有风险和落后地区建厂的中小企业提供贷款担保，最高担保限额为贷款总额的 80%。此外，对中小企业税收予以减免，并设立中小企业开发促进资金，对中小企业科研开发提供补助。

（三）针对土地流转需求的服务策略

1. 明晰土地产权归属

英国通过“议会圈地”拉开土地确权帷幕，“羊吃人”圈地行动加速了土地流转与集中。美国在“西进运动”过程中确立土地私有的法理地位，建立以家庭农场为基础的现代土地运营制度。日本通过土地改革将地主拥有的土地转移到农民手中，用以家庭为单位的自耕制度取代封建地主所有制，为土地自由流转筑牢制度基础。

2. 完善法律法规和交易体系

法国对农地流转双方的权利和义务做出详细规范，大幅度降低履约成本以及农地流转交易费用，提升农地流转效率。同时，成立专门的市场中介组织从事土地收购，再以优惠的价格卖给大农场，通过租赁经营的方式加速土地集中。日本以《农业基本法》（1961 年）为起点，从“放松管制”“积极推动”两个维度采取系列措施，促进农地经营规模提升。同时，建立专门的农地流转中介组织促进农地快速流转，如农业协同组合、农业委员会等。

3. 提供财政补贴支持

法国设立专项基金及农业补贴等方式鼓励农民提高耕种面积，对中等农场在土地购买、贷款和税收上给予优惠。英国对农产品实行基于农场播种面积和销售数量的差价补贴，农场规模越大，获得的补贴越多。日本鼓励小规模农户放弃自己的土地，对退地农户进行免费非农技能培训及发放生活补贴；为大面积购买土地的农户提供长期低息贷款和财政补助等优惠信贷政策。

（四）针对教育需求的服务策略

1. 英国教育体制改革

推出“杰出城市计划”，为所有居住在城市的学生提供平等的接受教育的机会，通过在地方教育部门之间、地方教育部门与学校之间以及校际之间建立合作关系，促成教育资源合理流动，实现区域教育均衡发展。针对人口流动导致区域教育资源配置失衡，对于乡村及部分欠发达地区提出一揽子补偿计划。例如“教育行动区计划”由政府引导社会力量参与学校基础设施及资源配置的改善，同时下放行动区内学校相关权力，对开展行动区计划的地区给予一定经济补助，促进行动区内学校快速发展。

2. 德国教育体制改革

推行双轨制职业教育，以职业能力培养为核心，由企业与职业技术学校协作，共同完成对学员的职业教育。这种培训及教育模式将理论与实践有机结合起来，教育目标明确——为未来特定工种而学习——使教育内容可以与社会需求及技术发展相匹配，学生职业能力能够与企业的需求相联系，从而保证社会所需技术人才的稳定供应。

3. 韩国教育体制改革

一是根据产业升级及城市化发展对劳动力的特定需求调整教育重心。重点普及初等教育、扫除青年文盲；推广中等教育，发展职业与技术教育；扩张高等教育，培养工程师、推动打造高学历白领阶层等。二是实施积极的财政政策支持教育发展，通过保持大班额、高生师比，集中合并学校等措施降低学生培养成本。三是扶持乡村及偏远地区教育事业，优先满足小岛和偏远学校的用地及教室等需求，为学生提供免费教科书，为教师提供住房，为乡村地区学生设定特别配额助其进入高等院校。

从国际经验看，满足新市民基本需求的顶层设计主要由政府推动，在具体措施落实上，离不开金融服务支持，这为我国加强新市民金融服务提供了借鉴。一是住房金融服务。通过多样化金融服务为新市民提供方便快捷的信贷支持（美国）；为公屋/廉租房建设提供低息信贷（德国、英国、日本）。二是就业金融服务。支持职业教育机构发展，完善就业培训体系（美国、日本）；支持私营就业中介组织发展，提高就业中介服务质量（德国）；支持中小企业发展，吸纳更多新市民就业（德国）；通过创业信贷支持农民、下岗职工和年轻群体自主创业。三是土地流转金融服务。为农业经营主体购买土地、规模化经营提供信贷支持，简化土地抵/质押程序和资质审核要求；扶持土地流转中介组织发展，提升土地流转效率（日本）。四是教育金融服务。为社会力量参与改进学校基础设施与资源配置提供资金支持（英国）；银校企联动强化新市民职业教育培训（德国）；对学生学习和生活提供助学贷款；加大对乡村教育的金融资源倾斜，促进乡村教育事业发展（韩国）。

二、我国新市民发展现状

（一）新市民数量

根据银保监会有关定义，新市民主要是指因本人创业就业、子女上学、投靠子女等原因来到城镇常住的群体，包括两大类：一是来到城镇常住、未获得当地户籍的人群；二是获得当地户籍不满 3 年的城镇户籍人口。根据该定义，新市民主要为成年人群体。根据第七次全国人口普查中的流动人口数据，15 岁是一个明显的年龄构成分界点，且从 15 岁开始，因“创业就业”而迁徙的比例开始超过 25%，因此本报告把 15 岁设定为新市民口径的年龄下限。获得当地户籍的城镇常住人口，可以根据第七次全国人口普查中流动人口数据进行统计，即城镇人户分离人口中扣除市辖区内人户分离的人口。人户分离人口指居住地和户口登记地所在乡镇街道不一致，且离开户口登记地半年以上的人口。市辖区内人户分离人口指一个直辖市或地级市所辖的区内或区与区之间，居住地和户口登记地不在同一乡镇街道的人口。据此可定义：新市民 = 15 岁及以上流动人口 + 获得城镇户籍未满 3 年人口 = （城镇人户分离人口 - 市辖区内人户分离人口） ×15 岁及以上流动人口占比 + 获得城镇户籍未满 3 年人口。

如表 1 所示，根据《第七次全国人口普查公报》，截至 2020 年末，全国范围内，常住地与户口登记地分离人口为 4.93 亿人，其中市辖区内人户分离人口 1.17 亿人，省内流动人口 2.51 亿人，省外流动人口 1.25 亿人。按照常住地类型，城镇常住地人户分离人口为 4.43 亿人，其中市辖区内人户分离人口 1.12 亿人，流动人口（省内 + 省外）3.31 亿人，其中 15 岁及以上人口占比为 85.58%。乡村常住地人户分离人口约 0.50 亿人，其中市辖区内人户分离人口 517.93 万人，流动人口（省内 + 省外）4 464.46 万人。由于新市民主要指到城镇常住的流动人口，根据上述统计结果，截至 2020 年，我国未获得常住地户籍的新市民规模约 2.83 亿人（3.31 亿流动人口 ×85.58%）。对于获得城镇户籍不满 3 年的新市民，根据《2019 年政府工作报告》、发展改革委、公安部等信息估算，2018—2020 年，农业转移人口落户城镇规模约 4 400 万人。据此推算，我国新市民规模约 3.27 亿人（2.83 亿未获户籍 +0.44 亿获户籍不满 3 年）。

表 1　　2020 年末城镇流动人口情况　　单位：亿人

地区	合计	省内		省外
		市辖区内人户分离	省内流动人口	
全国	4.93	1.17	2.51	1.25
城市	3.23	1.07	1.28	0.88
镇	1.19	0.05	0.95	0.20
乡村	0.50	0.05	0.28	0.17

资料来源：《第七次全国人口普查公报》。

（二）新市民学历

从学历来看，根据第七次全国人口普查数据估算，新市民中大学专科及以上高等学历占比为 28.15%，初高中占比为 62.90%，小学及以下占比为 8.95%（见图 1）。

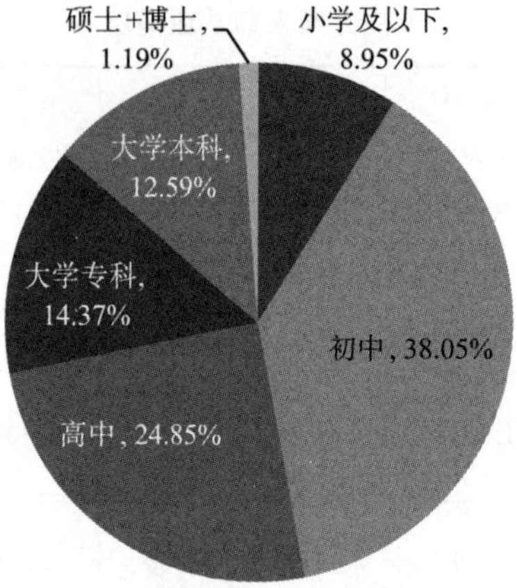

图1　新市民学历情况

资料来源：《第七次全国人口普查公报》。

（三）新市民就业

根据《第七次全国人口普查公报》估计，城镇 15 岁及以上全部人户分离人口中，从业人员总数为 2. 59 亿人，占比为 68. 50%。从职业类别看，服务业与制造业是人户分离人口主要从业领域，就业人数合计为 1. 86 亿人，占全部从业人数的 71. 90%，在 15 岁及以上全部人户分离人口中占比为 49. 25%。在省内人户分离人口中，就业人员占比为 61. 57%。省内人户分离人口第一大就业领域是服务业，占总就业人口的 44. 06%；第二大领域为制造业，占总就业人口比重下降至 22. 75%。在省外人户分离人口中，就业人员占比为 88. 48%。省外人户分离人口第一大就业领域是制造业，占总就业人口比重为 44. 19%，服务业就业人口占比为 37. 91%。

如图 2 所示，从流动人口所处行业类别看，根据国家卫健委发布的 2018 年流动人口动态监测数据，流动人口第一大就业行业是制造业，占比 28. 25%；批发零售业位居第二，占比为 21. 62%；住宿餐饮，居民服务、修理和其他服务行业分列第三、第四位，占比分别为 12. 57%、11. 04%。

（四）新市民收入

收入方面，根据国家卫健委发布的 2018 年流动人口动态监测数据，流动人口家庭月均收入为 7 160 元，中位数为 6 000 元。如表 3 所示，从分布来看，流动人口家庭月收入集中在 3 000—7 000 元，合计占比为 69. 42%。考虑到 2018 年流动人口

表2　　人户分离人口从业情况

户籍所在地/职业	合计	机关团体、企事业单位负责人	专业技术人员	办事人员	生产和生活服务人员	农林牧渔业、生产辅助人员	制造业	其他
省内人户分离就业人数（万人）	17 292	555	2 710	1 726	7 619	700	3 933	48
占比（省内15岁及以上人户分离人口）	61.57%	1.98%	9.65%	6.15%	27.13%	2.49%	14.00%	0.17%
省外人户分离就业人数（万人）	8 610	220	765	408	3 265	135	3 805	12
占比（省外15岁及以上人户分离人口）	88.48%	2.26%	7.86%	4.19%	33.55%	1.39%	39.10%	0.12%
全部人户分离就业人数（万人）	25 902	775	3 475	2 134	10 884	835	7 739	60
占比（全部15岁及以上人户分离人口）	68.50%	2.05%	9.19%	5.64%	28.78%	2.21%	20.47%	0.16%

资料来源：《第七次全国人口普查公报》。

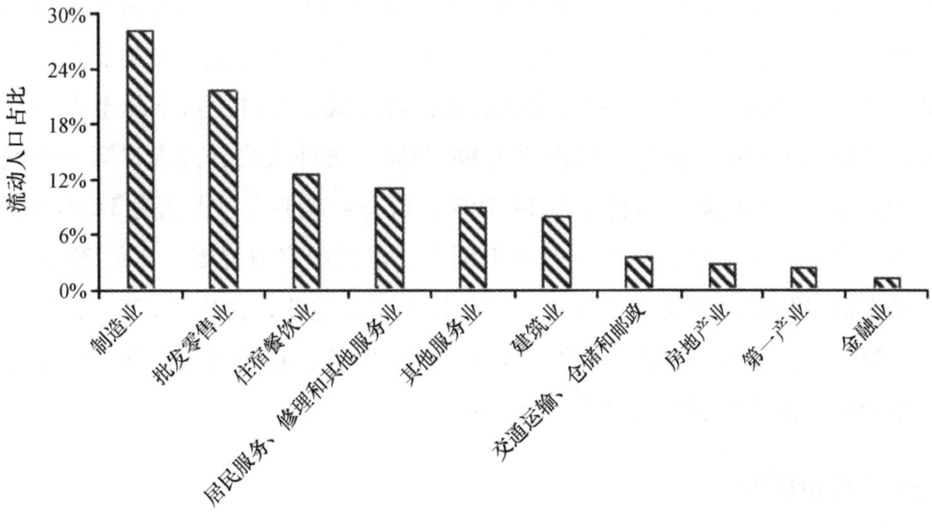

图2　流动人口从业领域情况

资料来源：2018年流动人口动态监测数据。

动态监测数据调研对象多为 25 岁及以上劳动群体，且已婚比率接近 90%，因此 7 000 元的家庭收入多为夫妻二人总收入，据此推算，单人月收入在 3 500 元左右。这与国家统计局统计的农民工收入状况大致相当。从国家统计局披露的《2018 年农民工监测调查报告》来看，2018 年农民工月均收入 3 721 元，其中，外出农民工月均收入 4 107 元。从这一角度看，国家统计局统计的外出农民工收入状况大致可以代表流动人口收入水平。

根据《2020 年农民工监测调查报告》，2020 年农民工月均收入 4 072 元，较 2019 年增加 110 元，增幅 2. 8%；其中，外出农民工月均收入 4 549 元，比上年增加 122 元，增长 2. 7%。

表 3　　2018 年流动人口家庭月均收入情况

收入分档（元/月）	占比	家庭规模占比					
		1 人/户	2 人/户	3 人/户	4 人/户	5 人/户	6 人及以上/户
1 000 以下	0. 39%	23. 74%	42. 88%	16. 39%	11. 94%	2. 91%	2. 14%
1 000—3 000	7. 54%	33. 33%	22. 75%	21. 49%	15. 93%	4. 15%	2. 35%
3 000—5 000	24. 42%	22. 27%	15. 99%	31. 42%	23. 52%	4. 81%	2. 00%
5 000—7 000	28. 07%	6. 85%	14. 52%	39. 98%	30. 14%	6. 28%	2. 23%
7 000—9 000	16. 93%	3. 15%	12. 62%	42. 44%	31. 67%	7. 31%	2. 82%
9 000—11 000	11. 51%	2. 92%	11. 16%	41. 11%	31. 88%	8. 85%	4. 09%
11 000—20 000	6. 51%	2. 50%	11. 93%	38. 45%	30. 52%	11. 37%	5. 24%
20 000 以上	4. 63%	2. 62%	11. 00%	37. 71%	29. 51%	13. 24%	5. 92%

资料来源：2018 年流动人口动态监测数据。

（五）新市民住房

根据国家卫健委发布的 2018 年流动人口动态监测数据，在住房选择上，超半数流动人口选择租房，整租和合租占比分别为 45. 76%、10. 31%；自购商品房人口占比为 21. 44%；居住在单位/雇主房占比为 9. 36%；剩余不到 15% 人口住房选择包括自建房、就业场所、自购小产权住房、借住房、自购保障性住房、政府提供公租房等。从居住情况看，同住人数以 3—4 人为主，占比在 60%—70%，家庭规模平均约为 3. 14 人（见表 4）。

表4　城镇流动人口住房情况

序号	租房类型	占比	家庭规模占比					
			1人/户	2人/户	3人/户	4人/户	5人/户	5人及以上/户
1	租住私房—整租	45.76%	9.54%	14.58%	36.63%	30.30%	6.48%	1.99%
2	自购商品房	21.44%	2.56%	15.53%	44.59%	25.96%	8.12%	2.72%
3	租住私房—合租	10.31%	22.35%	13.68%	30.40%	25.81%	5.47%	1.93%
4	单位/雇主房（不包括就业场所）	9.36%	32.48%	10.66%	28.12%	22.54%	4.28%	1.48%
5	自建房	3.62%	3.47%	14.49%	31.32%	28.97%	12.59%	6.77%
6	就业场所	2.58%	10.15%	14.09%	31.69%	34.06%	7.38%	2.03%
7	自购小产权住房	2.55%	2.56%	14.74%	42.19%	28.97%	7.91%	2.61%
8	借住房	1.61%	15.00%	27.33%	30.95%	17.75%	6.51%	1.90%
9	自购保障性住房	1.26%	2.95%	19.16%	45.06%	22.53%	8.15%	1.64%
10	政府提供公租房	1.01%	10.82%	15.09%	35.50%	25.32%	9.30%	3.04%
11	其他非正规居所	0.50%	7.91%	19.95%	30.81%	27.27%	8.50%	3.90%

资料来源：2018年流动人口动态监测数据。

租房群体平均每月租房支出为891元，在总支出中占比均值为26.26%。流动人口租房支出绝对水平与城镇居民大致相当，但在总支出中占比略高于同期城镇居民（2018年为23.95%）。自购房群体（商品房、保障性住房、小产权房）月房贷开支为2 508元，在总开支中占比均值为45.42%（见图3）。

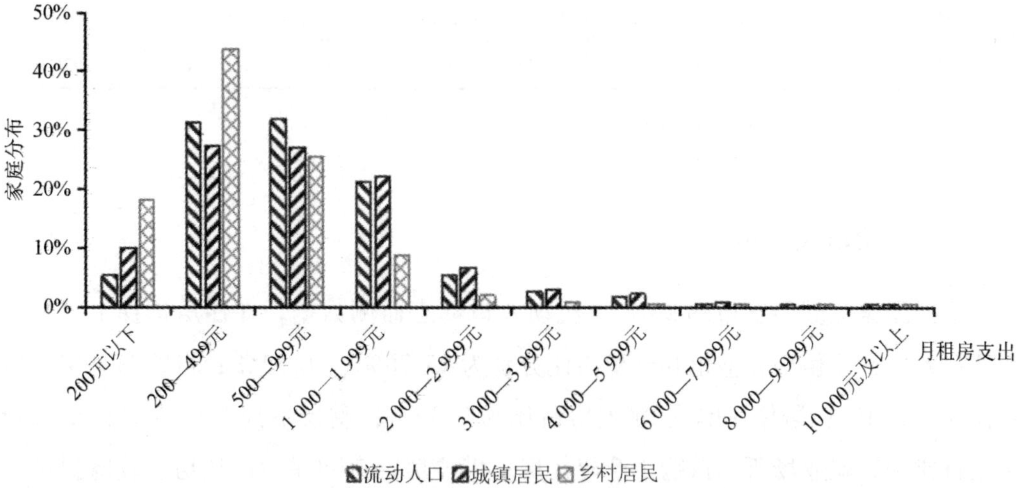

图3　流动人口房租支出情况

资料来源：2018年流动人口动态监测数据，《第七次全国人口普查公报》，国家统计局数据。

三、福建省新市民金融服务的探索与实践

（一）福建省新市民发展现状

福建省是民营经济大省，民营经济占比达到七成以上，省内劳动力流动较为活跃，总体呈现山区人口向沿海产业集聚态势。同时，福建也是人口跨省流动大省，在外经商、求学、务工人数众多，也吸纳了相当数量的外省劳动力。因此，福建兼具新市民输出地与输入地双重属性，具有一定典型性。

1. 新市民数量

根据全国第七次人口普查数据（见表5），截至2020年末，福建省人户分离人口1 646.46万人，其中市辖区内人户分离人口为280.34万人，流动人口1 366.12万人。流动人口中居住在城镇的人口1 199.39万人。福建15岁及以上人口占比为80.68%。

表5　福建省城镇流动人口规模情况　单位：万人

	人户分离人口	市辖区内人户分离	省内流动人口	省外流动人口
全省	1 646.46	280.34	877.14	488.99
乡村	178.72	11.98	85.41	81.32
城市	1 020.61	258.78	457.67	304.16
镇	447.14	9.58	334.06	103.50
城镇合计	1 467.75	268.35	791.73	407.66

资料来源：《第七次全国人口普查公报》。

新落户人口可用新增户籍人口扣除自然增长的户籍人口（因出生、死亡导致户籍人口净变动）进行大致估算。2018—2020年，福建省户籍人口新增114万人，假设户籍人口的自然增长率与常住人口一致，则户籍人口自然增长64.48万人，新落户人口规模约为49.52万人（见表6）。

表6　　2018—2020年福建省新落户人口情况

	人口自然增长率	户籍人口（万人）	新增户籍人口（万人）	户籍人口自然增长（万人）	落户人口（万人）
2018年	7.00%	3 861.30	53.70	26.65	27.05
2019年	6.80%	3 896.47	35.16	26.26	8.90
2020年	2.97%	3 943.83	25.14	11.57	13.57

资料来源：《福建省国民经济和社会发展统计公报》。

综合流动人口与2018—2020年新落户人口分析，截至2020年末，福建省新市民数量约为1 017.19万人（1 199.39×80.68%+49.52）。

2. 新市民教育水平

据测算，福建省流动人口学历水平整体低于全国平均水平。其中，新市民教育经历在小学及以下的（含未上学、学前教育、小学）占比为25.84%，高于全国平均水平（8.95%）近17个百分点；初中、高中学历占比分别为34.14%、18.48%，分别低于全国平均水平4个和6个百分点；高等学历（含大专、本科、硕士研究生、博士研究生）占比为21.54%，低于全国平均水平7个百分点（见图4）。

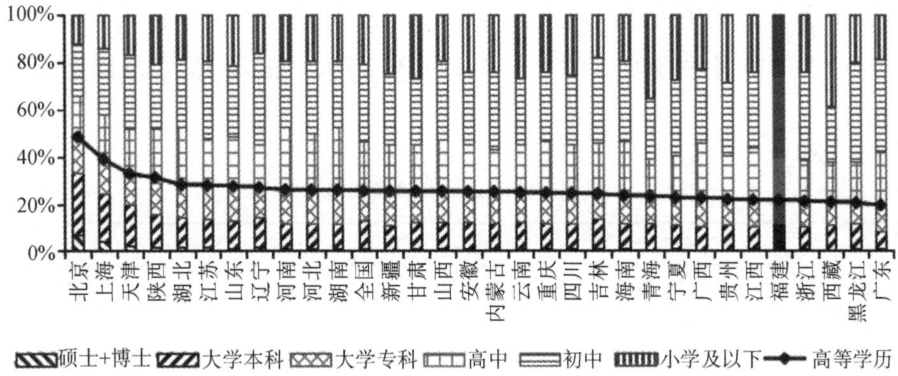

图4　流动人口学历水平情况

资料来源：《第七次全国人口普查公报》。

3. 新市民就业

如表7所示，从流动人口就业职业看，福建省流动人口第一大就业职业类别为生产服务人员，占比为40.26%，与全国平均水平相当（42.02%），与江西、广东两个邻省相近，明显高于浙江省（34.88%）；第二大就业类别是制造业，占比为36.72%，占比高出全国平均水平（29.88%）6.84个百分点，与江西、广东2个邻省相近，但明显低于浙江省（48.62%）。

表7　流动人口就业类别情况

地域	企事业单位负责人	专业技术人员	办事人员	生产服务人员	农林牧渔	制造业	其他
福建	1.88%	11.13%	7.59%	40.26%	2.32%	36.72%	0.10%
浙江	2.47%	8.69%	4.18%	34.88%	1.10%	48.62%	0.05%
江西	3.68%	12.51%	8.03%	38.81%	3.38%	33.18%	0.41%
广东	3.06%	10.27%	6.52%	38.89%	0.97%	40.18%	0.11%
全国	2.99%	13.42%	8.24%	42.02%	3.22%	29.88%	0.23%

资料来源：《第七次全国人口普查公报》。

从流动人口就业所处行业看，福建省流动人口行业选择与浙江省相近；与广东省相比，福建省流动人口在纺织服装、住宿餐饮、建筑等3个领域就业占比更高；与江西省相比，在批发零售和住宿餐饮等两个领域占比相对偏低。福建省内各地级市间差异比较大，体现较明显的产业特色，特色产业的就业人员占比明显高于全省及全国平均水平。福州、厦门流动人口就业结构与福建省及全国水平大致相当；莆田在住宿餐饮方面占比较高；宁德的突出产业为批发零售；南平和龙岩的突出产业为建筑业；泉州的突出产业为纺织服装业：三明和漳州的突出产业分别为房地产业和电器机械及制造业（见表8）。

表8　省内地级市流动人口就业产业情况

行业	批发零售	纺织服装	住宿餐饮	建筑	居民服务、修理业	房地产	交通运输、仓储和邮政	计算机及通信电子设备制造	电器机械及制造	专业设备制造	食品加工	木材家具
全国	22%	4%	13%	8%	11%	3%	4%	3%	2%	1%	4%	2%
广东	17%	6%	7%	4%	7%	2%	3%	8%	5%	2%	2%	2%
浙江	13%	14%	10%	7%	7%	2%	3%	1%	5%	2%	1%	3%
江西	23%	5%	18%	7%	10%	3%	2%	5%	1%	1%	3%	2%
福建	15%	12%	11%	9%	8%	4%	3%	3%	2%	2%	1%	1%
厦门	17%	5%	11%	8%	8%	4%	5%	7%	3%	3%	2%	1%
莆田	20%	0%	19%	7%	10%	4%	1%	0%	1%	0%	1%	0%
宁德	29%	1%	10%	3%	14%	1%	2%	0%	2%	1%	0%	4%
南平	15%	1%	6%	30%	11%	4%	4%	0%	1%	0%	1%	1%
泉州	12%	32%	9%	4%	5%	2%	1%	2%	1%	3%	1%	1%

续表

行业	批发零售	纺织服装	住宿餐饮	建筑	居民服务、修理业	房地产	交通运输、仓储和邮政	计算机及通信电子设备制造	电器机械及制造	专业设备制造	食品加工	木材家具
福州	17%	7%	12%	11%	11%	5%	3%	2%	2%	1%	1%	2%
三明	17%	3%	16%	10%	13%	11%	2%	0%	2%	1%	2%	6%
漳州	6%	2%	5%	15%	7%	1%	2%	0%	12%	3%	5%	6%
龙岩	19%	0%	12%	24%	10%	6%	1%	3%	1%	1%	5%	0%

注：表格数据为特定地区流动人口在各行业的从业比重。

资料来源：2018年流动人口动态监测数据。

4. 新市民收入水平

据测算，福建省流动人口人均家庭月收入为7 906元，高于全国整体水平（7 136元/月），略低于广东（8 046元/月）、浙江（8 213元/月）两个临近省份。福建省流动人口收入分步更加均衡，各收入段流动人口占比大致相当，且高收入段人口占比明显高于全国平均水平。

表9　　福建省流动人口收入分布情况

	0—4 500元	4 500—5 500元	5 500—6 500元	6 500—7 500元	7 500—8 500元	8 500—10 500元	10 500元及以上
广东	24. 72%	12. 86%	11. 40%	8. 99%	11. 87%	14. 28%	15. 83%
浙江	15. 58%	12. 97%	12. 66%	10. 50%	14. 82%	18. 71%	14. 76%
江西	24. 43%	17. 18%	14. 53%	8. 55%	11. 35%	14. 13%	9. 85%
全国	29. 20%	16. 76%	12. 86%	8. 04%	9. 84%	12. 16%	11. 15%
福建	16. 39%	13. 52%	13. 14%	12. 06%	14. 32%	16. 40%	14. 16%
厦门	11. 41%	8. 40%	9. 30%	12. 91%	15. 91%	19. 81%	22. 21%
莆田	17. 50%	12. 50%	12. 86%	11. 07%	13. 21%	22. 14%	10. 71%
宁德	12. 50%	10. 00%	15. 00%	8. 33%	18. 33%	15. 83%	20. 00%
南平	11. 25%	15. 00%	13. 13%	13. 75%	17. 50%	11. 25%	18. 13%
泉州	18. 67%	13. 72%	14. 28%	12. 61%	15. 06%	16. 22%	9. 44%
福州	17. 30%	17. 45%	14. 30%	11. 70%	12. 90%	14. 80%	11. 55%
三明	24. 58%	18. 33%	13. 33%	5. 83%	10. 00%	12. 92%	15. 00%
漳州	25. 00%	16. 67%	22. 92%	11. 67%	9. 58%	9. 17%	5. 00%
龙岩	22. 50%	16. 88%	18. 13%	12. 50%	13. 13%	7. 50%	9. 38%

注：表格数据为各收入段流动人口占比。

资料来源：2018年流动人口动态监测数据。

（二）福建新市民金融服务需求现状

2018 年流动人口动态监测数据显示，“买不起房”“收入太低”“家庭困难”是福建省流动人口面临的主要困难，反馈存在相关困难的流动人口占比均超过 50%。“买不起房”问题较为突出，反馈存在相关困难的流动人口占比高于全国平均水平 9 个百分点。“生意难做”是雇主/自营劳动者较普遍面临的困难，反馈存在这一困难的人员占比接近 90%。

福建省内地级市区间分化较大。其中福州市和宁德市相对较好，福州仅有一项较为突出的重点困难，为“买不起房”，反馈存在这一问题的流动人口占比为 77%，分别超过全省、全国平均水平 7 个和 16 个百分点；宁德市则无明显重点困难；龙岩市 7 项困难中有 5 项超过全省甚至是全国水平，且超出幅度在 10 个百分点以上，但反馈生意难做的雇主/自营劳动者占比为 75%，低于全省、全国 12 个百分点（见表 10）。

表 10　流动人口面临的困难情况

	家庭困难	生意难做	难找工作	买不起房	子女上学难	收入太低	生活不习惯
全国	55%	87%	40%	61%	32%	73%	9%
广东	56%	86%	30%	72%	35%	71%	10%
浙江	52%	83%	30%	68%	28%	65%	10%
江西	45%	89%	35%	66%	31%	71%	11%
福建	53%	87%	27%	70%	28%	70%	8%
厦门	62%	87%	22%	76%	31%	69%	4%
莆田	71%	86%	26%	73%	19%	69%	13%
宁德	38%	84%	31%	51%	20%	69%	4%
南平	56%	86%	39%	63%	24%	71%	13%
泉州	55%	89%	22%	58%	24%	69%	9%
福州	40%	86%	33%	77%	30%	66%	9%
三明	57%	91%	54%	66%	24%	82%	11%
漳州	46%	73%	41%	65%	16%	74%	14%
龙岩	61%	75%	52%	86%	42%	83%	8%

资料来源：2018 年流动人口动态监测数据。

从金融服务视角看，新市民主要存在以下需求。

1. 教育金融需求

据统计，福建新市民群体中低学历人口占比较高，小学及以下学历占比为25.84%，高于全国平均水平近17个百分点；高等学历占比为21.54%，低于全国平均水平7个百分点，对职业培训需求强烈。部分流动人口面临子女教育费用匮乏的难题，需要教育贷款提供子女受教育资金。

2. 住房金融需求

买房难的问题在福建新市民中较为突出。据统计，约七成新市民选择租房，高于全国约15个百分点；单位供房是第二大满足住房需求的方式，占比超两成；自购房人口占比仅略超5%，低于全国近20个百分点。存在“买不起房”这一困难的高学历流动人口占比高达73%。因此，为降低新市民居住成本，扩大住房租赁供给、提供便捷优惠的住房贷款具有较高的政策必要性及广阔的市场空间。

3. 创业就业金融需求

受疫情和国内外复杂经济形势的影响，“生意难做”“工作难找”问题较为严重。“生意难做”的观点在雇主或自营劳动者中更为普遍，反馈存在这一困难的人员占比接近90%。反馈“工作难找”的零工或散工占比接近70%。因此，金融机构提供低成本创业就业资金，有助于提高经营效益，吸纳新市民创业就业。

4. 保险保障金融需求

福建新市民医疗保障覆盖程度相对较高，无任何保障群体占比在7%以下，明显低于全国平均水平。但是，城镇职工医疗保险可得性存在职业类别差异，无固定工作的零工、散工等新市民获得医疗等保险保障覆盖面较低，医疗保险保障主要依靠新型农村合作医疗。在基础医疗保险基础上同时拥有商业医疗保险的新市民人口占比为2.37%，是需要重点加强医疗保障的群体。

5. 日常消费金融需求

福建新市民群体中有相当一部分以打零工和散工为主，由于无稳定的工作，收入波动性较大，需要消费贷款平滑收入与支出的波动性。

（三）福建新市民金融服务主要做法

2022年以来，在监管部门指导推动下，福建银行业保险业针对新市民金融服务堵点难点，从提升金融服务均等性出发，深入开展城乡联合贷款对接行动、产业集群服务行动、“一行一司一品”创新行动、新市民权益保障提升行动、新市民保险服务提质行动、创业就业金融服务中心升级行动、新市民住房信贷需求助力行动、常态化金融知识普及行动等一系列行动，重构新市民金融服务政策措施框架，推动新市民金融服务供给与需求相平衡。据初步统计，截至2022年9月末，福建银行保险机构累计针对新市民创设专属信贷产品141个、新发放贷款72.18亿元，创设专属保险产品18个、提供风险保障502.4亿元。

1. 输入地、输出地跨空间协同，努力破解抵质押品和信用不足难题

福建银行业金融机构从输入地和输出地双向发力，积极探索“城乡联合贷款”。具体运作模式为：以新市民输入地的网点为贷款主办行，新市民输出地的网点为贷款协办行，主办行牵头贷前调查、审查审批、贷款发放和贷后管理等主要环节，协办行协助办理背景调查、资产抵质押登记和处置等辅助环节。主办行、协办行协商分配职责、分享收益、分担风险，组成“个人版银团”。如，邮储银行福建省分行于2022年3月24日起在福州市、泉州市（输入地）以及三明市（输出地）试点推出“新市民贷”，跨地域联动解决新市民贷款难题，目前已累计授信11.5亿元、贷款余额8.9亿元；泉州农商行与尤溪联社分别建立“本地外出创业就业个人信息档案”，在互相推荐支持、互相协作调查模式下，为539名在泉尤溪人提供8 211.2万元信贷支持。

2. 依托供应链服务产业集群，努力破解信息不对称难题

新市民总量大、结构杂、布局散，但传统乡土观念又使得新市民在输入地呈现一定产业聚集性，如三明沙县外出经商人员形成的“沙县小吃经营群体”、福州永泰县外出务工人员形成的“建筑产业工人群体”等。在监管部门推动下，福建银行保险机构积极与输出地政府合作，以输出地在外人员形成的产业集群为发力点，选择上下游产业链清晰的行业，搭建金融科技服务平台，将分散在全国各地的“集群”新市民“集中上网”，建立产业集群经济活动“数据库”，银行配套提供“供应链+订单”“供应链+流水”“供应链+应收预付款”等供应链融资，从而解决银行缺乏新市民创业就业信息问题。以沙县小吃为例，监管部门出台《金融支持沙县小吃产业发展行动方案》，组织银行保险机构深入对接沙县小吃同业公会、产业主管部门、地方国企产业集团，以沙县小吃中央厨房全国配送为基础，与地方政府联合建立全国性沙县小吃数字化平台，依托“物资流”“现金流”推出“线上集合贷”供应链金融产品，并配套创建“新市民远程金融服务中心”，为全国沙县小吃从业者提供远程调查、电子签约等服务，实现“在他乡也可获贷”。目前，该模式已在杭州、深圳、上海等5个地区试点，累计为1 000余名从事沙县小吃经营的新市民提供1.29亿元贷款支持。

3. 购房与租赁双维度推进，努力破解新市民“居不易”难题

住房是新市民最基本的生活需求，为助力新市民“住得下留得住”，福建银行业保险机构多向发力，积极支持新市民“一张床”“一间房”“一套房”的多层次住房需求。如，开发银行福建省分行探索与产业园区合作，将工业项目配套用地集中用于建设宿舍型保障性租赁住房，解决园区企业员工阶段性住房困难。兴业消费金融公司推行“立业计划”，锚定新市民进入职场初期的租房需求，为应届毕业生等新市民提供前6个月免还本的安居租房消费贷款；建设银行福建省分行与建信住房服务公司合作，依托“建融家园”平台为新市民提供租赁与结算、融资、保险“一揽子”服务；人保财险泉州市分公司与政府部门合作开展房屋安全保险监测试点，布置房屋安全监测系统，对楼房位移、倾斜、沉降等指标进行实时监测预警，目前已为辖区20栋面积约50 354平方米危旧房屋提供保障服务。

4. 构建创业就业服务架构，努力破解创业就业资讯和资金不足难题

针对创业初期最需要资金投入却最难获得金融机构支持的难题，监管部门组织启动创业就业金融服务中心升级行动，将新市民群体作为中心重点服务对象，探索人社部门审核借款人资格、担保机构尽职调查、金融机构贷前调查“多审合一”模式，为新市民提供金融支持创业就业相关政策法规咨询服务、贷款企业的用工需求、银行保险机构的实习、就业岗位等信息，全方位打造“有政策、有机制、有队伍、有产品、有信息”的“五有”金融服务平台。莆田农商行设立新市民金融服务中心，推广“就近办”“一站办”“马上办”“优惠办”等“四办”服务标准，通过“立见立受理”“限时审批制”等方式，提升新市民贷款需求响应速度和业务办理效率。宁德银行保险机构依托普惠金融纠纷调处中心，设立新市民服务窗口，完善纠纷化解机制，及时妥善处理新市民金融纠纷，维护新市民金融消费者权益。三明银行保险机构联合地方团委，组建新市民创业就业青年金融服务突击队，开展创业就业培训服务和创业经验分享，配套提供“孵化创业贷”，通过“资金+知识”双帮扶，提升新市民创业就业成功率。

5. 找准信贷支撑点，努力破解教育需求难以得到信贷支持难题

新市民在子女学历教育和自身技能教育等方面有广泛的金融需求，但除助学贷款以外，金融机构难以有效切入这一市场。福建银行保险机构探索构建“金融+教育+新市民”合作机制，加强与高校联动，通过提供助学贷款、创业就业贷款、提供实习实践教育等方式，助力高校毕业生创业就业。如，兴业消费金融公司探索推广以学生父母为借款人的“兴才计划”，以最长20年的超长期限、在校期间免还本的灵活还款方式，为新市民和新市民子女的高等教育学费、生活费、教育培训等方面开支提供贷款支持，并跟进为家庭困难学生提供勤工助学、技能培训和就业竞争力提升等公益性服务。

6. 多角度探索发力，努力破解新市民保险触达率低难题

新市民存在广泛的保险需求，特别是灵活就业的新市民在安全生产、医疗、养老等方面急需保险发挥保障作用，但经验数据不足、产品触达率低、投保意愿不强等问题在一定程度上抑制了需求。福建保险机构主要从三个方面发力：一是从覆盖面方面发力。推出保费低廉的城市定制型普惠医疗保险“八闽保”，该产品面向全省群众，不与户籍挂钩。2022年7月5日，首款政府指导、全省统一的“惠闽宝”城市定制型普惠医疗保险正式上线，首期累计承保248.5万人。二是从契合度方面发力。针对货车司机、快递人员、网约车司机等新市民相对集聚的群体，推出“安业保”“骑手保”等意外伤害保险和医疗保险。如，“骑手保”是海峡保险福建分公司推出的一款为外卖员、快递员等新市民灵活用工人群打造的专属用工责任保险，该产品创新“按日投保、随工随投”的灵活创新投保方式，并可根据用工平台骑手的实际工作环境、工作频率等对产品方案进行专业化定制。三是从便捷性方面发力。漳州保险机构与漳州市医疗保障基金中心签订合作协议，为就医台胞提供台湾健保咨询、材料代寄、健保核退“一站式”代办服务。台胞无须返回台湾地区即可办理健保费用报销，有效破解台胞就医报销“路途远、手续杂、期限久”难题。

（四）新市民金融服务面临的主要梗阻

受新市民职业特点、教育背景和经济实力等因素制约，金融机构在精准匹配金融产品和服务方面存在现实梗阻。

1. 新市民特征与风险合规要求不匹配制约金融政策有效落地

出于防控风险考量，金融机构向客户提供金融服务时往往会设置身份证明、收入证明等标准化门槛，这些要求与新市民群体的特征往往存在一定“冲突”，在缺少针对新市民贷款不良容忍政策的情况下，相关政策措施往往难以有效落地。以灵活就业群体信贷服务为例，“小摊贩”、微型电商等无证照的灵活就业群体是新市民重要组成部分，其金融需求往往是生产经营和生活消费的混合需求。按照监管要求，银行机构应对《中华人民共和国电子商务法》《无证无照经营查处办法》等法律法规规定的无须申领营业执照的个体经营者，比照个体工商户在同等条件下给予金融支持。但在执行中，银行机构向无营业执照的灵活就业者发放经营贷款面临无法证明用途的难题，为避免发生贷款不良，仅有少数银行机构提供经营类贷款，导致大量无证照的灵活就业者不得不办理利率较高的消费贷款。据某银行反映，该行约有62%的无证照灵活就业者获得日常经营所需资金的融资成本为年化利率10%左右，远高于个人经营性贷款利率。

2. 投入产出不相匹配制约金融机构展业积极性

新市民金融需求有小额和高频的特点，不同人群的金融需求差异化明显。同时，新市民金融服务行业跨度大、流动性高、业务难以实现规模化拓展，导致金融机构投入大、产出小，不成正比，难以产生正效益。此外，新市民整体资质参差不齐、政策支持范围有限也导致新市民融资成本相对较高，以上都严重制约了金融机制的有效运行。目前，除创业担保贷款外，对新市民的信贷支持大多未纳入财政、货币和税收等政策支持范围，未能获得支农支小再贷款、利息免征增值税等激励，一般通过联合网络平台合作获取此类群体交易信息开展业务。按照市场化原则定价，融资成本普遍较高。如，某银行与某平台合作，为小微商户提供“生意贷”信贷支持，其平均年化利率高达17%，远高于普惠型小微企业贷款利率平均水平。

3. 信息不对称问题制约金融服务精准对接

一方面，新市民往往缺乏可靠的收入证明、社保证明，银行缺乏新市民的信用信息，难以确定其诚信状况和偿债能力，为避免贷款违约，需要付出更高的贷款管理成本。保险机构由于掌握的客户信息较少，亦怠于投入成本去发现客户和挖掘需求，客观上造成与新市民群体相互隔离的状况。另一方面，新市民统计口径还相对模糊，也在一定程度上制约金融服务的精准对接。目前政府统计部门仅有人户分离人口、流动人口等统计口径，对于在城镇未获得当地户籍或获得当地户籍不满三年的各类群体还未建立起专项统计口径。同时，户籍、居住地等信息涉及个人隐私且数据量极大，协调地方政府部门开放数据共享权限难度较大。

四、进一步做好新市民金融服务的政策建议

综合新市民金融服务供需匹配等方面存在的梗阻问题，从宏观与微观两个层面看，改进新市民金融服务，需紧扣市场化改革主线，充分发挥好政府在公共服务、市场秩序维护、信息共享互通等方面的作用，通过“市场化+政策性”手段相结合的方式，构建完善新市民金融服务的长效机制，提高新市民金融服务协同性，补齐市场发展短板。

（一）充分发挥政府部门主体作用

新市民金融服务问题难以单靠金融部门解决，需要充分发挥政府部门主体作用。近年来，地方政府有关部门出台了一系列支持政策推动提升新市民金融服务水平。例如，浙江、福建石狮等地银行业金融机构利用政府积分系统，实现为新市民授信增信；住建等部门与银行机构合作，批量建设保障性租赁住房，收到一定效果。然而，“政银”进一步扩大合作仍需加大力度和提高协同性。一是建立政府引导与市场化运作协同机制。应发挥政府引导作用，进一步加大财政资金支持力度，对新市民重点领域贷款实施贴息，通过财政资金的引领和撬动，充分激发银行、保险、证券、基金等各类金融机构新市民服务效能。政府部门应建立新市民服务监测分析机制，在依法依规前提下，及时共享新市民聚集的区域和行业信息，以及新市民社保、税务、住房公积金、水电气、民政及农民工工资等数据，缓解信息不对称问题，降低数据成本，提高金融服务效率。同时，要出台有针对性的扶持政策，解决“瓶颈”制约，促进金融机构不断提高新市民金融服务水平。二是逐步破除新市民获得公共服务的户籍或社保限制。当前一二线城市住房、医疗、养老等资源较紧张，普遍与户籍或社保挂钩，许多新市民很难享受与本地民众一样的公共服务，金融服务惠及面受到制约。如，目前养老保险政策一般要求缴费期限需满 15 年，部分投靠子女的中老年人进城时间不长且年龄偏大，不能享受当地养老金政策，存在当地工作生活、回老家养老的“候鸟式”养老情况，在居住地购买医疗或养老保险

的意愿不高。因此，建议各地政府在制定民生政策时充分考虑流动人口等“新市民”群体诉求，逐步破除新市民获得公共服务的户籍或社保限制，赋予“新市民”群体享受同等公共服务的权利，进而扩大“新市民”金融服务惠及面。三是加强纵横联动打破信息壁垒。目前，新市民信息存在线下多头申报、多头登记、数据分散的情况，金融机构因缺乏足够数据支撑导致展业困难。建议政府部门进一步加强联动，整合优化“新市民”政务信息申报、登记流程，制定系统集成清单和数据共享清单，实现新市民个人政务数据资源的整合、归集、共享、开放和应用，为金融机构提供有力的数据支撑，缓解金融机构与新市民之间信息不对称问题。

（二）建立完善新市民金融服务长效机制

一是加强新市民信用环境建设，着力解决“不敢贷”问题。新市民存在受教育层次不高、收入较低且不稳定、流动性强等特点，决定了其信用层级和偿债能力总体低于社会平均水平，形成贷款风险的概率相对较高。一方面，需要借助大数据等金融科技手段来构建完善的新市民征信体系。同时，加大新市民宣传引导，加大守信激励和失信惩戒力度，形成良好的社会约束机制。另一方面，在鼓励银行业金融机构加大工作力度的同时，适当提高新市民贷款的风险容忍度，给予差异化风险权重，从根本上解决银行“不敢贷”的问题。二是提高政治站位，着力解决“不愿贷”问题。引导金融机构提高政治站位，深刻理解做好新市民金融服务是发展普惠金融的必要举措，也是满足人民对美好生活向往、促进全体人民共同富裕的必然要求，是贯彻新发展理念，增强发展的整体性、协调性，推进发展成果全民共享、全面共享的具体体现。推动金融机构补齐金融服务短板，围绕新市民的工作、生活、消费所产生的业务机会去开拓新蓝海、新机遇，并及时调整发展战略规划，以新产品、新模式提升新市民金融服务水平。三是疏通货币政策传导机制，着力解决“不能贷”问题。一方面，人民银行可研究将新市民金融服务纳入MPA考核，引导金融机构加大信贷投放；可探索创设“新市民专项再贷款”等结构性工具定向扩大支持。另一方面，银行分支机构要积极向上申请审批权限，单列信贷规模；地方法人机构要优化内外部资本补充工具，拓宽资本补充融资渠道，着力解决“不能贷”问题。四是加大专业化流程改造，着力解决“不会贷”问题。强化系统思维，从输入地和输出地双向发力，加快完善新市民金融服务生态。在输出地，金融机构要利用好新市民已经根植多年的人情社会网络，为新市民金融服务画好信用“肖像”。在输入地，金融机构要为新市民定制全生态的金融产品，覆盖衣、食、住、行、养老、育儿全流程服务。鼓励有条件的金融机构组建“新市民金融服务中心”等专营部门，对创业就业贷款开通绿色通道，优先审批，限时办结，鼓励合理控制利率水平，鼓励加强金融创新，引导银行机构创新专属信贷产品，提升金融服务针对性。同时，商业银行应探索将抵押贷款模式向信用贷款模式转变，不过度强调抵质押物，实现银行传统经营模式、重物质轻价值的思维理论的转变，解决“不会贷”问题。

（三）健全差异化的新市民金融市场体系

银行业金融机构要发挥网点覆盖面全、金融产品体系丰富等特点，发力满足新市民全生命周期金融服务需求。大中型银行主要优势在于资金成本低、网点覆盖面广以及科技实力强。因此，大中型银行可以充分利用大数据等数字化技术和科技手段，整合银行流水、社保、纳税、工商等信息资源，为新市民进行画像，形成线上和线下相融合的服务体系，为新市民在创业、就业、住房、教育、医疗、养老等领域，提供包括信贷、结算、理财等在内的全方位的综合金融服务。地方中小法人机构的主要优势在于具有“地缘、亲缘、人缘”，长期深耕基层、立足当地，与地方政府部门、行业协会等联系紧密，熟悉当地风土人情，政策较为灵活、决策链条短，能够第一时间精准匹配新市民金融需求，推出针对性、个性化的产品和服务。地方中小法人机构在新市民金融服务中发力点在于针对新市民某些环节的金融需求，适时提供一些精准的金融服务，在模式上可以更灵活，满足新市民“短频快急”的融资需求。如农信系统发挥“省联社、办事处、行社、网点、金融助理”五级联动机制优势，分层逐级对接党政相关部门，形成了政银联动的服务模式，有针对性地推出了一批“量体裁衣”式的金融服务举措。消费金融公司要发挥已有业务覆盖人群和“新市民”高度重合优势，不断提高消费金融生态体系的普惠性。消费金融公司成立，主要目的在于弥补传统商业银行在小额消费信贷服务方面的短板，其经营方式的核心标志就是满足短期、小额、无担保、无抵押的条件客户融资需求，这些需求特征与“新市民”特点较为契合。作为近距离触达“新市民”的金融企业，消费金融公司应以新市民贷款的可得性和灵活性为考量因素，推进科技赋能，研发推广收益与风险相匹配的“新市民”金融产品。保险业机构要充分发挥保险保障功能，弥合社会保险保障与新市民面临风险之间敞口。针对新市民群体就业灵活、抗风险能力有限等特点，通过创新保险产品和服务体系，提供包括责任保险、意外保险、医疗保险、健康保险、养老保险等多元化、普惠性的保险保障服务，着力为新市民群体提供更优更全的风险保障，提升其抗风险能力。

（四）提高新市民金融服务覆盖水平

面对既包括高学历、高收入客群，也包括征信覆盖不足客群的复杂新市民客群结构，监管部门要引导金融机构结合各自需求加强新市民金融服务，尽可能提高金融服务覆盖水平。一是盘活存量，全面筛查培育新市民“首贷户”。指导银行业机构全面排查开户行在本行的新市民无贷户，加强与市场、税务、电力、社保、科技等政府部门和行业协会的沟通联系，整合内外部信息资源，筛选有融资需求但尚未获贷的新市民作为首贷培育对象，形成“首贷户”拓展白名单，分解确定责任单位和责任人，主动提供综合金融服务。二是创造增量，构建新市民“网格化”金融服务体系。指导银行保险机构积极将新市民金融服务纳入地方基层治理“网格化”管理体系，推动建立新市民金融服务与社区网格化管理的沟通协作机制，依托和利用“网格化”管理体系，及时了解收集新市民情况及金融服务需求，做好新市民身份识别和尽职调查，加强主动对接和精准服务。指导银行保险机构在新市民群体集中的商圈、园区、开发区打造一刻钟便民生活圈，联合政府及职能部门积极探索设立金融顾问，帮助新市民了解各类银行保险产品和服务，进一步提升城市新市民金融服务的深度、广度和便利度。三是激活变量，以专属产品供给拉动金融需求。从供给侧进一步发力，通过技术和模式创新，以专属产品的“量贩式”供给创造需求。当前，新市民的金融需求还远未觉醒，一部分原因归咎于符合新市民特征的产品供给过少，可通过创新专属产品进一步带动有效需求。如：创新高素质新市民“英才卡”。从地方政府相关部门获得引进人才资料情况，为其专项制定“英才卡”。对不同层级的引进人才，按照“金卡、银卡、普通卡”3种类型区分，银行给予不同授信额度和差异化存贷款利率水平。创新“安居监管账户”。针对新市民购房痛点，联动住建、不动产登记等部门，完善二手房“带押过户”交易方式，实现不用先行归还旧房贷即可完成房产交易。在这过程中，银行创新“安居监管账户”，在交易完成前，所有资金均由该账户监管，一旦交易发生风险或交易双方出现意外，交易失败，资金原路返还，避免发生资金纠纷。

（五）探索建立新市民金融服务的风险补偿机制

探索通过政府增信等方式降低新市民信用风险，为新市民一定额度内贷款损失和保险超赔提供一定比例补偿资金等，调动金融机构积极性。一是整合存量风险缓释基金，专项设立新市民风险缓释额度。目前，全国部分地区政府财力较为紧张，推动政府新设立新市民信贷风险缓释资金难度较大。考虑整合现有的担保基金，如创业担保基金、纾困担保金等政府性风险金，专项划拨一定比例额度，对涉及新市民的贷款优先担保、优先代偿、优先服务，确保在政府财政紧张背景下，新市民信贷风险得到有效缓释。二是设立特色行业担保基金，推动提升金融服务水平。综合考虑新市民的行业集中度和该行业对地方政府的影响度，推动设立特色行业担保基金。如，福建沙县有 6 万余人外出经营沙县小吃门店生意，是典型的新市民输出地，是重要的富民产业，沙县政府划拨 600 万元作为担保基金，银行业机构按照基金规模放大 5 倍作为总体授信额度。三是探索“临时助力计划”，专门解决新市民临时性困难。针对快递小哥、保洁员、搬运工等新市民群体工作变动快、收入不稳定问题，考虑推动政府设立专项“临时性还本付息基金”，对新市民因临时突发性因素导致的短期无收入问题，在新市民还款意愿、再就业意向强的前提下，政府可为其提供 1 年内的还本付息资金。待新市民工作恢复稳定后，政府与新市民共同商定“回补”基金方案，帮助新市民度过临时性难关。

（六）研究建立新市民金融服务监测机制

新市民群体具有人数规模大、分布分散、流动性高等特点，要从多角度、多维度建立新市民金融服务统计监测体系，以提升数据统计的科学性和准确性。一是从客户维度。探索打通银行保险机构获取客户户籍信息渠道，在本机构现有业务系统中嵌入新市民客户自动识别和自动退出功能，通过系统自动筛选户籍与机构所在地不一致的客户和落户时间少于 3 年的客户，并添加新市民标签，形成新市民客户数据清单，同时对清单内客户享受金融服务的情况进行统计监测。同时，定期更新新市民客户清单。此外，引导基层机构探索通过人工识别、引导客户自主申报等方式，为符合新市民条件的客户手工添加新市民标签，持续补充完善本机构新市民客户清单。有条件的地区可依托现有信息平台，通过新市民自主申报和政府部门认定等两种方式推进新市民身份认定，明确认定规则，实行动态管理，引导新市民通过当地信息平台提交材料自主申报，推进新市民身份认定。二是从专属产品维度。引导银行保险机构探索创设与新市民金融需求相匹配的专属产品和服务，并在信息系统内为产品添加“新市民”标识，以实现对新市民群体获得的信贷、保险、银行卡等金融服务情况进行分门别类的统计。三是从监管工具运用维度。探索运用大数据手段，结合新市民群体在收入、分布、账户变动、金融需求等方面的特征，加强新市民金融服务领域的EAST建模，通过EAST系统等监管大数据工具勾画新市民画像，辅助进行新市民金融服务统计监测。

参考文献

[1] 苏小，金彦平. 国外城镇化发展经验与中国新型城镇化建设［J］. 世界农业，2013（10）：36－38.

[2] 潘璠. 发达国家促进城镇化就业政策分析［J］. 经济研究导刊，2015（11）：60－61.

[3] 石平洋. 发达国家城镇化的经验［J］. 政策瞭望，2014（07）：44－46.

[4] 张明丽，尤琨，李心怡. 经验与借鉴：从西方发达国家城镇化探讨我国农民工市民化［J］. 中共福建省委党校学报，2013（11）：119－124.

[5] 柳荻. 发达国家如何解决城镇化过程中的融资问题［J］. 中国党政干部论坛，2013（11）：84－85.

[6] 李鸿阶. 新型城镇化应尽量少走弯路——发达国家城镇化的经验与借鉴［J］. 学术评论，2013（04）：30－32.

[7] 谢金楼. 金融发展对城镇化建设的影响机理与实证研究［J］. 经济问题. 2017（03）.

[8] 刘林，董欣. 基于国际经验的西部地区城镇化路径浅析［J］. 新西部（理论版），2015（01）：140＋121.

[9] 张绍红，王雷雷，阎东彬. 国外城镇化发展模式及对中国的借鉴与启示

[J]. 世界农业，2014（02）：118－121.

[10] 黄瑛，郑礼，戴颖．城镇化的国际经验与启示［J］. 中国统计，2013（12）：13－14.

[11] 宫玉波．世界城市化发展特点之浅析［J］. 现代商业，2007（16）：168－169.

[12] 何志扬．城市化道路国际比较研究［D］. 武汉大学，2009.

[13] 兴业研究.《服务新市民的国际经验考察》《我国新市民现状与需求分析》《园区里的新市民及其金融需求》等分析报告．

报告四

乡村振兴背景下农村中小银行数字普惠信贷落地路径研究

——以额度 100 万元以下的个人信贷业务为主要研究对象

课题牵头单位
成都新希望金融科技有限公司

主要观点

2022 年是我国出台第一个全面推进乡村振兴战略五年规划的收官之年。农村中小银行作为出身乡村、扎根乡村、服务乡村的重要力量，在金融服务乡村振兴发展过程中责无旁贷，发挥了至关重要的作用。

本报告以单笔授信额度 100 万元以下的个人普惠信贷业务为主要研究对象。旨在对农村中小银行通过数字技术激活其特有的丰富的线下资源，进一步发挥地缘、人缘、定位优势，通过线上与线下结合的创新手段，提升普惠业务覆盖面和可得性，精准滴灌金融活水，助力乡村振兴发展提供参考。

调研发现，实现纯线上、全自动的数字普惠信贷投放在经济相对发达或系统对接更开放的地区发展较好，但在下沉农村地区存在数据获取难度大且真实性难以校验等问题。因此，在乡村振兴背景下，要针对县域以下农村中小银行的不同特点，将金融科技和当地的特色优势结合，通过特色产品、定制化系统和特色化功能，在提高普惠覆盖的同时有效控制操作风险和道德风险，解决农村尤其是下沉地区作业管户效率的难题。

通过数字化技术和普惠业务的融合，农村中小银行服务乡村振兴主要的方向和着力点如下。

1. 数字普惠金融服务乡村振兴的方向

（1）支持农民创新创业。2022 年第一季度，全国各类返乡入乡创业人员超过 1 100万人。经测算，一个返乡创业项目平均可吸纳 6—7 个农民稳定就业，17 个灵活就业。在乡村振兴战略指引下，农业农村地区正成为城市之后新的创业热土。农村中小银行可以发挥平台价值，实现政、企、银协同，将资金支持和政策应用结合，践行社会责任的同时实现普惠信贷投放。

（2）助推农村产业发展。农村中小银行可立足乡村资源，以服务农业产业发展为愿景，加强和政府涉农部门联系，获得优质支农项目推荐，拓宽信贷服务领域，促进支农资金良性循环。

（3）促进农民消费升级。2022 年第一季度，我国农村居民人均可支配收入 5 758元，实际增速快于城镇居民 2.1 个百分点。借助数字普惠能力打造分期、小额信贷等服务，农村中小银行可以深入具体消费场景，拉平资源分配差距，助力乡村振兴发展。

2. 数字普惠金融服务乡村振兴的发力点

（1）支持农村数字普惠金融基础设施建设。农村中小银行拥有强大的地缘、人缘优势，可借助已有网点、机具、合作站点等，不断完善金融服务、电子商务、信用体系建设，提高农村居民数字普惠业务参与度和数字金融素养，促进数字经济发展。

（2）提供适合当地需求的普惠金融产品和服务。大量农户和“新市民”是农村中小银行的资源所在，可基于不同地域客群需求和产业特点，推出“对症下药”的普惠产品和数字工具，满足不同农时、产地、规模农户的需要，抓特色客群，创专属产品，增加首贷、信用贷的比例，挖掘蓝海潜力，助力乡村振兴。

（3）有针对性地倾斜普惠服务，巩固脱贫攻坚成果。农村中小银行，尤其是农信体系下的法人主体，借助数字化工具，精准服务易返贫群体，用数字技术实现远程服务、动态监控，推出有针对性的普惠金融服务，借助多方（“政银保担企”等）、多场景、多模式创新，量身定制金融产品。

（4）金融助力农村经济产业链发展。以重点企业、合作社、集体经济等为中心，联动上下游企业、农户等，借助地缘优势，切入本地产业链，以金融支持和产业对接、供销对接等服务乡村振兴。

（5）完善农村数字普惠金融发展的生态环境。在数字普惠金融落地发展过程中，可能涉及银、政、企、供应链、物流链等多维信息互通，将小农经济形态逐步线上化，甚至用数字手段整合农村土地确权、补贴、保险等数据，优化风险定价和模型，促进征信体系建设，为乡村振兴发展提供源源不断的金融助力。

一、绪论

（一）研究背景

1. “一号文件”提出“强化乡村振兴金融服务”

2017 年 10 月，党的十九大报告指出，“三农”问题是关系国计民生的根本性问题，必须始终把解决好“三农”问题作为全党工作的重中之重，实施乡村振兴战略。2018 年初，“中央一号文件”对实施乡村振兴战略进行了全面部署；同年 9 月，《乡村振兴战略规划（2018—2022 年）》发布，乡村振兴各项工作在全社会广泛展开。

2022 年，进入我国出台第一个全面推进乡村振兴战略五年规划的收官之年，“中央一号文件”提出“强化乡村振兴金融服务”，这是继 2021 年“中央一号文件”首次提出“发展农村数字普惠金融”之后，首次将“强化乡村振兴金融服务”单列为一项重要内容，作为“加大政策保障和体制机制创新力度”部分的内容。至此，在乡村振兴的大背景下，发展数字普惠金融已经成为顶层设计的重要内容（见图 1）。

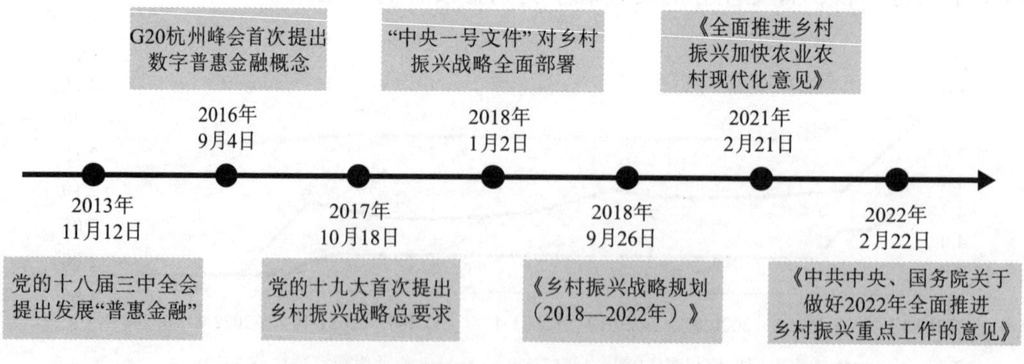

图 1　乡村振兴和普惠金融路径示意

资料来源：新希望金融科技绘制。

2. 监管部门引导推动农村中小银行支持好区域乡村振兴

在顶层制度的指引下，监管部门通过制度设计、方针制定、文件要求等形式，细化部署农村中小银行加快做好各项工作。其中，2019年中国人民银行发布的《金融科技（FinTech）发展规划（2019—2021年）》指出，高新数字技术需要向“三农”和偏远贫困地区提供安全、便捷、高效的金融科技服务，突破金融服务“最后一公里”的制约。

众多新政密集发布之下（近3年相关政策文件梳理见附件），银行尤其是农村中小银行如何创新作业形式，通过数字化手段高效、合规开展业务，助力实体经济发展和乡村振兴成为首要课题。

当下，监管部门制定了诸多可靠、有效、强力的管理规范，为市场良性发展打下基础。具体到农村中小银行，除了自身加强模式、技术等的转型提升，在农村中小银行坚守自身定位，逐步转型发展期间，可以通过政策调节作用，对不同体量的银行机构在服务普惠客群时的利率下行范围分类施策，避免不同银行机构一味通过压降利率来获取区域的优质小微客户，从而导致在小微企业争夺中出现无序竞争。同时，借助绩效考核指挥棒作用，更好保障普惠目标落到实处，例如，通过增加“首贷户”指标在考核中的占比，避免存量普惠小微客户频繁在银行机构间“搬家”的情况。

3. 资金成本高、外部竞争大，社会责任与经营压力并重

受经济形势、公共卫生环境、周期性调整等多重因素的影响，贷款利率逐步下降，生息资产收益率明显降低，净息差加速收紧趋势依然明显。在宏观调控和不确定性因素增加的背景下，银行压降负债端成本也在增加；叠加营销等成本，对于农村中小银行而言，普惠业务的资金成本受到直接影响（见图2）。

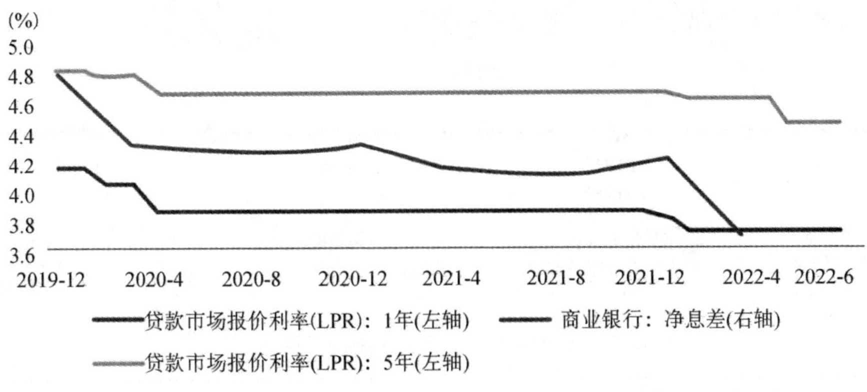

图2 2019年底以来LPR与商业银行净息差趋势

资料来源：Wind.

成本之外，银行机构之间的竞争愈发显著，国有银行等大型银行机构近些年的下沉力度不断加大，以邮储银行、农业银行为代表的大型机构下沉迅速，利用自身信息科技建设的领先性和资金成本的可控性，挤占农村普惠金融市场，尤其对优质客群快速服务，通过提前授信并且较低的利息来拓展这批农村中小银行的重要客户，农村中小银行正面临着下沉存量市场被逐步蚕食和县城增量市场日益增加的竞争。

总的来看，农村中小银行作为农村金融主力军，目前正面临较大的转型发展困境，包括有效贷款投放不足、存款成本快速攀升、风险成本持续增加等综合影响，导致利差息差收窄、净利润增长难。但是，在积极履行社会责任方面，农村中小银行不断减费让利，坚守定位，助力区域中小微企业发展，推动营商环境改善。在此过程中，如若叠加政府的支持，必将更有助于农村中小银行更好服务实体经济发展，支持乡村振兴。

（二）洞察概述

随着以农信体系为代表的农村中小银行不断努力，截至 2021 年末，银行业机构乡镇覆盖率达到 97.13%，基础金融服务行政村覆盖率达到 99.97%，做到了基础金融服务不出村、综合金融服务不出镇。

对于县域以下的农村中小银行而言，完成当地客群的覆盖已经不成问题，其在储蓄积累方面基础扎实。但是，如何让这些农村储户了解国家乡村振兴方面的各项金融支持政策，并敢用、会用、用好金融支持乡村振兴的工具和产品，提升自己生活品质、产业规模、供销路径等是现实难题，即“如何提升乡村振兴背景下，普惠政策和产品覆盖面的问题”。

对于县域及以上区域的农村中小银行而言，则从获客开始便面临日益激烈的同业竞争与用户争夺。同时还需做好后续的服务、运营、风险管理等工作。这类机构的核心问题在于“如何通过数字化的手段提升普惠信贷产品的用户体验和产品竞争力”。

同时，农村中小银行普遍面临因为缺乏数据和信息不通造成的风险管理成本高以及风险识别不准的问题，但不同地域、不同体量、不同体制的机构在数字普惠信贷发展上也有明显差异。例如：东部发达地区进入无人化、无纸化、自动化的过程，中西部山区的一些银行机构或许还面临寻找移动信号的基础性问题。当沿海高增长经济区加速制定纯线上、大数据的工业企业和商业主体精准资金帮扶方案时，一些欠发达地区更关注如何更好为“带毛动产”提供评估与信贷支持，甚至还需要马背银行、背包银行提供下沉的金融服务。

这些都彰显了以农信机构为代表的农村中小银行在服务乡村振兴过程中无可替代的责任感、使命感和价值感，在村镇一级市场中拥有其他机构无法匹敌的覆盖面和用户忠诚度。

因此，在农村中小银行改变传统思维，通过智慧立体风控、全时空千人千面精准授信、批量化自动化分层获客、精细化智能定价等技术实现自身数字普惠信贷发展过程中，既要关注大趋势、基本框架、重要架构、创新理念等因素，更要回归自身特色，直接引用不一定能满足自身的业务发展需要，也不一定符合当地乡村振兴发展的路径规划。例如：在县域以上地区尤其是科技发达城市，推广线上渠道压缩线下网点正成为很多银行提高经营效率的选择。但是在农村尤其是县域以下地区，农村中小银行作为服务当地的金融主力军，在当地肩负着重要的社会责任，网点是重要的服务机构，不应该撤也不能撤。以网点为支点，借助数字化的杠杆实现服务半径的拓宽和服务深度的提升，开发适合当地产业和人群特点的数字普惠产品才是题中应有之义。

县域以上有条件地区的农村中小银行则需要面对外部竞争，在科技能力、产品设计、用户体验等方面加速数字化的渗透和落地，增强产品的市场认可度，纾解经营压力，寻找第二增长曲线。

随着开放银行理念和API等技术的引入，借助金融科技的力量，农村中小银行可以将人作为更高级的角色从重复、低质量的工作中解放出来，投入更精细化和定制化的工作，实现用户体验的持续提升（见图3）。

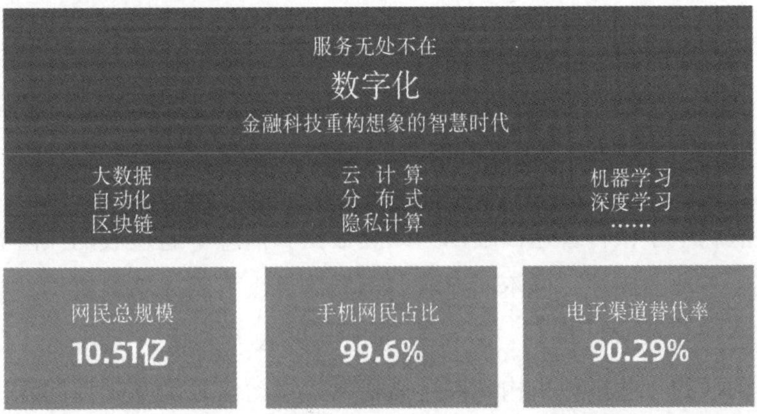

资料来源：中国互联网络信息中心《中国互联网络发展状况统计报告》、中国银行业协会《2021年中国银行业服务报告》。

图3 数字时代为数字普惠业务发展带来更多可能

当前，不少农村中小银行的客户经理和农户情同兄弟姐妹，对农户家庭状况如数家珍，农村中小银行在当地具有无可比拟的情感基础并有着丰硕的服务成果。这背后正是数量有限的客户经理花费大量时间和精力在乡野穿行换来的。

下一步，通过数字技术实现不同农户的分层服务，比如把能够自行通过手机操作和需要人工服务的客户区分开；将首贷且只需要基础额度的用户和需要贷中提额的用户区分开，前者用数字化工具自助申请，后者再上门针对性服务。

此外，银行与银行、银行与非银机构之间通过接口对接，实现联合评级、综合风控等，从而为用户提供定制化的信贷产品和灵活的服务方案，让银行信贷产品和体验的竞争力显著增强，提供更懂用户更安全可靠、更灵活多变的信贷方案。

二、农村中小银行数字普惠信贷业务现状与“痛点”分析

（一）打破网点获客思维，建设数字营销和客户分析工具

1.“网点为王”不一定适配数字普惠信贷的获客需求

网点曾是银行与客户之间的唯一媒介，银行属于“坐商”模式。数字时代，银行与客户之间的媒介已经发生深刻变化，从唯一的网点拓展为PC、电话、App、小程序、公众号……甚至诸多新媒体平台也正成为银行与客户接触的媒介。不仅是普惠用户，包括对公用户，都偏好用移动互联网渠道办理业务。因此，仅以网点作为“流量入口”对客户的吸引力已经不足，行业平均电子渠道替代率达90%以上，头部银行的电子渠道替代率可以超过98%。此外，调研显示，在银行各个服务渠道中，物理网点的交易成本最高，而自助渠道与电子银行渠道的交易成本次之（见图4）。

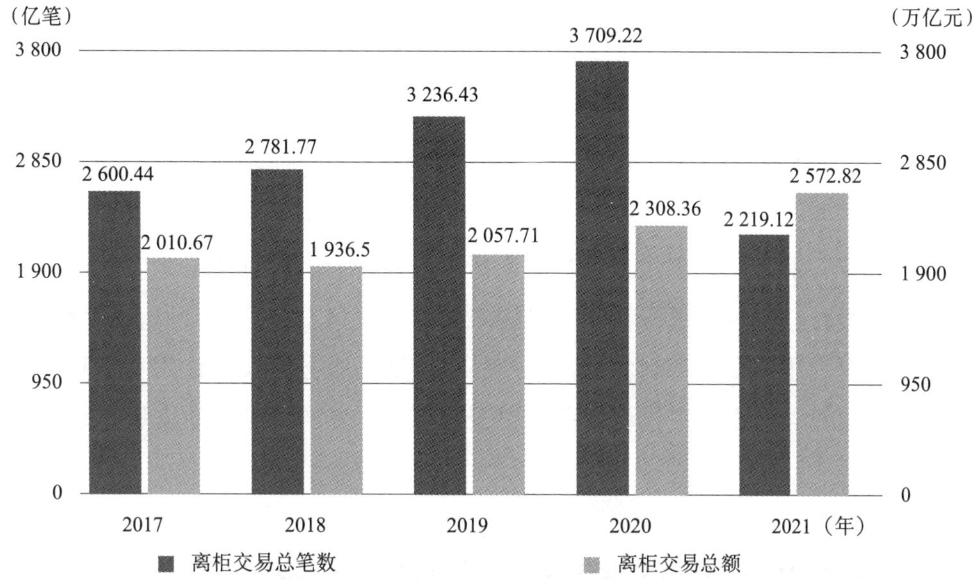

图4　2017—2021年商业银行离柜交易情况

资料来源：新希望金融科技绘制。

从投入产出的角度来看，如果不分区域情况，无论村镇还是县市，均以网点作为核心服务触点，是不具备利润优势的。也就是说，村镇地区的网点依然非常重要，是客户与农村中小银行之间的重要链接点，但是县域及以上的地区仍然倚重网点，则不一定符合数字普惠业务的发展需求。

2021年第四季度银行业保险业主要监管指标数据显示，农村中小银行总资产比上年同期增长率达10%，高于其他金融机构，但农村中小银行净利润增长仅9.06%，低于商业银行净利润增长12.6%的平均水平。农村中小银行的线下网点占据运营成本的大头，却不能带来较好的利润增长。调研组发现，多家被调研对象都表示，不仅网点建设和运营带来的较高成本，随着数字化渠道的丰富多样，网点获客带来的收益和创造的价值都在减少（见图5）。

2. 缺乏数字展业工具和指南将影响客户经理展业效率

调研发现，缺乏数字化展业工具是客户经理走不出去的重要因素，而配套的数字化展业指南同样关键。如果没有创新的数字化展业工具，意味着客户经理入户走访的效率无法提升，再大的指标压力无非就是每天起早一点、晚上多跑一户，并不会起到显著的业绩增长作用，身背管户、拓客、业绩指标等多重压力，就会选择性地以完成重要指标为核心。

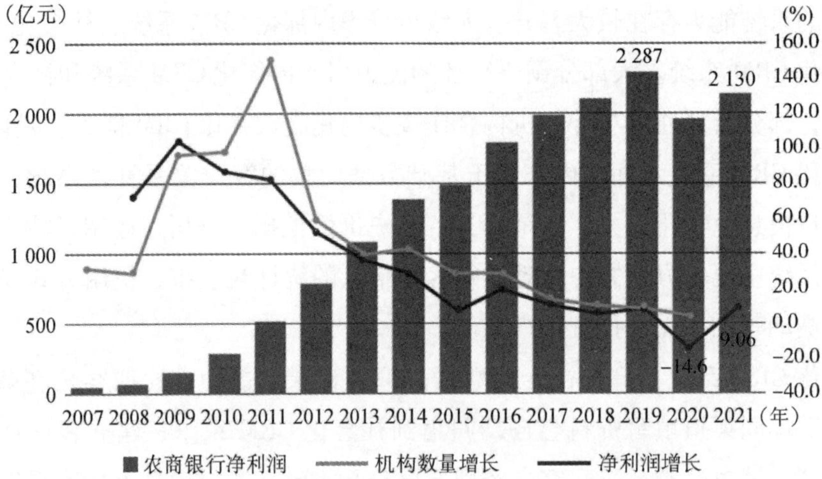

图 5　2007—2021 年农商银行规模与净利润变化

资料来源：新希望金融科技绘制。

反观本次调研中拥有数字化展业工具的农村中小银行，其客户经理可以实现整村用户的“一键”覆盖（例如发送服务二维码、扫码可得信贷服务），完成基础性获客与注册动作，然后再通过数字化系统完成用户分层实现精准外出展业。这意味着，客户经理的“走出去”不是“扫街拉客”，而是根据数字线索实现精准触达，不仅提高展业精准度和服务有效性，更能够覆盖更广大的客户群体，实现普惠信贷的服务目标，积累潜在客群。

不仅是工具，配套的指南同样重要。调研发现，在数字化工具开发应用后，可能出现业务指标并没有出现较大提升，或者快速增长后归于平静的状况，这和配套的数字化展业赋能方式有直接关联。首先是接受程度不够，部分客户经理依靠手中客户资源、遵循传统的展业方式，很难发现数字化工具的威力和潜力，影响数字展业工具的落地应用。其次在使用过程中，需要团队长进行应用监控与迭代反馈，帮助数字化产品快速迭代，形成科技后台支撑与前端业务应用的正向循环。

在实践中，部分地区农商银行因为依赖省联社系统开发，习惯被动接受而不向上反馈系统迭代意见，这会直接影响数字工具的迭代升级。因此，配套的指南不仅是基于产品对人的赋能，也需要根据人的业务理解和感知，赋能产品迭代升级，实现多级架构之间的良性配合与发展。

3. 用好数字系统记录客户信息并挖掘客户价值

本次调研的省联社均已搭建了客户关系管理系统（CRM）供其辖属行社使用，

但是各家的系统能力存在较大差异。大致可分为内部化CRM系统、社会化CRM系统和数字化CRM系统。大部分调研行社的能力居于内部化CRM系统和社会化CRM系统之间，部分行社通过与外部机构合作逐步构建起数字化CRM能力，具体来看：

内部化CRM系统：面向内部用于基础数据归集的客户关系管理系统，具备最基本的用户信息电子化能力，但是不具备客户价值挖掘、分析、运用等能力。这类客户关系系统主要是方便客户经理进行客户信息的统计与上报，使用方式局限于主动上传和被动查询，无法挖掘用户价值。

社会化CRM系统：具备社会化数据获取并记录的能力，比如客户在App、网站、网点等不同渠道填写资料会自动归集到社会化CRM系统，建立客户档案甚至数字化轨迹。通过这类系统，客户经理不再只是将已有客户信息上传至系统，还能通过系统看板获知信息，从而主动跟进或者收到系统的自动推送与任务清单，实现拓客与获客。虽然该系统能够有限地获取到有价值的客户，但是对于客户价值挖掘还存在不足。

数字化CRM系统：在内部化CRM系统和社会化CRM系统的基础上具备了更强大的数字化能力，不仅自动采集、整理建档用户信息，还能根据预设的策略进行用户分层、分析、评价、打标等，基于不同的地区、行社、客户经理实现差异化服务。

例如：根据A客户经理的能力自动匹配适合其拓展的客户，提高拓新与获客概率。同时，成熟的数字化CRM系统支持“打标签”能力，包括系统标签和自定义标签，让客户经理可以快速了解客群的画像及状态，迅速找准服务目标，精细化开展服务。系统不仅记录客户信息、数据化客户信息，还能深度挖掘数据背后的用户价值，提高自身业务效益与数字普惠的服务效率。

（二）以数据为基借助人才力量创新风控模式和产品

随着农村中小银行逐步从“坐商”变为“行商”，从“以产品为中心”到“以用户为中心”，业务开展过程中的风险控制方法如果没有任何变化，依然靠传统的流程和方式，将直接影响体验的变革和数字化的整体效果，进而无法实现效率和流程的重构，影响数字化效果的达成。

1. 风控模式偏好人工审批和白名单

调研问卷和座谈结果显示，当被问及“普惠信贷产品的作业模式”时，超过

52.94%的受访者选择了“人工审批（类IPC模式的传统审批、尽调方法，重线下人工调查）”、其次是“信贷工厂（标准化资料收集及审批流程，可面向部分白名单客群开展线上化作业）”占比17.65%，再次为“平台合作（与互联网平台进行助贷或联合贷，适当引入担保等风险缓释手段）”，选择“全面数字化（拥有数字化风控体系和数据驱动的运营体系，可面向全客群批量化作业、自动化审批及数字化运营）”的占比不到10%。这也意味着在农村中小银行中，依靠客户经理作为主要媒介完成普惠信贷的收揽和部分审核仍然占较大比例。

同时，囿于传统的风控模式，被调研的省联社及农商行数字普惠信贷产品的授信客群以各行社线下存量“白名单”客群为主（如公务员、公积金客群、企事业单位客户等），农村中小银行的风控团队可以维持监管需要的风控迭代频次，但在新的风控策略研发层面难以推陈出新，也制约了数字普惠信贷产品的进一步下沉和多场景适配与发展。

无论数字化还是传统的信贷业务，风控本质没有变，智慧风控的核心就是要运用数据和技术手段，对银行的风险管理架构、流程和风控模式进行重构，解决借贷双方信息不对称的问题，以取得风险和收益的平衡。农村中小银行需要高度重视数据价值，依托数据要素和金融科技，加速布局数字风控“新基建”，推进风控模式的转型。

2. 风控人才不足制约了风控能力建设

数字普惠信贷的业务开展离不开智能风控技术，而智能风控的核心离不开依靠大数据建立的模型，再加上机器学习、深度学习等技术来实现风险控制的智能化，弥补专家经验的不足。但是，无论是模型还是流程节点设计，智能风控的实际效果与其背后量化风险管理人员的知识水平、经验积累、技术能力、数据样本息息相关。因此，要实现数字普惠信贷最核心的智能风控需要数量和质量并驾齐驱的量化风险管理人才和模型技术人员，然而懂风险、懂科技、懂业务的综合性风控人才明显不足。

与此同时，暂不论各省之间的实际情况千差万别，在诸多省内也存在完全不同的展业场景、客群特点、经济水平，大部分被调研的县域行社，依赖省联社的数字化平台和配套的风控能力，而诸多地方的具体情况不一定适配省联社数字普惠信贷产品的风控机制，数字普惠信贷平台仅作为线上化进件渠道使用，不具备智慧风控等数字能力，背后因素正是人力的不足。

究其原因，各省情况并不相同，部分省联社的人员编制统一调配，且薪酬总包由财政固定，增加人员意味着有限的薪酬总包新增了“瓜分者”；阻碍了人员引进和业务发展，使数字普惠信贷平台停留在解决“有没有”的问题上，却不一定好用。

还有部分省联社因为自身所在地区的经济情况、城市发展等因素不具备强大的人才吸引力。人才招揽尤其是本就稀缺的量化风险管理人才招揽具备较大困难，新进人员的流动性也阻碍了人员的内部成长，进一步影响数字普惠信贷平台的开发和应用迭代。数字普惠信贷所需的智能风控人员，其要求明显高于传统的银行风控人员。因此，农村中小银行在建立相应团队的过程中需要顶层人力资源制度设计以及培训、考核、赋能提升等全方位的规划，而这正是被调研农村中小银行主要缺失或者深感无力的现实困境。

3. 需要创新技术与模式适应风控新需求

高频小额的数字普惠信贷业务在增量扩面的同时也对智能化的风险监控和集约化的风险运营提出了新要求。在传统信贷业务模式中，贷前和贷中风控主要依靠人工调查、审批，数据主要靠人工采集并录入系统，数据来源主要是财报数据、抵质押物数据，业务决策依赖专家经验，这样的信贷业务模式难以满足数字化时代对信贷业务决策质量和效率的要求。同时，在贷后管理中，随着线上业务的迅速发展，庞大的零售和小微线上客群可能超出纯人工的贷后管理半径。

数字普惠信贷的智能风控体系建设需要结合传统的风控理论和流程，基于专家经验和实际案例，将“数据”作为生产资料，打造新的生产工具和生产力。这里所指的数据并非传统的数据（如薪酬流水、社保、公积金等），而是基于大数据时代的特征，用高维、高频、高可信的数据弥补传统低维数据的不足，避免单点决策，从而创新研发立体化的决策体系，也有助于对老大难的“白户”等人群提供相应的普惠金融服务。例如，有的乡村发展电商产业，居家开网店的店主或许不具备传统的社保、公积金数据，但是其资金能力和供应侧的数据体现非常优质，但是其在传统的信审规则中可能处于相对不利的地位。又如，某银行通过和当地农业局合作，以土地、农机等补贴情况作为额度依据，补足其他数据缺失的短板，实现普惠信贷的下沉服务。

4. 数据治理与应用的四个难点

提到风控的创新研发，不仅是理念引领，更需要数据的流通和共享。利用内外数据源，打造创新的风控体系，实现从前端获客、审核审批、贷款发放到贷后的全流程管理。

调研发现，在数据要素方面，从获取数据、清洗数据、利用数据各个维度，农村中小银行面临着不同的困难，普遍期待在银政合作方面有所突破。单靠农村中小银行自行建档立卡，其面对复杂的地理环境、用户层次以及各种不确定因素，在数据收集上存在障碍，因此通过政府既有数据管理机构获得数据并加以利用是重要的手段。

然而，在政府侧，数据是否开放、如何开放以及应用规范等问题同样不容忽视且存在一定困难。此外，在不同发展水平、不同行政级别的区域，其政务数据的可用性、完整性表现出较大差异。因此，数据层面的银政合作不应局限于供需关系，需要银政之间通过新的合作模式实现数据获取、清洗、开放、应用的共建共享尤为重要。

此外，在实际经营过程中，农村中小银行普遍面临数据治理体系不健全、数据质量不高等 4 个问题：一是农村中小银行在业务经营发展过程中积累了海量数据，但并未制定有关数据治理的顶层设计和战略规划，缺乏全面的数据治理框架体系，导致数据分散在各个相对独立的系统之中，无法互通和共享，形成数据孤岛。二是不同系统中同一指标数据的统计口径、标准存在不一致。三是银行内部数据和引入的外部数据尚未进行有效整合，数据呈现碎片化。四是信息系统建设“重功能实现、轻数据采集”，导致部分字段缺失，大量有价值的客户交易行为数据被忽视。

（三）管理和架构应助力员工成长和业务发展

1. 数字普惠信贷需要合理考核激励

本次调研中，当被问及“普惠信贷业务人员的考核/激励制度‘时，约 68% 的受访者选择了“省联社完成顶层设计，行社自行决定落实”。这意味着省联社的绩效指挥棒是否有针对性地进行数字普惠信贷引导和促进至关重要。调研组发现，省联社考核指标大多仅针对普惠业务这一颗粒度，通过考核指挥棒促进数字普惠信贷平台和业务的发展并没有充分体现。因此，各家行社在执行过程中缺乏集中牵引，仍然容易陷入传统的业务偏好，同一省联社下不同行社之间也会出现“马太效应”，即强者的标杆性极强，而数字普惠信贷开展较弱的行社难以望其项背。

值得注意的是，绩效考核作为重要的指挥棒和促进剂，在银行这一传统机构的传统人员和数字普惠信贷这一新产品新业务之间，起到了重要的磨合作用：

如若考核颗粒度太粗，会直接影响数字化产品的落地和应用，员工在绩效项目中可能选择自己容易完成和资源较为丰富的项目，从而忽略数字普惠信贷这一“新项目”，不利于整体的数字化转型以及数字普惠信贷业务发展。

若考核颗粒度过细，在业务投产初期利于推进某一项业务的快速落地和人员适应，但是长期如此容易失去个人的主观能动性，最终让创新的数字普惠信贷和传统业务一样，变成KPI的产物而非创新驱动的产物，不利于数字普惠业务发展。

2. 数字普惠信贷应完善系统过程管理

当被问及“针对客户经理队伍的服务赋能手段”时，30.77%的基层个人受访者选择“没有有效手段”，而在针对省联社的调研中，选择“没有有效手段”的受访者数量为0。无论个人还是行社，超过80%都选择了“定期发送业绩通报”。

调研发现，在数字普惠信贷业务落地的过程中，运营机制与组织管理的手段匮乏是重要因素，尤其基层业务人员的实际感受更加明显。大部分农村中小银行主要依靠先期定指标、重视考核激励的方式来推动业绩指标完成，对于数字普惠信贷的新产品却很少进行针对性的过程管理和客户经理赋能，更鲜有在过程管理中对客户经理的实际反馈进行收集和处理。例如：在某省实际调研中，客户经理现场操作信贷进件流程，其中，一个本应反馈处理的技术漏洞被客户经理直接忽略。只要能够实现最终的额度目标，过程中的问题和缺陷很容易被搁置，不利于产品和工具的迭代发展。

因此，缺乏过程管理不仅限制了客户经理的能力提升和数字普惠信贷产品落地发展，也阻碍了数字化产品必备的迭代更新过程。

3. 数字普惠信贷关键在于明确规划、强化组织

调研发现，虽然在监管和顶层制度的要求下，农村中小银行纷纷践行数字普惠信贷，但“缺乏数字化转型整体规划”的问题仍然存在，造成部分被调研行社的组织架构存在业务互相“踩脚背”的问题。还有的农村中小银行的数字普惠信贷业务被拆分，由不同部门主导，而这些部门（比如公司业务部等），往往不是普惠业务的主要责任部门。例如：某行社既有普惠部，又有零售部和公司部，普惠包含的个人和对公业务均由不同部门负责，而不同部门可能有“并不普惠”的其他业务偏好（如倚重大额房贷、偏好优质客群、1 000万元以上的公司业务等）。由于部门间利益诉求各不相同，会出现整个普惠业务/数字普惠信贷业务缺乏头雁引领、统筹发展的力度不够等问题，难以以点带面促进全行数字化转型的推进和大零售战略的落地。

此外，省联社和行社、分支机构之间的多层组织架构可能出现过长的信息传递链路，造成组织架构体制化，不利于市场化的普惠信贷业务回归市场化发展路径，在本就竞争激烈的普惠信贷市场上难以取得先机。在部分地区的两级法人体制下，还存在部门对接的模糊，基层行社的组织架构设置与省联社的组织架构设置并不一定相同，在需求沟通甚至部门对接层面出现错位；或因为需求表述不准确、关键人物对接错误等造成的开发滞后问题依然存在。例如：在某经济发达地区尚且存在“有问题直接找领导比走流程快”的现实情况，更何况第二、第三梯队的农村中小银行获得省联社层面关注和投入面临困难。

4. 数字普惠信贷要找准适合自身的营销渠道和工作模式

数字普惠信贷对于众多农村中小银行而言属于“新的老产品”。“老”在于普惠业务是农村中小银行自诞生之日起便持续深耕的业务范围，“新”则在于数字化工具、产品、流程设计可能冲击着传统的业务人员。通过人员配置促进数字普惠信贷产品落地并取得成效在各家农村中小银行有不同探索，主要有三种方式：一是通过既有客户经理团队人员增加营销项目，实现新业务的落地与发展；二是新增或组建专门的数字普惠（大零售）信贷营销团队；三是既有的内部人员与外部人力资源服务机构合作，实现人员扩容并且按权限分工，在提高数字普惠信贷产品落地性与运营产出效率的同时兼顾人力成本、编制问题和合规因素。

以上三种模式中，第一种方案因为动作比较小，是最常见的方式，但也是效果最弱的方式，很多传统客户经理往往守着“一亩三分地”或者沉迷对公等传统“香饽饽”业务，阻碍了普惠业务发展和数字普惠信贷平台的推广应用。其余两种方式主要根据银行人力资源规则、风险偏好和业务发展阶段而定，皆有应用，效果都高出第一种。有数据显示，综合客户经理和数字普惠专属客户经理的产出比为1∶8，即同一产品完成同样的业绩，专门的数字普惠信贷营销团队所需的人数为综合客户经理团队所需人数的1/8。

（四）科技系统建设，需要人也需要资源

1. 年度投入面临基层需求差异与研发能力不足问题

本次调研中，在关于“科技研发的投入和布局情况”问题中，当被问及“当

前的现状（多选）”时，69.2%的基层个人受访者勾选了“主要依托既有产品和系统，能运行就鲜有新增投入”；53.8%勾选了“愿意投入资源进行从上至下的开发转型，但实际进度缓慢”；46.2%勾选了“‘小步快跑’模式，从个别系统开始改造，但缺乏整体牵引”。然而，在多家省联社调研的过程中，调研组发现，省联社层面热衷的选项是“愿意投入资源进行从上至下的开发转型，但实际进度缓慢”，经济发达地区的省联社主要勾选了“有整体规划和布局，并投入资源进行了落地建设且取得一定成果”。

结果显示，省联社层面的感知优于基层行社，但是必须注意到，最实际的科技系统应用者是基层行社。站在第三方视角观察省联社的科技系统支持和行社的应用落地情况，核心问题还是因为地域差异化大。省联社提供的科技系统主要满足普适性较强的“前置白名单+线上进件”阶段，对于各地更深层次的系统支撑需求难以满足，导致省联社的感知和基层行社之间出现差异。例如：座谈调研中，某省联社指出，“基层行社众多，要满足全省各地的差异化需求不现实”。然而，在实地走访时，基层行社反映，很多时候并不是需要省联社提供“定制开发”服务，而是新增字段等简单的基础需求。对此，部分有一定科技能力的行社可以自行授权后处理，然而更多的行社没有开发能力，即便是微小调整，也需要漫长排期等待。

2. 人力资源面临专业人员短缺与研发服务不足问题

公开资料显示，目前国有银行和股份制银行在数字科技领域的专业人员占比普遍在3%左右。相比之下，农村中小银行包括上市农商行在金融科技方面起步较晚。从8家上市农商行发布的2021年年报可以看出，重庆农商行金融科技条线年均投入连续多年保持20%以上增速。截至2021年末，重庆农商行金融科技人才总数超440人，金融科技人才占比提升至3%。2021年中报则显示为422人，人员占比为2.8%。张家港农商银行则披露，“2021年各类金融科技专业人员127人”。对比张家港行在职员工数量合计为2 414人来看，其行内的金融科技人员占比已达到5%。常熟农商银行的年报披露显示，截至2021年末，常熟农商银行全员6 849人，技术人员为261人。广州农商行虽然没有明确提及技术人员占比，但根据其发布的公告，广州农商行的信息科技技术人员已达到307人。

调研显示，科技建设方面的人力资源可分为人员和人才两类：

对于开发人员而言，主要完成基础的开发工作，偏向于事务处理，如果机构内部没有业务力量推动科技层面创新，就会成为被动的需求处理方，对于数字普惠信贷这类创新业务发展的直接推动作用不明显。

对于科技人才而言，其主要作用在于效率牵引和技术创新，这类人才包括大数据、人工智能等多个层面的人才，但是这类人才首先面临招聘问题，一是薪酬、二是编制；其次还要考虑组织架构是否能够匹配其创新需求，否则这类人才也很难发挥创领作用，成为顾问似的角色，削弱了应有的价值，也不利于推动数字普惠信贷业务快速迭代和发展。

3. 协同模式面临组织各自为政与协同配合不足问题

在数字普惠信贷背景下，农村中小银行固有的庞大组织架构以及部分集权管理模式不再完美适应客户日益增长的个性化需求。调研发现，一方面，银行传统组织架构的条线分工存在跨部门合作壁垒：另一方面，银行从业人员传统作业思维方式在短时间内难以转变。数字化转型则需要各业务部门自上而下配合，或是专门成立数字化转型相关的部门为银行注入数字化基因，带来更好的客户体验，在把握市场需求的前提下抢占更多市场份额。因此，组织架构与协同方式的变革成为推动银行数字化转型的关键因素。

然而，此前课题组对200余家银行机构进行的数字化成熟度调研结果显示，仍然有21.5%左右的银行在数字化转型过程中各自为政，未进行组织架构与协同方式变革的尝试。此外，数字化转型组织架构调整与协同方式升级带来的颠覆式效率提升，在接近80%做出尝试的被调研银行中得到体现（见图6）。

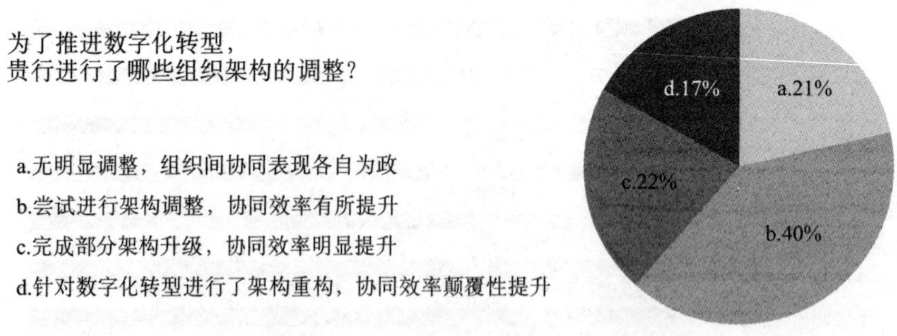

图6　被调研银行组织架构调整情况

资料来源：新希望金融科技绘制。

具体到调研走访层面，省联社和行社均重点提到了上下协同的问题。由于省联社服务和管理的双重角色，在此前的多年间，行社对获取省联社的服务支持表现得比较拘谨和被动。但是在市场压力和竞争环境下，加强上下沟通与协同，实现更好的数字普惠信贷发展成为必答题，也推动了省联社与行社之间的协同沟通。

然而，在国有大行、城商行和头部农商行早已实现敏捷组织等架构转型之时，调研中逾半数的农信社仍处在摸索并踟蹰前行的阶段。究其原因，有后台开发能力跟不上的制约。例如：即便通过架构转型快速收集到了行社需求，也难以快速实现落地，索性就不再快速推进变革；同时，也有省联社层面难以应对全省各地的差异化特质，保持目前的组织架构，通过体制化的部门架构稳住大盘，直接造成上下各行社和各部门之间存在各自为政和“各扫门前雪”的沉疴，不利于数字普惠信贷等新业务落地，也不利于整个体系实现数字化转型。

4. 技术现状面临数据应用滞后与技术能力不足问题

对区域性农村中小银行而言，在推陈出新的时代机遇下，金融科技的产品种类、应用方式、合作模式愈发多元化，为其提供了提前布局和弯道超车的机会。此前调研团队进行的调研显示，在“主要应用的新技术及应用深度”一项，使用“大数据”“SaaS”“云计算”3项技术的机构比例为97.1%、94.9%、94.2%，为使用最多的3种技术。同时，“物联网”“区块链”“超自动化”为使用最少的3种技术，未使用比例分别为11.7%、10.9%、10.9%（见图7）。“大数据”作为使用最高的技术之一，不仅仅因为其作为一个单独技术的重要性，更因其与整个技术体系的变革密不可分，在面向未来的技术变革中，数据是重要的行动指南。

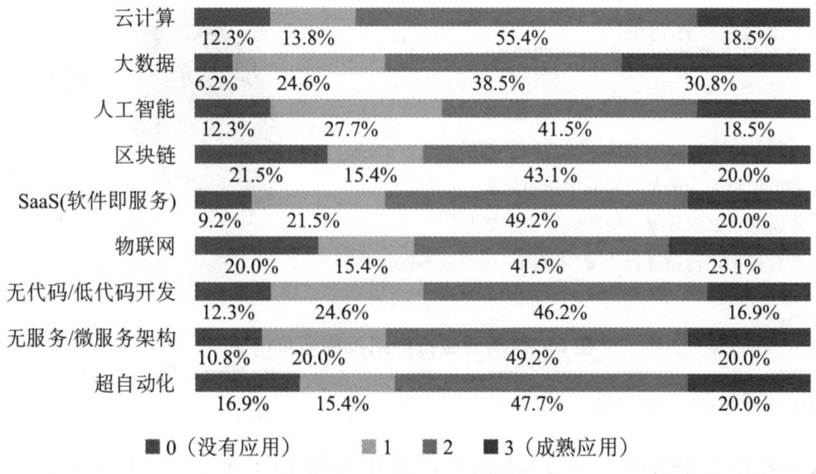

图7 被调研银行应用新技术的情况

资料来源：新希望金融科技绘制。

调研组发现，某项技术“用没用”与“用得深不深，效果好不好”是两个不同的问题，然而被调研农村中小银行大多停留在“用没用”的阶段，并且在数据运用与信息保护层面呈现巨大差异。例如：在发达省份的某省联社，其内部搭建了非常严密的数据利用规范，通过制度实现线上和网点数据利用的合规性控制，走在全国银行业前列，甚至优于部分头部商业银行。但同时，也有欠发达地区和中等发达地区的省联社还处于基础的信息收集与管理阶段，在数据清洗、挖掘、治理、利用等层面还刚起步，在科技开发时的数据利用层面就更缺乏明确的指导规范和控制性政策，影响了数据时代的科技发展。

在技术硬实力的现状层面，不同农村中小银行表现不同，核心在于省联社的主动投入和当地经济发展水平的不同（见图8）。调研发现，省联社层面的投入情况和当地经济与市场发展水平相辅相成，市场的快速拓展也倒逼部分省联社加速投入科技研发，从而发挥在乡村地区的先发优势实现农村包围城市的目标。

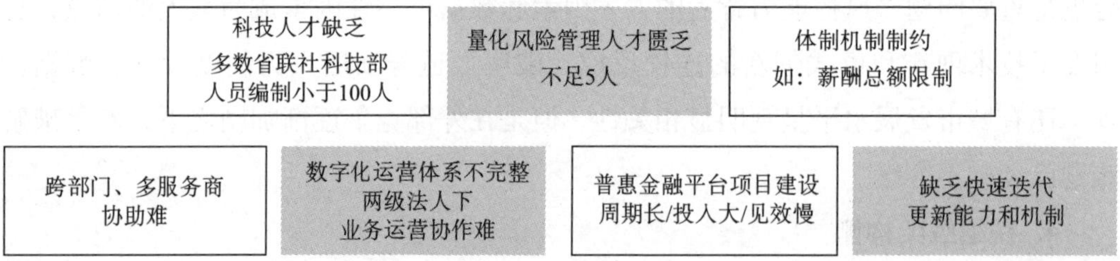

图8　农信机构发展数字普惠的系列难点

资料来源：新希望金融科技绘制。

（五）总结与洞察

当前已经进入以数据应用为代表的普惠信贷3.0时代，数字信贷已经不再是建一套系统，做一款产品这样的单点行动，需要重视数字化重构的“整装生产力”，激活沉睡客户、挖掘已有客群、高效运营拉新、持续刺激交叉营销。上述内容这些离不开对传统产品、模式、流程的解构与重构，需要建立起农村中小银行自有的运营能力、风控体系、科技产品等。

1. 在用户体验侧

农金机构的短板较为突出，一方面是审批烦琐、所需材料较多、申请周期长、效率较低，在客户体验上缺乏数字时代的竞争力；另一方面，在场景覆盖度上，被动获客和沉迷存量的模式很难持续，普惠信贷3.0是大数据、云计算、人工智能、区块链等新技术与金融的深刻结合。亟待依靠数字化赋能的方式，对客户进行更加精准的画像，以筛选出需要进行资源倾斜的优质客户。

2. 在获客与营销侧

需要充分利用数字化工具赋能客户经理，用数字化营销方法论赋予客户经理走出去的新动能，避免沉迷存量客户而忽视了增量挖掘，阻碍全行业务发展和未来先机的抢占。同时，继续在商业可持续的基础上发展普惠金融，如何应对背后的运维压力将成为数字普惠发展的重要课题。

3. 在风险控制侧

随着数字技术威力的显现，风控的要求也被提到新的高度，单凭传统的风控手段和决策能力已经不能适配小额、高频的数字普惠信贷特点，也不利于在用户体验侧与竞争对手拉开差距。同时，农村中小银行如何运用数字技术和线下资源优势结合也是重要问题。风控能力背后的人才因素和数据可靠性因素成为最大的堵点，也引发了技术创新和模式创新的连锁反应，破解之道与顶层人力制度设计、数据治理，还有城市发展水平呈现明显相关性，但是在外部竞争逐渐加剧之下，着手破解难题已经刻不容缓。

4. 在组织架构侧

调研组发现，东部沿海地区对新兴的运营理论、营销获客方法、组织机构调整表现出更加积极的态度，而非因循守旧用“新瓶装旧酒”，即用传统的组织架构应对瞬息万变的数字化时代。通过绩效考核指挥棒和组织架构调整，实现需求的快速开发和系统的迭代发展是重要路径。

5. 在科技变革与转型侧

和资源丰富的大型头部机构大刀阔斧改革不同，农村中小银行也在借助金融科技的力量，以数据为指针，通过“小步快跑”等战略方式应对环境变化，在同类机构中构筑自身能力壁垒，结合自身的资源优势、先发优势，在乡村地区夯实自身地位与定位，并与下沉的大型机构形成差异化竞争。

6. 在绩效考核与运营侧

仅仅倚重绩效考核难以取得数字普惠信贷业务发展的制胜先机，通过绩效考核介入过程管理和人员赋能是农村中小银行发展的重要因素，也是市场化商业公司组织进化的题中应有之义。

三、农村中小银行数字普惠信贷业务落地路径参考

（一）强化顶层设计，做足战略谋划

数字普惠信贷转型发展不应该是被动为之，而应改变思考方式化被动为主动。调研发现，多数农村中小银行认为自身数字普惠信贷和其他数字化业务发展不佳是因为技术能力不强，无法匹配移动互联网时代的技术特征（见图9）。换言之，通过技术加成实现产品落地看上去是有形且实际的转变，然而局限之处在于，这只是在传统银行模式上添加了新技术，无法带来颠覆性、可持续的重构改革，而颠覆性变革的真正动力，恰恰源于看上去最无形的文化和战略方向的变革，这也是常常被忽视的。

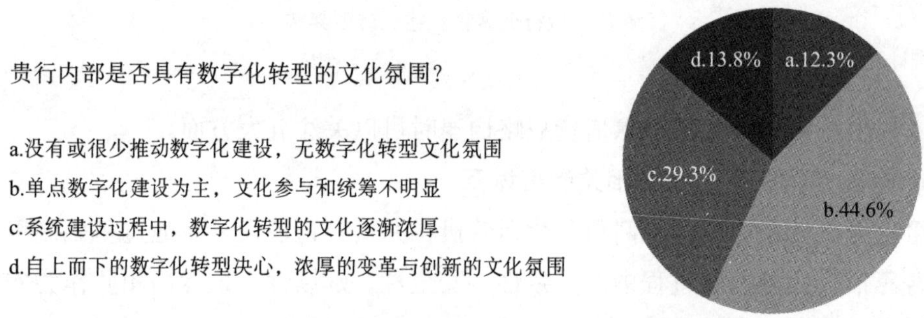

图9　被调研银行内部数字化转型文化氛围

资料来源：新希望金融科技绘制。

普惠信贷的数字化转型不只是银行的一次技术升级，也不是单一业务产品的研发落地，而应该从适应数字经济发展要求出发，进行体系化的转型变革。央行《金融科技发展规划（2022—2025年）》中要求“强化金融科技治理顶层设计”“制定全方位数字化转型战略，明确实施策略和具体路径，积极打造第二发展曲线”；银保监会《关于银行业保险业数字化转型的指导意见》要求“科学制定和实施数字化转型战略，将其纳入机构整体战略规划，明确分阶段实施目标，长期投入、持续推进”。

农村中小银行与股份行及国有行不同，业务具有鲜明的区域化特征，因此深化区域布局、强化经营优势、集中行内资源，探索出一条符合当地实际的“数字普惠信贷”转型之路，是转型落地并成功的第一要素（见图10）。

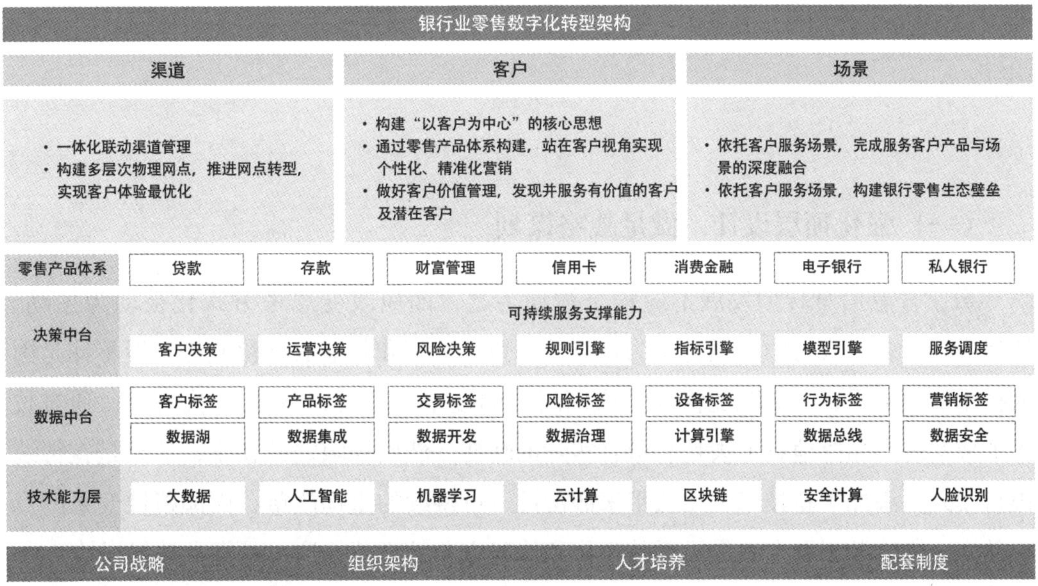

图10 银行业零售数字化转型架构

资料来源：新希望金融科技绘制。

农村中小银行在数字普惠信贷战略构建时可以关注五大方面。

1. 搭建专营机构，完善相关制度体系

可由省联社层面成立专门数字化运营机构并进行顶层设计，通过基础制度保障数字普惠信贷业务发展过程中的一致性、安全性、延续性。该专门团队作为农信体系下数字战略的制定者、监督者与推动者，实现从制度创设到过程管理的全周期介入。对省联社及行社日常运营过程中产生的问题，具有质疑权、反馈权甚至考核权，并提供相应的解决优化策略。

这支专门团队的组成人员可以来自省联社，也可由行社与省联社人员抽调组成，但需要保证其专一性，以此推动团队综合素养的持续提升，同时增加团队的黏性与灵活性，构建更为完善的专门组织架构，最终形成能够对全行数字化建设赋能的团队。

农村中小银行在推动数字普惠信贷落地发展的过程中需要省联社制定保障性的制度支持，构建完善的安全管理体系，评估行社在普惠信贷数字化转型中的风险活动，将潜在风险及时扼杀在摇篮中，同时实现系统和业务流程的快速更新。同时，对于数字普惠信贷落地过程中必备的数据安全和隐私保护也需要制定专门规章，保障用户信息、账户信息等内部数据的合规使用，对第三方数据源接入及利用也应该制定相应的制度规范，抵御可能出现的数字技术风险。

2. 培养专业人才，营造良好文化氛围

人才是数字化的重要基石，为了能在转型之路上因需而变、稳步前行，农村中小银行需以不同方式吸引、培养和管理数字化人才。尤其对农村中小银行而言，其在获客、风控、运营、科技等层面，尤其需要专门的人员进行支撑服务。当下，农村中小银行业务人员以营销人员为主，科技团队中主要以项目管理类人员居多，在大数据风控、智能运营、人工智能应用层面人才不足。复合型人才储备相对不足、质量不高，尤其是科技的领军人才、尖子人才不足，一定程度上制约了数字化转型进程。

在此背景之下，农村中小银行更需健全专业人才培养体系，并将其作为战略要素之一，包含人才招揽、培养、应用、晋升、传教等多方面，通过不同形式梯度培育满足发展需求的优秀人才，在业务、数据、技术层面实现人才的紧密配合，实现一体化转型；同时，要重视潜力人才“以点带面”的辐射影响能力。组织架构和人才梯度的优化是农村中小银行普惠信贷数字化转型的关键，并能够源源不断地带来新的活力。

具体到培养复合型、知识型和创新型数字化人才方面，需要以数字化理论培训和实务培训相结合的方式，逐步组建一支专业化、扁平化、柔性化和网络化的数字人才队伍。要在人才保障机制方面下功夫，建立灵活的工作机制与差异化的考核体系，确保人员的劳动及价值得以体现。一方面，明确岗位人员的职责，建立“刚性”的管理办法及管理机制，为各岗位人员制定符合零售业务目标的差异化考核方案；另一方面，还可以基于机构数字化特征及发展需求，对人才队伍从认知、行为及情感方面进行领导力的锻造。

在此基础上，不能忽视文化的建设与转型。数字化转型并非单纯的新技术革命，更为重要的是战略设计者思维模式的转变。成功的数字化转型并非指派一个人来负责数字化这个孤立的“模块”，也并非空喊口号。人才思维模式的转变、数字化转型的各项技术举措，只有在文化适应性改造的基础上，才能够更好地落地生根、发展壮大，否则容易成为无本之木，无源之水。

3. 明确发展方向，分解制定阶段性目标

基于战略级的数字普惠信贷发展规划，需要在一开始明确发展阶段性目标，而不是贪大求全或满足于现状。普惠信贷数字化转型带来了新的机遇和挑战，也给使命责任的目标达成带来了新的路径。整个数字普惠信贷业务发展过程中，渠道、服务、运营、风控、产品、组织架构将全面重构。作为农村中小银行，需要在战略高度明确自身的变革起点和未来趋向，把握自身普惠信贷数字化转型的发展方向并设立阶段性目标。因此，与资源丰富的大型头部机构大刀阔斧地改革不同，农村中小银行的普惠信贷数字化转型不一定一步到位大步向前；可以借助金融科技机构的力量，以数据为指针，通过“小步快跑”等方式应对竞争和变化，在同类机构中构筑能力壁垒，并与大型机构形成差异化竞争。例如：农村中小银行所在地的种植业具有特点和发展潜力，农村中小银行完全可以借此产业作为数字普惠的产品切口，根据农时、成熟周期、供销渠道、当地农户需求等情况针对性地开发“××作物贷”等相关产品，从小切口开始提供数字普惠信贷服务，充分利用银行与当地农户的密切关系，打造懂金融更懂用户的服务形象。

值得一提的是，数字化势必伴随着迭代发展。因此一定的试错成本和容错机制是非常重要的，也是在战略制定时就应当积极考虑并充分准备的重要部分。

4. 结合自身实际，择优选择数字化路径与金融科技

农村中小银行的规模千差万别，根据自身的实际情况选择最为契合的金融科技是非常重要的战略保障。如果没有战略指引，仅凭单点系统建设甚至只看到科技层面的数字化改进是不够的。对于大型机构而言，受益于雄厚的财力、物力、人力和市场优势，其数字化路径和金融科技应用或许与农村中小银行完全不同；如果农村中小银行一味“模仿”，很容易遇到阻碍。例如：大型银行可能开通微信银行、手机银行、网上银行、无人网点等多种渠道；而农村中小银行的发展根基薄弱，能力有限，但在市场竞争之中，农村中小银行所承担的压力并不小。因此，这部分农村中小银行需要根据自身的特点，选择适合的数字化路径与适配的金融科技，比如先发展一种金融服务项目，有针对性地进行市场投放或 ABtest，蹄疾步稳，从小切口提升业绩水平而不是跟风建设无人银行等数字产品。

省联社层面可以作为数字化战略统筹推进部门，设计科学合理的转型成效评价指标体系，以过程管控为牵引，形成评估闭环，为评估数字化转型的投入和产出提供客观依据。

5. 着眼开放共赢，有效借力外部资源

受限于自身资源，农村中小银行在数字普惠信贷业务的战略布局层面需要重视合作共赢的开放理念。调研组发现，区域行社对与外界合作非常渴望，但是省联社机制和接口对接的限制阻碍了区域行社自身的特色化、差异化发展诉求。课题研究团队倡导银行以开放 API 的方式搭建与外部数字化合作的桥梁。此前的调研结果显示，69.2% 的银行对与金融科技公司的合作持积极的态度。实际上，越来越多的银行开始寻求与最有创新力的金融科技公司达成合作伙伴关系。不过，建立合作仅仅是第一步，文化融合、技术适配、监管可行性等都是后期双方可能面临的挑战，需要提前进行准备。

（二）立足当前体制机制现状，实现省联社与行社的高效分工协作

在省联社和行社两级法人架构下，在数字普惠战略规划及建设过程中可以思考建立与数字化转型适配的组织架构、绩效评估、反馈机制等，与行社分工进行战略谋划。

省联社作为管理者及牵头方，负责普惠信贷数字化转型的方向选型及战略规划，打造满足各法人机构个性化需求及整体目标的数字化平台。在数字普惠战略规划及建设过程中，可以参考以下内容：

（1）负责数字化平台选型及采购，负责对供应商的尽调及准入工作。

（2）负责数字化平台核心模块建设，包括渠道对接系统、全员营销管理系统、反欺诈系统、大数据风控系统、智能决策系统、智能运营系统、统一支付系统、核算系统等。

（3）负责统一大零售品牌的建设与通用产品的建设，包括信用贷、担保贷、房抵贷、信用付、存款等产品。

（4）制定产品、业务、风险等相关管理办法，下发各类管理指标，监督管理各分支机构执行。

（5）制定省联社及二级法人机构的业务绩效考核目标及对应激励管理参考办法。

（6）建立风险监督小组，负责风控模型、策略的监测，负责各类新功能、新模型的评审工作。

（7）负责制定全社级风控规则参数，并约定各下辖行社可配置参数等级及范围。

（8）为下辖机构配置对应机构的人员管理权限，维护省联社级用户角色权限配置。

各区域行社作为业务开展的独立法人机构，在省联社数字普惠平台上可定制差异化产品子类，开展各项普惠业务，各法人机构按照省联社的业务要求，制定符合本机构现状的风险管理办法及业务目标，在数字普惠战略规划及建设过程中，可以参考以下内容：

（1）基于省联社数字化平台，选择和配置适应自身情况的产品。

（2）按照省联社的风险管理要求，结合自身业务特点，在省联社基础上调整更新模型策略参数。

（3）监督各分支机构业务发展情况，协调各类资源参与营销获客、贷前调查、贷后催收等工作。

（4）负责本机构营销费用统筹及营销激励政策制定。

（5）定期向省联社汇报业务开展情况。

（三）以用户为中心，锻造数字普惠核心

1. 多轮驱动加快数字化转型

数字普惠的本质是指在银行传统作业模式基础上，坚持“以用户为中心”，运用数字化技术手段，打破网点服务边界和资源限制，通过部门及渠道协同、数据融合与应用、内外部资源整合等，为客户提供综合化、一站式金融服务。目前，银行普惠数字化转型主要有以下四种驱动类型。

业务驱动型：部分银行在当地具备业务资源优势，例如具备较强的零售及小微客群触达能力，该类业务对数字化的需求强烈且方向明确，搭建产品线上化运营平台，整合本条线内外生态合作资源，可拓展客群触达范围和服务边界，实现对传统业务模式的变革。

组织驱动型：以创新需求较高的业务条线为试点，优先从组织机制出发，构建适应数字化运营模式下的组织运作模式，赋予传统业务部门数字化创新思维和能力，加快从业务部门内部形成数字化转型的自驱力。

数据驱动型：将数字化转型的方向明确为“数据化经营”，侧重于盘点自身的大数据“家底”，一方面利用数据分析赋能获客等业务能力，另一方面利用数据打通线下流程节点和部门间信息孤岛，实现经营的可视化和精准化。

科技驱动型：大型银行的科技投入大、科研人才多、技术创新能力强，可以运用互联网思维和技术推动银行传统的响应式需求处理和分散式架构变革，不仅根本上提升科技对前端业务的快速响应能力，而且通过科技能力输出至业务部门加快业务转型。

现阶段，农村中小银行可参考“业务驱动”与“组织驱动”相结合的方式。一方面引入可为省联社/行社业务发展快速赋能的数字化解决方案合作伙伴；另一方面发挥省联社/行社在普惠信贷数字化转型进程中开放创新的潜力和灵活性，以普惠金融部等部门牵头信贷业务数字化转型为试点，快速构建数字化业务体系与主要部门匹配的驱动引擎，助力实现整体业务数字化转型发展、错位竞争与区域突围。

对于农村中小银行而言，其“用户”之间差异巨大，既有传统银行面对的用户，也有基于县域甚至乡村特征定义的用户。因此，在产品变革与创设逻辑上，要践行“以用户为中心”，以网格化分层对待用户，提供不同的产品和服务从而带动数字普惠信贷产品成功。

站在省联社角度，当区域行社不断取得小而美的产品成功时，省联社也能集中案例经验，不断更新优化顶层战略设计，从而更好服务和赋能其他行社，实现顶层制度和基层行社的良性互动与发展。

2. 优化产品要素，使产品设计更加科学

在“以用户为中心”的产品设计阶段，农村中小银行可先决定自身数字普惠“产品目标”，即通过该数字普惠产品得到什么（品牌曝光、降户均、余额增长……），而不是一味追求大而全的目标（见图 11）。

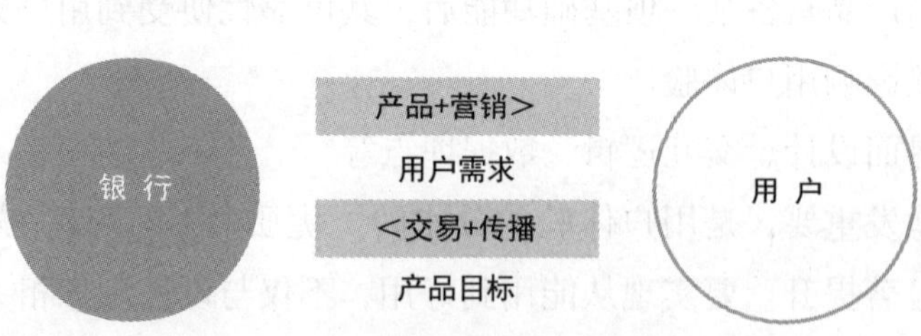

图 11　用户需求与产品目标的关联

资料来源：新希望金融科技绘制。

在产品设计层面，用户体验受到“产品金字塔”的影响，主要包含功能性、可靠性、易用性、增值服务、创新性五大要素。从底层到顶层，要素的必要性逐步降低，同时能够满足要求的银行数量逐渐减少（见图 12）。

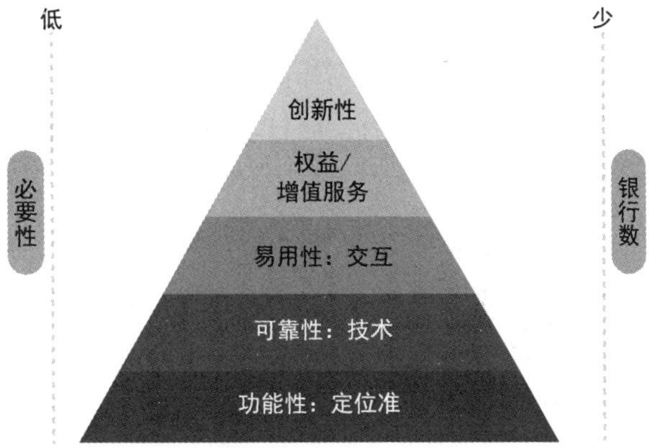

图12　产品金字塔

资料来源：新希望金融科技绘制。

功能性：是否满足用户需求。

必要性：功能定位准确是产品设计中最必要的因素，如果银行产品不具备相应功能无法满足用户需求，将直接导致用户流失。

值得一提的是，要针对区域客群特点开发功能，比如，为县域以上机构的用户提供零接触的线上入口，一键自助办结；而针对欠发达地区的产品，可能不适用全自助的服务入口，取而代之的可能是“一键呼叫客户经理”，甚至用户触发呼叫后，考虑话费等经济因素，不用拨号，而由银行后台主动致电，完成下沉客群的需求收集。

可靠性：系统是否稳定可靠。

必要性：当产品具备某一项基础功能后，其可靠性便受到用户关注。卡顿、闪退等情况将直接影响用户体验。

易用性：界面设计、交互逻辑、数据埋点等。

必要性：愈发重要，是用户体验的分水岭。优质的UI设计、交互体验等将带来用户体验的显著提升。要实现从能用到好用，不仅与设计理念相关，更与数据埋点和用户行为分析相关。

增值服务：附加的客户权益、其他综合性功能等。

必要性：非必须项，但可以通过额外的权益、用户关怀、增值功能等服务，提供超出用户预期的体验，是增加用户黏性并提升竞争力的一种手段。

创新性：本行的独特功能、设计等。

必要性：非必须项，银行通过打造独树一帜的功能点、交互方式、界面设计等，带来用户耳目一新的体验，塑造本行的体验特色和体验壁垒。

3. 优化界面设计，使界面交互更加友好

对于数字化产品，几乎人人都在强调用户体验，但是“体验”本身具有的主观性，从而很难被清晰定义，用户体验也一度被认为是一门“玄学”。从用户与产品界面交互的过程来看，用户体验是提升“用户对产品的态度”。对于农村中小银行的用户而言，对操作阻碍的接受度更低，因此更需要减少客户流失风险并引导其完成各个步骤。

依据心理学三分法，基于用户态度来讲，体验的根本是解决人 3 个方面的问题：认知、操作、情感。值得一提的是，以下思路不仅适用于线上产品的界面开发，也可应用于线下服务和流程设计，以提升无处不在的“用户体验”：

认知是指产品对用户所呈现的产品信息，需要符合人基本的感觉、注意、记忆与大脑在阅读这些信息时的费力程度等。对于重要的信息也可通过视觉刺激，加强用户的记忆，提升用户对该信息重要性的认知，实现快速准确传递产品信息，并且被用户接受。例如：用户在用产品时通常依靠的是短时记忆，而短时记忆的记忆时长在 5 秒以内，记忆容量约 5—9 个组块。这就要求在设计界面时，要做好每个页面信息的分类、层次划分，实现信息易见且易读，否则与用户的认知不符将影响用户体验。

操作是指用户根据自身的目标对产品的动作。用户在使用产品时通常有自己的目的，这些目的会伴随着操作发生。很多时候我们觉得某款产品难用，很有可能是产品对用户操作给出的反馈并不符合用户的目的和预期。例如：用户点击“我的”，目的是查看账单。然而，“查看账单”功能却被设计在“设置”按钮下，和用户的操作预期和习惯产生分歧。

设计师需要揣测用户的操作目的，给出精准反馈并为用户建立清晰坐标感，不让用户——尤其是农村中小银行的下沉客群——因为时间消耗或页面来回跳转而迷失方向。在线下业务处理过程中也是一样，通过流程合并与调整来减少用户操作或者奔波是提升操作体验的有效方式。

情感是改变用户态度最有效的因素，是用户操作产品过程中建立起来的主观感受，例如惊喜、愉快、烦躁、愤怒等，一旦产品与用户之间建立起正向的情感，用户对于产品的认可度就会稳固。

因此，情感化是设计师追求的方向，“峰终定律”是提升情感设计的方式。简单来说就是制造“惊喜”，以刺激用户大脑，当用户回忆产品时，情感上会被强化过的“惊喜”所牵引，体验到愉悦、温暖等正面情感。例如：在用户操作信贷流程过程中给出进度提示，甚至显著提示“已经完成了70%的操作，太棒了！”以增加用户的积极情感，管理用户预期。在线下服务过程中，也可以通过完成某一操作（注册、授信、提现等）给予不同激励推动业务办结，有奖办理信用卡就是一个典型例子。

金融产品行业门槛高和业务流程复杂，用户在使用金融产品时不同于一般工具类或社交类产品，这类产品由用户自主掌控，而金融产品有很多用户被动接受的规则（上传证件、填写信息等），这就导致用户与产品之间“摩擦”加剧。用户对于个人信息保护的意识增强，而金融产品涉及大量的用户信息，农村中小银行更应通过产品界面与交互的细节打造获得用户的信任感，让用户感到安全。

（1）有效缓解和消除用户体验不足。作为资金方，农村中小银行为了评估用户的还款能力和意愿，需要用户提供个人真实资料，资料复杂与精准程度随借款金额递增。作为用户方，用户提供资料的动力会随着借款金额增加而递增，对于普惠业务中资金需求可能不大的用户，提供资料的动力并不强烈。银行希望“全面且准确”，而用户期待“精简且安全”，二者之间便产生了摩擦。从界面设计的角度，可以通过“增加牵引、减少阻碍、给予帮助”缓解甚至消除摩擦。

（2）增加牵引。清晰的产品信息是增加牵引的基础，让用户快速清晰知道产品能够做什么、有什么优势、能带来的价值等。设计师需要在视觉上让信息有节奏，有层次地向用户递进。其次，运用心理学知识，例如增强用户对“沉没成本”的感知以削弱用户放弃的念头；运用“折扣效应”，通过一些额外的优惠去激励用户，使用户继续往前操作等。

（3）减少阻碍。缩减操作是减少阻碍的基础，在操作上通过减少任务项来减少操作当然是最理想的，但是由于金融产品的特殊性，许多操作难以减少。这些操作带来的“阻碍感”，可以通过技术提升与任务分段来降低。例如：活体识别从读数验证到动作活体和光线识别，是技术提升减少用户操作的典型案例；而将必要的任务拆分到不同阶段完成，也可以减少产品对用户的阻碍，避免大脑因为加工过多信息而疲劳与烦躁。任务拆分时，“N”字形的节奏是比较理想的方式，即首尾任务量少而中间任务量相对较多。因为记忆有“首因效应”与“近因效应”，即“首尾易记，中间易忘”；用户完成目标后，再回忆整个过程时不会明显感受到阻碍。

（4）给予帮助。“可学习性”是给予帮助的基础，它是产品是否易用的重要衡量标准，产品需要简化用户的认知负荷，不要让用户消耗过多的脑力去思考学习怎么做。从设计的角度，需要通过以图形为主文字为辅的视觉呈现对用户进行引导，适当时可通过动态图像增加学习流畅度；避免直接使用专业术语，对于行业通识的术语也应该给予辅助说明，方便新手用户学习（见图13）。

图13　有无图文辅助情况对比

资料来源：新希望金融科技绘制。

预判错误也是帮助的一种形式。人普遍存在自我服务偏差，会将事件的错误归为他人或环境，面对产品中的操作错误，无论是否由用户自己导致，都会将结果归为产品。及时处理异常情况不仅能保证操作完成，还能避免用户情感出现跌落。所以设计师需要提前告知规则，异常发生时要明确原因并提供解决方案（比如：只提示“操作错误”而没有解决路径和下一步操作引导）；对于反复出现异常的地方应该提供不止一种解决方案，对于危险操作甚至可以在视觉上暗喻危险性，或通过二次确认等方式防止错误的发生。

在个人信息安全意识普遍提高的今天，加之金融产品的属性，用户的安全需求更强，建立金融产品的安全感也是产品设计需要努力打造的。

首先，给用户建立直接的正向情感，对用户强调产品的安全性。通过最直接的视觉呈现向用户传递“品牌权威合规可信、业务规则透明可靠、操作规则清晰可用”。其次，金融产品的安全感仅做正向情感建立是不够的，更需要添加一些负向情感来引起用户的注意（比如图14所示的ATM在密码输入时强制且明显的语音提示）。

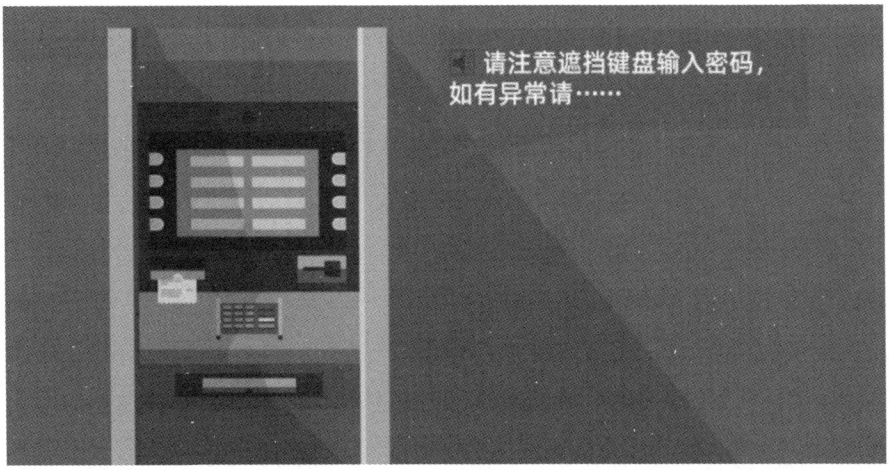

图14　ATM通过声音发出警示示意

资料来源：新希望金融科技绘制。

“刺激物”是引起用户注意最有效的方式，但是由于视觉显示的局限性，同时还要防止页面信息过载，可以考虑使用更多的感官体验来传递“刺激”，比如触觉（如：输入密码时加入震动效果）与听觉。需要注意的是，这部分的刺激对用户来说可能具有打扰性，设计师通过专业的设计让用户意识到银行等机构在时刻保护着金融安全，从而将刺激物带来的打扰转化为用户对产品的肯定。

值得一提的是，用户安全感的建立需要全链路设计。相较于一般产品，金融产品的安全设计需要把路径拉长，并不仅聚焦在授信、提款等核心节点，还要在用户第一眼看见、第一次听闻等全链路的节点引入安全感设计。这需要设计师将用户同理心带入业务，全链路洞察潜在“危险”，通过明显的刺激物或隐喻提示将安全感植入，让用户全程感受到安全保护。

4. 拓展营销边界，使营销覆盖全渠道用户

对传统银行而言，营销的对象以账户为主，即已经与银行建立交易关系的人，包括储户、借款人、理财顾客等。但在数字社会中，社会关系变得扁平，一次点击、一个关注、一次浏览……都产生了数字化痕迹——行为数据。银行可以借此洞察用户的基础特征、兴趣偏好、业务需求等。因此，营销对象不只局限于账户用户，还应该向全渠道流量拓展，每一个被触达的流量都可能实现转化。

要实现这一目标，需要建立一套以用户旅程为串联的数字化营销能力体系，将传统以业务/产品/部门为单位进行的营销升级为以用户旅程为主线，即一个用户在任意渠道与银行链接之后，都能进入设计好的数字化用户旅程中，并全程获得良好的用户体验，完成数据留存，为用户旅程中更精确的营销动作提供参考（见图 15）。

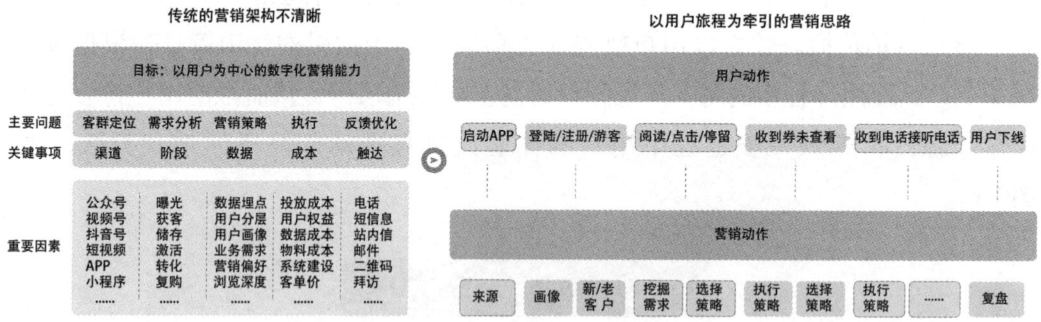

图 15　传统营销路径与用户旅程路径对比

资料来源：新希望金融科技绘制。

另外，针对县域以下的网点和用户，不一定建立流量化的监控营销机制，但是这一思维方法同样适用。例如：农村中小银行的网点积累了大量当地储户，但是客户不一定上门寻求普惠信贷服务。有农村中小银行通过“网点 + 集市”，即允许农民在网点门口摆摊设点并提供规范引导和物料帮助（提供统一的花车、货架和广告牌甚至专属宣传渠道），一方面让小农经济主体认可信任银行，另一方面银行也借助村镇集市的聚集能力获取更多客户关注，从而激发营销的可能。从见到用户、服务用户到贷后服务，可以提前设计一套营销链路，比如跟陌生人打招呼的话术、办理业务的小礼物在何时投放、资金投放后 N 日进行回访等。

5. 总结与洞察

在农村中小银行数字化转型的过程中，银行在坚守自身定位与使命的同时，需要以用户视角看待数字普惠业务的发展。尤其是农村中小银行面对的客群千差万别，如果没有“以用户为中心”作为行动牵引，直接照搬其他产品或经验，可能在产品功能设计、产品页面设计、营销方法、风险管理等方面出现水土不服的情况。相反，以机构自身为中心，可能与客户产生更大的距离感，从而影响数字普惠信贷业务在农村地区发展。

（1）产品设计。可以参考“产品要素金字塔”，从功能性、可靠性、易用性、增值服务、创新性五大方面进行考量，根据不同地区、不同产业、不同人群、不同经济水平等设计不同产品。

（2）界面交互。从认知、操作、情感三个方面着手进行交互设计与引导，为客户建立清晰的坐标感，减少用户的操作难度。利用增加牵引、减少阻碍、给予帮助三个手段，减轻金融级产品的合规要求和用户体验之间可能产生的“摩擦”，为客户尤其是农村中小银行的客户建立起全链路的“安全感”体验。

（3）营销传播。建立以用户轨迹（生命周期）为指引的营销策略，根据客户在一个产品使用过程中的每一步操作设置对应的营销动作，从而推动用户持续完成操作步骤，收集每一步过程中用户的体验改进点推动产品不断迭代升级（见图16）。

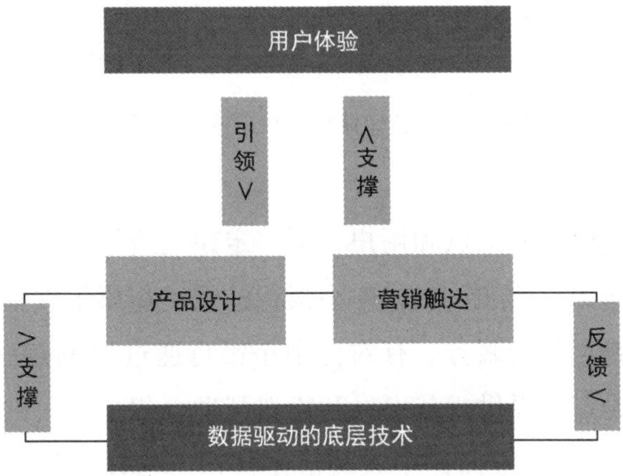

图16 基于用户旅程数据迭代用户体验示意

资料来源：新希望金融科技绘制。

（四）创新获客模式，借助流量思维发挥账户积累优势

1. 明确账户时代与流量时代的四个不同点

其一是客户来源不同。在账户时代，农村中小银行因为倚重网点等线下渠道，客户获取主要是主动上门或转介绍，账户时代的客户都是与银行进行强绑定的人（有账户信息），弱绑定或没有建档立卡的人员或不纳入获客统计口径。在流量时代，客户则可以来自任意的银行触点，包括线上、线下各个渠道。例如：公众号、App、小程序、电话、网站、短信、网点、企业微信等各类平台。只要能够在后台留下痕迹并可以再次和客户进行联系的渠道，都是客户来源渠道。

其二是客户规模不同。账户时代获客渠道相对简单，客户经理偏向被动运营，整体获客规模有限：叠加新冠疫情等事件的影响可能导致获客拓新渠道断裂，也不利于在数字化的竞争环境取得先机。流量时代的获客口径则多样且容量大，伴随爆款内容等新兴方式，一次获客量或许是线下渠道的百倍、千倍。在疫情等特殊时期还能继续发挥零接触优势，打通线上和线下渠道，在获客规模上实现巨大飞跃。

其三是客户价值不同。由于线下渠道的客户获取主要是本身具有主动性和强金融诉求的客户群体，从业务结果来说，其转化效率往往更高，被理解为高价值客户。流量池中的客群分类则较为复杂，来自线上自助业务渠道的客群依然具备极高的可转化性，而来自文章阅读、短视频引流等渠道的客群可能需要进一步挖掘和转化。但是，站在银行整体的角度，虽然账户式客群单个价值相对更高，但线上线下相结合的流量池具备巨量的客户规模，潜力巨大。

其四是转化方式不同。对数字普惠信贷产品而言，要实现盈利和发展，规模效应非常重要。因此流量池获取的客户如何转化是很多农村中小银行面临的第二个挑战。与账户时代的获客不同，流量时代获取的客户需要多一个步骤，即将流量转化成账户。因此，数字普惠信贷业务不仅需要数字“获客”，也需要数字“活客”，仅仅停留于粉丝数的增长并不能体现为最终业绩的呈现，需要改革客户经理的业务处理再分配及展业方式、管户方式，最终将单点的客户获取转化变成批量的客户获取和转化。

2. 打通线上流量和线下渠道实现数字化获客

流量时代虽然具有显著的线上化特征，但需要注意的是，线下力量和触点是重要的获客手段和服务力量，利用农村中小银行拥有的线下网点和客户经理团队资源，通过数字工具建立银行“线上线下获客体系”，做到双管齐下，双轮驱动普惠信贷业务数字化转型。

无论是线下还是线上，轻量、简便的入口都是数字化获客的第一步，其主要是一个链接，在客户侧有多种不同体现，包括链接地址、按钮、图片、二维码、条形码、机具等，都可以将客户引导至特定页面。考虑该入口不受时间限制、线上线下可用、不受终端限制、利于传播转发等因素。二维码等形式可以让每个网点变成获客场景，让每位员工变成获客渠道，通过技术打破网点的地域限制、打破人员的专业限制。例如：大众熟知的二维码是一个优质媒介，任何客户只要扫码即可进入数字普惠信贷入口，成为流量池中的一员，农村中小银行可对其进行后续服务和操作。在线下网点，二维码可以作为印刷物摆放在各种场景或者成为雨伞、包袋的一部分得到传播，轻量且便携；线上则可以作为转发海报的一部分，成为其他材料的附属物随之展现或传播，具有优良的可靠性、传播性和较低的用户教育成本。

3. 总结与洞察

通过数字工具与不同机构的线下实际情况相结合，可以参考以下几种数字化获客方式：

（1）传统线下网点/服务站的数字化获客。通过在线下渠道展示二维码，将厅堂流量导入该入口。发挥农村中小银行网点多的优势，设置机构二维码，放置在网点、村委、服务站等场景，将线下客户转换为流量池的组成部分，再进行管户分配，把流量池切分给客户经理进行营销和管理。

（2）新媒体线上数字化获客。通过内容生产和传播平台（微信公众号、小程序、App、网站、短信、社群、抖音、知乎等）实现银行与客户的接触，同时在内容中嵌入二维码或链接，引导客户扫码引入流量池，以轻操作、弱打扰的形式实现客户开源。内容主要包括：

①产品宣传，结合节日、节气、行内重要节点（行庆、周年庆等）、社会热点话题等，制作话题类“软文”，以“话题+产品宣传”的形式，增加公众号的内容丰富性，提高客户的阅读体验，在热门时间点增强产品曝光。

②活动宣传，包装营销活动，包括活动海报及活动跳转页设计，促进客户参与活动、申请及提现。

③产品干货，包括产品介绍、操作流程指导、常见问题解答、贷款知识科普等内容，解决用户最关心的实际问题，提高用户忠诚度及用户体验。

④品牌宣传，包括品牌海报制作、有奖问卷调查、异业联动等形式，不断强化用户对产品优势的记忆，提高品牌知名度。

（3）通过集群化、社区化实现获客。通过“找到关键人+团体办理”的形式实现批量化营销。例如：可以是“农场主+劳动工人”“工厂负责人+厂区员工”，也可以通过“关键人+产业链/供应链”等模式实现群体获客，到场客户只需扫码填写简单资料即可纳入流量池成为待营销对象，甚至直接在现场实时完成审批提现。

（4）行业专业化、村落网格化社区经营。

村居批量化营销：通过“一圈子”“一揽子”“一辈子”“一家子”“一竿子”等方式实现农村客群的批量化营销：打造差异化整村授信产品，通过无感授信、有感反馈、按需提额的方式推进业务发展。

社区化经营：通过前期筛选、活动宣传、下沉运营等方式开展社区展业服务工作；打造与客户交朋友的社区型银行等形式，不断拓展和延伸农村金融的营销场景和方式。

（5）打造专门营销团队。目前，部分农村中小银行客户经理存在精力跟不上、专业跟不上、理念跟不上、思维跟不上、行动跟不上等现状，数字化获客的展业工具上线后，可以打造职业化的数字普惠信贷服务团队。将数字工具的便捷性和农村中小银行的线下网点和人员关系优势结合。同时，从心态、习惯、流程、技巧等方面做好团队营销能力辅导，提升客户经理获客技巧，不仅提供工具，更提供方法论辅导。

（五）通过大数据和模型读懂客户，提供精准服务

不同客户的来源渠道、行为数据、业务动态等信息都可以被后台系统捕捉，再转化成人物画像或用户标签供客户经理快速了解客户基本情况，实现营销和服务的精准化。

农村中小银行可以基于大数据挖掘（如统计算法、机器学习算法、关系网络分析、LBS分析、文本分析等）技术，通过对企业级数据仓库及外部信息源中的客户属性、特征和信息进行加工运算得到客户标签化信息，例如“有房一族”“有车一族”“有娃家庭”等。基于标签，客户经理可以发掘和识别出高价值潜力客户，精准促活新客户、深入挖掘存量客户、防止客户流失、监控客户风险。

值得一提的是，把陌生流量变成用户画像，更重要的价值在于客户经理可以从“非标动作”变成“精准操作”，即：没有用户标签时，客户经理可能会盲发二维码、广发海报等，然而这样做“不聚焦”，营销效果难以评估。有了用户标签后，客户经理可针对不同客户、不同状态发送不同营销物料，实现“投其所好”的营销效果。例如：标签体系中显示某客户“今日生日”，则可以定向发送生日祝福物料并配合营销内容；若标签显示某客户“授信未提现”且属于“活动敏感”客户，那么客户经理可以将大转盘领券等营销活动精准推送给该用户，实现更高效转化。

需要注意的是，金融机构由于其业务的特殊性，需要获取的信息相对敏感，因此需要依据《个人信息保护法》等规章制度建立以告知同意作为核心的信息处理原则。在相关的弹窗、提示等部分要注意提醒完善、表述清晰、平实易懂。在提示之外，更需要明确数据获取与使用的相关内容，甚至用加粗等方式显著提示，还需要获得书面或者电子签章的认可。在数据使用过程中，银行内部也需要制定明确的管

理制度、使用限制、操作规范，通过分级分类管理、信息加密脱敏、权限管理等手段落实个人信息保护的责任和义务。

此外，银行作为数据产生和使用的重要单位，可在个人信息保护、数据安全等领域周期性开展对外宣教和对内培训，通过线下推广、媒体宣传、资料分发等形式进一步夯实数据安全与个人信息保护的工作成效。

1. 标签制作的八个参考维度

具体到标签体系归纳与建设上，按照客户属性和业务需求，有以下八个维度的建议：交易属性、自然属性、产品属性、资产属性、负债属性、风险属性、行为属性和价值属性。

按照这样的顺序对客户标签属性维度进行排序，是出于银行对客户了解的“由浅入深”，其基本逻辑为：面对一名行外客户，银行有可能最先看到的是该客户与银行内部其他客户的交易转账信息：银行可以考虑针对该客户外部信息采集其自然属性，与行内已有的客户自然属性进行比对分析，开展客户细分，并将相似客户已经使用的产品予以推介，包括客户金融资产类产品（如储蓄、理财、基金、国债、保险等），以及客户负债类产品（如消费贷款、按揭贷款、小微贷款等）；尤其当涉及借贷业务时可能会产生风险，银行需要识别和防范。以上相关内容已经涉及客户金融行为属性。此外，客户的非金融需求、相关的服务和产品也应纳入客户行为属性观测范畴。

（1）客户交易属性维度。客户交易属性刻画的是零售客户在商业银行资金的转入、转出、代发、留存、登录等交易情况，包括活跃度、渠道偏好、大额消费、大额转出、资金流出类型、资金周期性转出、资金留存比、月代发额分段、电子渠道（App、网站、小程序等）登录次数、网银交易金额等标签。

（2）客户自然属性维度。客户自然属性刻画的是零售客户的人口统计特征、社会属性方面的要素和标识，包括性别、年龄分段、账龄分段、职业、高端小区、有车一族、有房一族、手机系统等。

（3）客户产品属性维度。客户产品属性刻画的是普惠客户在商业银行的产品持有、产品偏好、产品状态、产品购买潜力、产品波动和产品趋势相关的一些特征，包括客户产品持有数、购买稳健产品标识、活动敏感度、利率敏感度、购买他行保险标识、信用卡额度、消金客户标识、保证金客户标识、RFM模型（理财进度、理财频度、理财额度、保险进度、保险频度、保险额度、基金进度、基金频度、基金额度等）等标签。

（4）客户资产属性维度。客户资产属性刻画的是普惠客户在银行的金融资产等级、资产偏好、资产变动、集中度和变化趋势等，包括客户资产偏好、客户层级、客户资产集中度、客户层级变动程度、金融资产趋势、金融资产波动性、财富人群标识等标签。

（5）客户负债属性维度。客户负债属性刻画的是普惠客户在银行的贷款和行业情况，包括贷款类型、贷款结清标识、历史贷款笔数、行业类型等标签。

（6）客户风险属性维度。客户风险属性刻画的是零售客户的风险偏好和信用状况，即客户信用等级，是否存在逾期、不良行为，客户还款意愿和还款能力，包括客户风险评级、逾期标识、逾期次数、不良标识、历史不良笔数、小微贷款申请评分等标签。

（7）客户行为属性维度。客户行为属性刻画的是普惠客户的购物、消费偏好、生活方式、支付和流失等行为及状态，包括流失预警分类、高端商场客户标识、高端商务旅行标识、境外金融需求等标签。

（8）客户价值属性维度。客户价值属性刻画的是普惠客户的提升潜力、对于商业银行收入的贡献等情况，包括存款贡献度、贷款贡献度、中间业务贡献度、综合收入贡献度、积分贡献度、提升潜力分类等标签。

2. 注意标签的“易读性”和“易用性”

在实际调研中，课题组发现，很多银行开始尝试标签体系后，发现做出来的标签实用性差，行员经常抱怨标签“不好用”，久而久之标签就被废弃。究其背后原因，需要注意标签制作的以下两点：

（1）易读性：易懂、无歧义、相互独立、应用性强。例如：“用户价值高”标签，在风险人员的眼中是用户的风险低、资质高，在客户经理的眼中是用户营销价值高，在数据分析人员的眼中是用户的业务贡献度高，该标签就产生了歧义。

（2）易用性：结合应用场景，设置简单明了、不复杂的标签，提升标签的可读性。

（六）构筑智能营销能力，实现自动化客户激活与运营

具备用户标签之后，农村中小银行便可以根据标签来形成精准的营销策略和方法。通过走访调研和经验总结，数字普惠信贷的智能营销主要有三个不同阶段的营销方式。

1. 通过三种方式逐步实现智能营销

（1）种草式营销。种草式营销是最常见的传统营销方式，即不管用户当时有没有需求，不管用户关心什么，坚持定期发消息（短信、朋友圈等）。这种营销方式属于“愿者上钩”，优点是广撒网、常曝光、形成用户记忆。

（2）侦测式营销。侦测式营销是基于数据挖掘的精准营销方式，通过捕捉用户的线上行为轨迹，分析用户轨迹后进行针对性营销。优点是营销响应更快，营销动作更符合用户需求，实现更精准的营销。例如：张三已完成提现，且结清之后很久没有再使用产品。突然有一天，他又进入了小程序或App。通过捕捉用户浏览轨迹，判断张三可能有用款需求，可以自动触发营销策略（包括发送活动短信、电销等营销动作）。

（3）预测式营销。预测式营销是基于数据模型分析加工的智慧营销方式，通过捕捉用户整个生命周期的所有行为，包括借款/还款/点击等，进行模型算法加工后，预测用户在未来的需求。到预测时间点时，不管用户是否有行为和操作产生，都会有对应的营销策略，实现更智能的营销。例如：B用户是已提现客户，通过数据模型挖掘发现该用户是定期周转型客户，就可以开展预测式营销。当临近下次的预测借款日时，通过弱提醒策略来提醒用户，当预测借款日没有借款，就启动流失召回略营销客户。

2. 围绕“转化、激活、复购”进阶打造自动营销能力

在进阶应用中，不仅通过客户经理实现从“获客”到“活客”，数字化能力更强的农村中小银行可以尝试自动营销，即采用营销策略触发自动化实现转化、激活和复购（见图17）。

转化：在监控用户旅程过程中，在某个页面用户行为出现断点，猜测用户可能是遇到某个问题，从而采用不同的营销策略。例如：一个注册申请流程几分钟左右，如果用户注册之后长期没有申请，可根据断点的页面进行问题判断，可能是忘带身份证导致无法继续进行授信，在夜间大概率用户回家时段发送短信对其进行提醒。

激活：用户授信通过之后，系统就会判断用户的借款意愿度、利率、额度满意情况等，不断采取营销措施，促进用户提现激活。例如：用户授信成功之后，没有立即绑卡提现，系统判断用户暂时没有需求，系统推送一张7天免息券，引导用户体验产品。如果用户有需求，但是对于利率或者额度不满意，也可以匹配对应的营销手段（邀请参加提额活动、奖券大转盘等）。

图 17　AARRR 营销增长模型

资料来源：众邦银行。

复购：促进复购的目的是让用户持续保持活跃，根据用户的产品使用行为，关注用户的活跃度，对于长期习惯性使用的用户，根据用户的历史表现赋予忠实用户、重要用户等标签，这类核心用户的近期活跃度如果显著下降，就需要介入，采取一系列的营销和回访手段，从而起到防流失、促进复购的作用。

组合营销：银行零售产品可能不止一种，通过丰富的数据，挖掘用户身上多种需求和不同属性，辅助交叉营销。

（七）创新风控能力，服务下沉客群实现精准滴灌

普惠信贷具有小额特征，当放款金额非常小的时候，客户线上申请贷款的随意性相对较大，忠诚度相对较低。为了提升客户的获得感与满足感，增强客户黏性，客户自助操作流程要便捷，尽可能实现秒批秒贷。一方面是应对县域及以上客群对用户体验的要求；另一方面，这也是提高下沉客群普惠可得性的重要一环，对于这类本就不熟悉数字产品的客群而言，再叠加复杂的流程操作，势必降低信贷可得性。

用户端体验的简化对产品后台的风险防控能力提出了更高要求，从贷前、贷中到贷后都需要更强大的风控防范和运营能力。

需要注意的是，数字普惠信贷产品在形态上可以支持客户纯线上完成信贷产品申请，但并不意味着仅有全线上，且不能“迷信”大数据风控。数字普惠信贷不仅

支持系统自动化识别客户风险，也应通过线上线下相结合的方式满足对下沉农户、薄文件用户等数据不足客户的审批。

1. 借助智能风控模型辅助人工决策

智能风控主要通过大数据分析实现风险识别与防控，用数据驱动决策，同时再通过决策效果反哺数据与技术迭代，实现数据驱动与传统信贷决策机制的良好融合。

普惠信贷由于门槛更低，反欺诈是风控模型的重要环节。因为客户操作将迁移到线上，和银行的直接接触减少，所以要首先确保是客户本人并且按照本人的真实意愿申请，避免欺诈团队攻击，同时还要兼顾客户操作体验，不能将线上的身份核实步骤设计得过于烦琐，让数据多跑路、用户少跑腿（见图18）。例如：与专业反欺诈服务商进行技术合作，通过在申请流程中埋入各类反欺诈技术，包括人脸识别、地理定位等基础数据挖掘识别群体攻击、高风险欺诈点等要素，降低欺诈风险；还要结合设备指纹、图像计算、生物探针等技术，防范专业线上黑客通过模拟真人手机操作、盗取身份证号及手机号等开展大规模欺诈攻击。

图18　一种交易反欺诈架构

资料来源：新希望金融科技绘制。

在实践中，农村中小银行主要依靠专家经验进行风控，此外还有信贷工厂等模式。然而，在大数据时代，不少地区其实具备丰富的数据源，可以用高维高频高可信的行为数据弥补甚至替代部分低维低频的传统财务数据。例如：过往出现过黑产机构通过集中在乡村地区代缴公积金，最终集中骗贷的案件。其实，通过实时的交易侦测结合 GPS 定位等信息很容易发现申贷异常情况。此外，这些本不具备借款意愿和借款能力的村民也可以通过其他行为数据得到佐证（如手机型号与借款金额之间存在可疑性等），从而标记可疑借贷行为。

2. 多措并举应对数据不足问题

当前，农金机构可以通过多渠道整合数据信息，引用更多与客户信用相关的数据，如小微企业的工商、税务、海关、司法等数据，个人客户的生活习惯、消费等数据，借助大数据分析、数据挖掘和人工智能等技术，解决“信息不对称”问题，建立起更加精准、全面、高效的风控体系。

农金机构可以通过市场化购买、政银对接、收单业务、整村授信、银保合作、村居专案、共借人、网格化管理等多种形式实现数据利用，助力普惠信贷业务风控能力提升。例如：针对整村授信用户，通过数字化工具，利用基础数据进行决策判断，授信一个较低的基础额度，再通过管户分配，调查调额的形式满足人群的差异化需求，既可以满足普惠覆盖的要求，提高获客量，又能对优质客户提供精准服务，兼具普惠服务和客户价值挖掘。

在数据利用方面，可以通过多方安全计算、联邦学习、数据加密等隐私计算的技术、方法在满足隐私保护的前提下达到数据“可用不可见”的目标，通过联合建模等方法弥补自身不足，完成模型建设与训练，满足自身智能风控的诉求。

（1）政务数据共享的三种典型模式。从现有实践来看，银政数据共享的模式可以归纳为银行与数据源部门直连（“点对点”模式）、银行同政府大数据中心接口连接（“中心化”模式）和第三方平台查询（“银政通”模式）三种，但应用均比较局限。

“点对点”模式。银行和政府部门达成“点对点”数据交换协议，经客户授权后，由银行发起查询申请，数据部门返回脱敏结果。“点对点”直连模式具备效率高、响应快、针对性强等优点，但单家金融机构多头协调政府部门难度较大，且数据部门出于安全考虑，往往不会直接开放接口，而是定期将数据上传到专门服务器，实现物理隔离，这对金融机构基础硬件设施提出了较高要求，也在一定程度上降低了数据的准确性和实时性。

“中心化”模式。“中心化”模式指政府大数据中心归集各部门数据后，根据需求向金融机构开放，交换的数据例如“刑事处罚”“婚姻状况”“就业失业登记”“单位信息”“公积金缴存”等，不同地区的政府大数据机构建设、利用、开放存在较大差异。

“银政通”模式。“银政通”模式以银协金融汇聚网络为通道，实现银政数据交换。银协汇聚网络是符合金融安全标准的一项基础设施，在银行端广泛接入的背景下，数据端接入部门却可能是有限的。“银政通”具有以下特点：一是银协汇聚网络通过银联标准专线网络传输，无须新建数据库，实现高安全性、零时差、低成本。二是数据不搬家，数据产生部门不会因共享而丧失数据优势，且数据需求清晰明确，直接面向银行应用场景。三是依托平台，可实现数据双向交换，同时将贷款抵押查询、预审、注销服务转移到线上办理，实现银政服务高效协同。

但是从整体调研情况来看，目前政务数据获取存在数据接口不规范、数据内容不完整、数据实时性不高，且数据来源五花八门、隐形中间商较多等问题，整个政务数据的产业链还处于比较无序的状态。

（2）四种模式助力银、政、企多方协同获取数据。在国内也有部分银行通过合作共建等多种形式，解决自身数据获取难题：

银、政、企三方合作：政府作为数据拥有方、银行作为资金投入方、企业作为技术实施方，三方共建数据共享平台/数据云/金融数据云，实现数据的治理体系与应用规范构建。

银、政、校三方合作：政府作为数据拥有方、高校作为技术支持方、银行作为资金投入方与技术支持方。国内部分高校对数据治理、隐私计算、安全保护等领域已有成熟方案，可以作为技术支持方，在政府指导、银行支持下，实现产学研的合作应用。

政、银共建：省联社或头部金融机构或多家有实力的金融机构联合抱团，与政府开展合作，由金融机构主要投入技术、人力、财力，实现数据共享平台的研发与应用。

政、企/校共建，银行采购：在政企、政校合作过程中，银行作为入股方或者重要的数据提供方及应用方，提出相应的需求和支持措施，对数据在金融层面的获取与应用提供指引，主要解决自身数据利用的问题。

3. 构建智能风控模型助力管户效率提升

在数字化时代，获客规模或呈现指数级增长，尤其在县域及以上地区，传统的人工审批可能不能及时应对大规模的批量审批诉求，需要借助全实时的自动化处理技术满足用户需求。

通过构建数字化风控模型，对每笔业务实现全流程监控。大数据风控在贷中阶段能随时监控用户交易行为，发现警报后系统自动调整额度或冻结额度，大幅降低潜在损失，能有效提高普惠金融大数据管理效率。建立实时的贷后风险预警系统，开展科学合理的风险预警、监测、管控。加快贷后非现场监测系统建设，通过对接行内外各类大数据进行日常动态监测，实现客户风险排查自动化；进一步细化贷后检查规则，针对客户风险程度，实行差异化贷后管理，进一步扩大触发式贷后管理模式适用范围，产生预警风险信号后再人工干预，提高客户经理贷后检查效率。

在当前的大环境下，适用全国范围内有效的通用型评分模型与农金机构当地场景化需求存在较大差距，反而适应场景的专用型评分模型更贴合农金机构的业务需求。但是，对很多农村中小银行而言，招聘模型开发人员并非易事。

调研组认为，这些银行更需要的是精通当地业务的模型维护和使用人员，通过图形化决策引擎等创新的低代码、无代码技术进行模型运用；纯粹开发工作可以通过脱敏数据交给专业公司完成，这样更符合中小银行的实际情况。

如图 19 所示，以新希望金融科技公司自研的“图形化中央决策引擎”为例，其支持风险管理人员通过图形化界面“拖拉拽”操作，实现“无码化”的规则配置。将大数据、人工智能、可视化、元编程技术、编译原理技术等转化为易用的产品，通过一套可拖拉拽的方式进行决策流的配置，对配置的流在后台利用 DSL 进行解析计算，最后对计算结果进行规则挖掘，从而实现信贷环节的业务决策逻辑。整个业务的决策过程全部配置化、在线化、易用化。

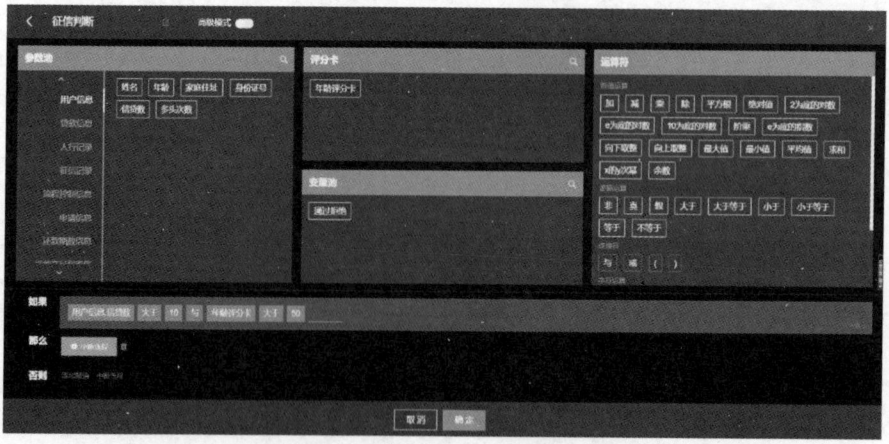

图 19　新希望金融科技公司“图形化中央决策引擎”界面

4. 建立覆盖客户全生命周期的风控体系

风控系统不能脱离业务产品而单独存在；渠道、产品、营销、运营方式与风控应形成闭环管理体系，围绕一个用户从注册到贷后的全生命周期进行闭环的风险防控与运营。实时的风险变化情况都应该影响风控手段和当前的决策，形成前后联动的风险监控与决策管理机制，实现风控与业务的同步性及目标一致性。

具体来看，风控中台以数据中台为底座，整合行内数据及外部数据，形成多维度、跨行业、跨场景、跨产品、跨渠道的数据体系。在数据中台的基础上，打造出风险标签体系、特征库、风险集市和全行级的客户及客群风险统一画像。基于大数据平台、中央决策引擎等风险管理系统，结合机器学习、神经网络、知识图谱等技术，构建实时数据交互、实时分析研判、事后全面分析、批量离线预测的多元化分析决策体系。通过对客户身份信息、客户资质信息、客户担保信息、抵押物品等进行风险判断，有效识别客户的各类潜在风险。

针对渠道及银行员工，同时应建立平台级风险及操作风险监测机制，保证员工操作规范、客户信息真实、交易行为有效，在整个预警和决策过程中通过数据积累及策略模型的不断优化升级，通过贷前客户数据表现、贷中客户预警信息、贷后客户画像等数据的相互补充，打造零售业务风险闭环管理体系（见图 20）。

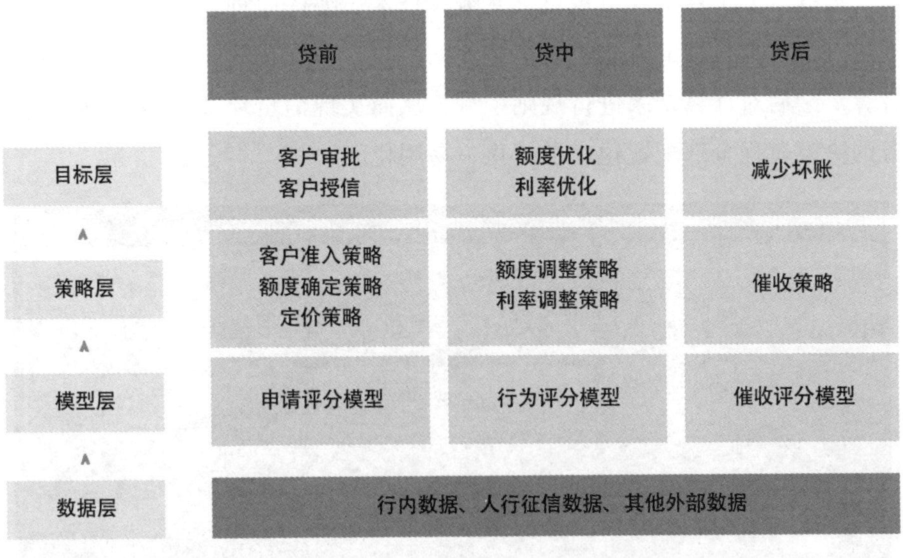

图 20 一种大数据风控在信贷业务全生命周期的简单应用

资料来源：新希望金融科技绘制。

5. 创新风控能力，打造“千人千面”用户体验

根据不同的用户分层，匹配不同的用户和风控节点，运用全自动审批或人机结合的模式实现农村中小银行的普惠用户也能体验到数字时代“千人千面”的普惠信贷体验，每个人的额度、利率、还款方式、借款期限均可与其风险表现挂钩，且支持随时增信调整，让数字普惠信贷产品对普适客群提供基础额度的同时也能对优质客户提供更多支持与服务，满足差异化的普惠信贷需求。

千人千面的动态管控离不开风控中台的打造，从而构建自动化和人机结合的风控综合能力（见图21），即建设一个以智能化、场景化、生态化为特征，业务场景全覆盖，实时、智能的风险管控中台，打破金融机构传统“烟囱式”“项目制”系统之间的壁垒，打造标准化、模块化的风控策略、模型、系统，使数据、特征、规则、模型互通互用，在提升模型配置效率的同时，增强模型的风控效果。

图21　一种风险管理中台架构

资料来源：新希望金融科技绘制。

传统专家风控系统是平面的网状结构，规则复杂且容易被单点攻破。风控中台多层防控体系（可信、攻防、决策、保障）可以极大地减少冗余风控策略规则，实现智能风险决策。

值得一提的是，正如数字普惠信贷的千人千面，不同农村中小银行在风控审批方面也应该各有侧重。“系统审批为主，人工参与为辅”是风险中台的重要发展方向，数据及模型不能适用于所有渠道及客群，风险管理是长期的动态动作，固态的模型不能防控动态的业务变化。例如：针对零售及小微贷款产品，风控中台应支持全自动机器实时审批，但不是只支持机器审批。其中，对农户、“白户”等数据稀疏客群，如果系统自动评估额度较低，可采用人工收集资料方式进行风险再评估或提升；针对额度相对较高的贷款产品（如额度高于100万元），可嵌入人工线下尽调、人工审批等环节，最终完成对客户的额度评估。

以“数字普惠信贷+整村授信”为例，可以聚合多种优势：

（1）客群全覆盖：对优质村落中符合贷款基本准入要求的村民进行全员线上授信。

（2）分层精准服务：对优质村民通过线上线下相结合的模式进行产品的定制化设计及精准投放，从而匹配各类别村民的真实需求。

（3）批量高效获客：通过数字化渠道实现批量化办理，提高机构营销效率。支行客户经理最少只需要走访客户一次，完成客户资料收集，之后可将二维码等进件渠道发送给客户进行申请。

6. 创新担保、质押等传统手段以夯实风控效果

（1）基于“碳汇数据”完成动产估值及质押贷款。2022年2月，云南景谷县联社结合当地某企业森林资源开发、木材永续利用等情况，为其量身定制林业碳汇质押贷款，发放金额600万元，解决了企业资金难题，为云南省首笔林业碳汇质押贷款，也是绿色金融的有效实践。景谷县联社积极创新业务模式，参考全国碳排放权交易市场价格对该项目监测期核证的17万吨碳汇量进行价值评估，按照不高于50%抵押率发放林业碳汇抵押贷款600万元，并在动产融资统一登记公示系统进行登记和公示。

（2）基于“保险+担保”完成“带毛资产”估值与抵押贷款。云南景东农商行于2022年4月8日发放第一笔肉牛活体抵押贷款，金额90万元，以养殖大户彭某名下84头经投保的杂交肉牛作抵押，并在中国人民银行征信中心动产融资统一登记公示系统进行动产担保登记，开创了景东农商行活体抵押的先河。

（3）基于“银政合作”实现农村集体经营性建设用地的抵押贷款发放。云南大理农商行与当地人行中支、银保监分局、自然资源和规划局等机构强化协调对接，发放全省首笔农村集体经营性建设用地抵押项目贷款600万元，用于当地某旅游发展有限公司度假酒店项目装修，获得大理州人民政府颁发的金融创新奖。

湖南汉寿农商行采取“银行＋财鑫担保＋土流网”三方合作新模式，在政府主导下，汉寿农商行、常德财鑫投融资担保集团有限公司与湖南土流信息有限公司三方紧密合作，深入推进土地经营权抵押贷款。主要特点：一是三方合作规范业务操作，防范信贷风险。该县在汉寿农商行受理贷款申请并进行初步筛选后，三方共同开展现场调查，贷款项目获得三方同意后予以支持。二是利率优惠，降低客户融资成本。农商行按基准利率上浮不超过30%的标准对三方认定的信贷项目予以支持。政府和担保公司分担贷款风险。三是风险共担，贷款逾期超过30天后，由财鑫担保公司代偿还贷款本息的90%。土地经营权流转至土流网名下，土流网以贷款本息的35%向担保公司进行回购。

7. 运用集约化运营思路，推动两级法人架构下的普惠信贷数字化升级

坚持以“零接触”为目标，通过对数据的整合与深度挖掘，应用神经网络、人工智能、生物特征识别等新技术，推动实现远程贷款和信用卡的全面数字化升级转型，推动实现集中化、一体化、精准化的营销宣传和推广，推动实现多维全面画像、贷前贷中贷后全生命周期覆盖的智能化风控，推动建立远程集中运营机制和平台，最终实现“产品线上化、风控智能化、营销一体化、运营集约化”，实现做大客户规模、做优客户质量，优质客户管理精细化、精准化，普惠客户营销运营高效化。

产品线上化、数字化、智能化的升级，必然带来运营数字化、集约化的要求，以产品运营服务标准化、专业化为支撑，利用数字化手段和远程客服能力，将目前分散在各行社的部分日常运营工作，逐步向省联社集中，最终实现省联社数字化集中运营，承担日常运营服务工作，行社主要负责产品运营的“一头一尾”。“一头”是客户营销，“一尾”是资产管理和处置，推进运营标准化、数字化、集约化。

一是推进产品运营服务标准化。将业务流程各环节通过编写操作规程、工作手册和指南等形式固化下来，形成行动标准和数据标准，方便后续评价提升和数据分析。

二是推进产品运营服务数字化。远程客服上线后，即具备了自动外呼、智能语音、语音识别、远程视频等数字化能力，加上已经具备的人脸识别、OCR、数字存证等能力，数字化运营能力已较为完备，有利于推进人工审批向远程集中审核、信用卡面签向远程视频面签、人工催收向自动电催转变。

三是推进产品运营服务集约化。对于产品运营过程中仍然需要人工参与的环节，如人工审核、人工催收，一方面可以在省联社层面组建集中运营团队，基于标准化作业专职运营，既可以保证运营标准化，也可以降低运营成本，提高运营效率。经测算，比分散操作预计减少50%的人力资源投入。另一方面，通过将贷后管理体系化，可建立“日常监测预警、客户短信提醒、自动电催、人工催收、司法催收”的自动作业机制，注重M1的早期催收效果，提升整体催收效率，对于人工催收可以借鉴行业通行的做法，采用委外催收的模式，通过省联社集中入围，降低委外催收成本，提高催收效率。建立高效的考核机制，把集中的人力资源管理起来，结合工作标准，制定各环节的考核指标，保障集约化运营工作高质量运转。

8. 总结与洞察

当前，通过大数据技术，数字普惠信贷产品可以建立起基于客户全生命周期的模型与风险管理体系，覆盖贷前、贷中、贷后全流程；用模型决策补足人工经验的不足，用机器自动化审批提高人工审批效率。针对数据欠缺的地区，可以通过线下资源的积累优势，以人工为主数字工具为辅，叠加模式创新以实现下沉客群的数字普惠服务。

（1）有数据基础的行社。对于有数据基础的行社而言，使用常用数据维度构建计量模型体系，利用机器学习、深度学习等算法，构建多类模型，包括但不限于身份认证模型、反欺诈模型、风险评价模型、风险定价模型、风险预警模型、贷款清收模型、营销获客模型等，覆盖业务全流程，为客户分层、欺诈识别、信用风险评估、贷中、贷后管理等场景提供有力支撑。同时，建立完备的模型监控机制，防止因模型失真带来系统性风险。

①贷前环节，从欺诈风险与信用风险两方面进行管控：

防范欺诈风险方面，依据用户手机设备埋点数据，如陀螺仪、加速度、滑动痕迹等，识别非人进件和可疑设备，防止黑客攻击；还可用图像技术，识别翻拍、造假、非本人申请、非本人意愿申请、可疑环境等欺诈场景。

防范信用风险方面，从申请开始，对客群进行分类，匹配不同风险策略，通过专家经验与数据驱动相结合的方式，从客户偿债能力、信用情况、多头情况、欺诈情况等多角度进行风险识别，设定不同等级的风控规则，以强规则为主骨、弱规则为线、模型为丝，对客群进行细致筛选。同时，通过策略迭代应对市场与客群带来的风险变化。

②贷中环节，以防范客户资质变差、提前进行风险预警为目的，定期对客户进

行信用评估，对低、中、高风险客户采取不同措施。对于高风险客户，采取冻结、人工介入调查、宣布贷款提前到期、提前入催等限制性或止损措施；对于中风险的客户采取降额等措施，进而促进资产良性增长。

③贷后环节，通过“人机结合”，可以C卡模型提前对客户的催收难度进行预测，采取不同的催收措施，并分阶段配备不同的催收策略与催收话术。同时，对难以联系的客户，运用失联修复手段进行催收：对拒不还款的客户，则可运用“互联网法庭”等批量化、轻量化的高效手段进行诉讼。同时，还要进行贷后、贷前策略联动，及时反哺贷前，进而优化迭代贷前策略。

（2）缺乏数据的行社。对于缺乏数据的行社而言，可以厘清是缺乏数据还是缺乏银行传统偏好的数据（征信、公积金、社保、工资流水、房产信息等）。对于农村中小银行而言，尤其是县域以下的农村客群，可以积极探索和客群相关的必备但“非传统偏好”数据。例如：针对种植稻谷的农户，可以通过和农业局等单位合作，在乡村振兴的政策引导下，梳理有用的涉农数据维度。课题编写团队曾对华中某银行的农户贷产品提供深入的风控咨询服务，在遍历近200个来自农业局的数据维度后，总结发现“补贴面积”“农机补贴”“家庭人口”是可以作为重要参考并为额度制定提供支持的三类数据，通过分地区梳理数据分位情况，通过阈值切分等手段，总结出可用的额度计算方法。

农村中小银行通过政银合作或者与当地拥有此类数据的公司合作（大多有国资背景），获取数据并加以清洗和利用，就可以为没有“银行传统偏好数据”佐证的客群提供金融支持。对经济作物种植农户，还可以通过具体的经济作物特点、供销情况、农业周期等制定具体的额度策略，甚至可支持当地成立合作社、供销社、电商服务等机构，实现散点种植户的数据归集与应用。

在数字手段应用上，有条件的机构可以借此开发专门的决策工具或者模型，也可以成为客户经理或者信审人员的重要依据。此外，银行可以与村委等单位合作，拟定服务对象名单，应用整村授信等方法给出基础额度，针对有需要的用户，结合涉农数据制定提额方式，按需进行下户调查。在贷中和贷后管理上，通过抽查的方式进行管理，甚至结合CRM或其他数字工具制定客户经理“巡检计划”，以任务清单的方式推送给客户经理，客户经理按照手机指引填写字段、拍照上传等，系统自动生成尽调报告，从而实现更高效和精准的管户。

（八）做面向未来需要的科技与产品变革

1. 制定科技开发的整体性战略

（1）明确技术变革的战略方向。进行数字化变革的机构必须回答“为什么要进行数字化技术变革”？调研发现，部分机构的数字化建设目的简单，即为解决某个业务需求或仅是模仿借鉴同业经验，实则缺乏整体规划和具体路径，导致技术变革路线不清晰，低效开发等问题。例如：数字化产品重客户端轻员工端，虽然用户侧使用便捷，管户却没有对应的支持工具；产品功能点之间协同性不好，需求部门站在自身角度出发，某一个功能特别好，但是其他功能不一定好用：他山之石的功能建设不适用自身业务也是常见因素。

（2）避免单点式开发影响系统间协同。部分机构一味追求当下热点或快速上线，忽略了技术作为基础设施的根本定位和匹配未来发展的重要性，导致实际应用中暴露出一系列问题。例如：新旧系统对接难、模块间数据格式不一致、响应速度慢等。值得注意的是，随着业务要求逐步增多，单点式技术建设出现的协同性问题可能增加，阻碍强大基础设施的构筑，更不利于面向未来的功能拓展和长远发展。

（3）重视系统投产后的配套流程设计。部分农村中小银行将重心放在科技平台的快速投产上，以期通过尽快上线来带动业务的数字化变革和高速增长。但部分机构在此过程中忽略了系统建成投产后必备的配套流程与机制，造成平台或系统投产后与实际业务流程衔接融合不畅。例如：新的进件系统与此前提交资料操作流程不一致，但没有统一的规范和指引；系统bug没有反馈渠道也容易影响产品落地与应用。纵使系统本身功能强大，但实际易用度可能并不高，影响员工使用积极性，阻碍系统的迭代完善，从而导致科技平台建设与整体技术变革不协调，不仅难以实现数字平台价值最大化，更不匹配未来发展之需。

2. 通过整装协同式开发实现业务和技术的跨部门合作

课题研究团队此前发放的《银行数字化转型调研问卷》统计结果显示，36.5%的受访者认为“技术能力可满足当前数字化转型需求，且附带有限的未来规划”，为占比最多的选项；其次是“技术能力仅满足当前数字化转型需求”，占比为27%。分析发现，大部分受访银行对自身技术变革的未来扩展性不甚乐观。

（1）技术与业务要成为相互促进的有机整体。以往技术和业务相互独立，业务提出需求再由技术进行处理，二者分离运作。技术更多以业务支持者的角色出现。

在此情况下，如若技术部门本身不寻求主动进化，则容易止步不前；同时，业务也因为技术能力的限制，难以获得变化。长此以往，技术部门和业务部门形成“提需求—反馈结果—提需求—反馈结果……”的线性循环，鲜有主动突破和变革。

技术决定业务：技术体系和能力强弱直接决定业务形态、流程等。例如：5G技术的出现为高精度的远程即时服务提供了可能；VR 等技术的出现也让虚拟空间成为实体网点之后的新选择。可靠易用的虚拟银行、无感服务让银行从名词变成了动词，让金融服务打破物理限制。

业务推动技术：用户对银行业务的要求也不断提升，倒逼业务侧向技术提出更多新的需求，加速技术的提档升级。在此过程中，还可能创造新的技术。例如：在移动互联时代和疫情的推动下，为了应对流量“洪峰”，分布式技术、新的数据处理框架随之出现，不少银行也因为业务的需求开发了大量专利技术。此外，创新的技术在蓬勃应用的业务中也得以不断实践改进，变得更为成熟。

随着金融科技发展愈加蓬勃，技术和业务之间的界限正逐步模糊，二者应成为相互促进的有机整体。因此，中小银行机构在实施技术变革的过程中，要关注技术与业务的共生、同进、协同，实现技术与业务的相互促进、闭合发展，“你中有我，我中有你”（见图 22）。

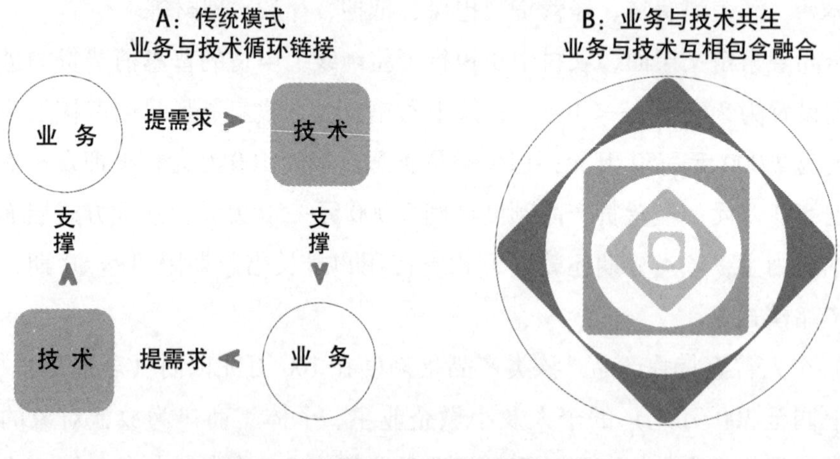

图 22　科技与业务之间的两种协同模式

资料来源：新希望金融科技绘制。

（2）用好“整装式”开发，兼顾经济性和功能性。不同于资源雄厚的头部银行，农村中小银行可能通过逐个建设的方式进行系统升级，有的从营销平台入手，有的从大数据风控起步，还有的从技术平台开始。但是，随着数字化转型逐步进入深水区，银行内部可能包含来自不同主体、不同功能特点、不同技术路线、不同版本的系统，在全行级的数字化转型过程中发生冲突，系统开发可能只适配当时发展需求，难以适应持续的业务增长和市场变化，甚至出现“打补丁”的情况，一边运行，一边修复提升，老风险得不到根本性解决，新的漏洞又不断暴露。

因此，“整装式”技术架构理念成为越来越多银行的选择。以新希望金融科技公司CROS数字普惠平台为例，涵盖获客、风险、运营、系统四大核心模块，银行只需采购一个平台即可拥有贷前、贷中、贷后和前台、中台、后台的全栈能力，避免了多主体开发带来的冲突问题。越来越多的金融机构，尤其是农村中小银行可通过这种方式弥补自身短板，在有限资源投入的情况下获得更大的综合回报，实现新技术在区域的应用落地，缩小与大行的资源差距，在科技红利时代获得技术公平。

3. 打造从爆款单品到全景营销的产品体系

在普惠产品体系中，信贷类产品占比最大，开发及管理难度最大。诸如个人贷款、信用卡、小微金融是以个人或企业名义申请的贷款产品，按照客群、用途、担保方式等区别可拆分出众多子产品，如按揭、房抵、公积金贷、烟商贷、工薪贷、车位贷、光伏贷等。农村中小银行以数字普惠信贷产品为突破口，在获客运营过程中，建立自身的数字零售品牌，既可以满足客户不同产品需求，也能打造普惠业务全产品体系，涵盖消费贷、经营贷、担保、抵押、存款、理财等。

在产品要素定义层面，农村中小银行可将纯线上申请的普惠消费贷的进件授信额度区间设置为2 000元—20万元；线下营销及线下收集资料尽调审核的业务额度区间设置为2 000元—50万元；担保类贷款最高额度100万元；抵押及按揭类产品最高额度500万元；经营贷产品额度区间2 000元—50万元：还款方式层面主要采用等额本息为主，该类分期还款的方式支持用户最长借款期限可达60期，以下列举几个产品模式。

（1）个人普惠贷款产品。该类产品指额度在100万元以内（若追加抵押担保，额度可上调至300万元）的个人及小微企业主、个体工商户为放款对象的贷款产品。该类产品依托大数据、云计算及机器学习等技术，有条件的行社可实现自动审批，行社可对外露出同一品牌，后台进行客户打标，便于业绩统计和监管报送。个人普惠贷款产品，又可进行产品细分，比如：针对城镇及县域个人设立“个e贷”产品、针对农户设立“农e贷”产品，针对个体工商户设立“商e贷”产品等。

（2）法人普惠贷款产品。该类产品指额度在100万—1 000万元，以法人为放款对象的贷款产品。该额度范围目前很难通过成熟有效的技术实现全机器自动审批，普遍需要线下材料补充、人工审查等环节。农村中小银行可以资金为支点，不局限于进件和审查，撬动村镇政府与农户，实现多方共建村级企业、产业等，将乡村产业发展和资金投放结合，促进乡村振兴。

（3）个人信用支付产品。该类产品指信用卡、数字消费卡等具备信用支付、消费分期能力的工具类产品。此类产品额度较小，模式较为成熟，主要定位于提升客户黏性和打造场景金融服务。

（4）线上房屋抵押贷款产品。该类产品指在已有普惠信贷风控优势的基础上，进一步开发出线上进件、线上评估、线上签约和公证等模块，打通办理线上抵押关键环节，实现主要以线上办理为主的房屋抵押贷款。

4. 总结与洞察

曾经的后台科技与前台业务在数字化技术浪潮和普惠业务小额高频的背景下正加速融合，农村中小银行为适应未来变革所需，可以探索建立“业务 IT 一体化”模式，将科技支撑改变为“科 + 业共创”，打破以往业务部门提需求科技部门搞开发的传统模式，探索建立科技部门和业务部门的相互融合。例如：科技部门把技术能力告诉业务团队，并联合推动新功能的探索和落地。在领先的地区，甚至可以通过低代码/无代码开发平台，将业务部门和科技部门集结在一个平台上，合作开发产品应用，让科技人员走进业务，让业务人员走近科技。

在系统架构上，随着云计算等技术的发展，SDN（软件定义网络）、无服务器架构、云原生、混合云、行业云、PaaS（平台即服务）、SaaS（软件即服务）等的应用比例增长迅速。与大行自建私有云不同，农村中小银行可借助行业云（或省联社一级建设私有云供行社使用）实现技术和业务的发展。对此，银保监会也明确发文支持金融行业云的建设。此外，为了保障基础资源的灵活运用，可以通过容器技术弥补传统虚拟化技术的不足，有利于应用的标准化交付和自动化部署，提升应用的可移植性，降低部署风险。

DevOps（研发运营一体化）的应用也可以大幅改善研发、测试、运维间的协作效率。在 DevOps 落地过程中，农村中小银行可以按照以下思路开展探索实践：一是识别流程中的主要瓶颈，从而制定合理的实施目标，解决交付过程中的关键问题；二是选择自主可控程度较高、系统架构耦合性低、交付频率较高的项目开展试点，待取得一定经验和效果后再进行推广与改进；三是根据自身实际应用经验和成本选取DevOps实施所需工具；四是尽可能地利用微服务和容器技术，实现架构解耦并降低部署复杂度；五是与同业先进机构及服务商、咨询公司开展交流合作；六是在实践过程中注重信任文化的建设，提升项目实施的持续效果。

（九）打造敏捷高效的协同组织

1. 建设敏捷团队

为有效解决部门之间的协调难题，结合业务条线战略调整需要，农村中小银行可以把敏捷化组织管理纳入管理体系建设，以高频迭代的方式快速响应业务需求。例如，把传统的研发部门分为基础开发和敏捷开发两个部门，兼顾稳定性的同时精准对接业务需求。也可以参照国际知名数字化企业的运营模式，设置敏捷教练的角色，以点带面撬动开发资源敏捷转变。此外，可基于敏捷化管理思路来构建零售/普惠业务条线专业组，与业务同址办公、相互考核，打通科技部门与普惠、大零售业务条线的壁垒，由此提升部门间的沟通效率、资源调配效率和决策效率。

调研结果显示，在参与调研的银行机构中，仍然有20%左右的银行在数字化转型过程中的组织间协同表现为各自为政，未进行组织架构与协同方式变革的尝试。同时，数字化转型组织架构调整与协同方式升级带来的颠覆式效率提升在接近80%做出尝试的被调研银行中得到体现（见图23）。

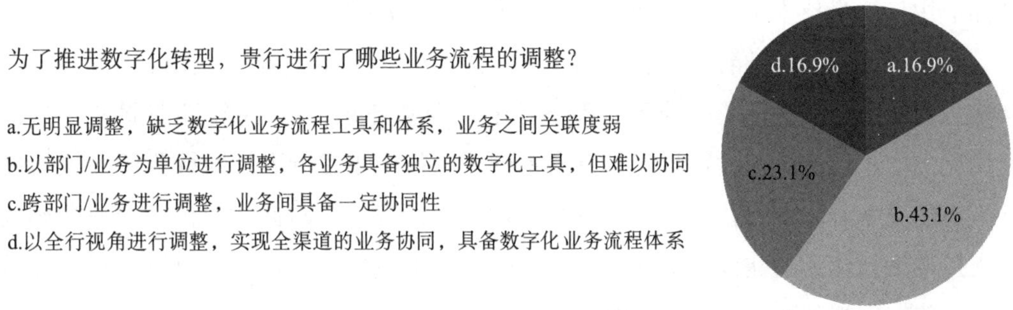

图23 被调研银行推进数字化转型中的业务流程侧调整情况

资料来源：新希望金融科技绘制。

在数字化转型启动期、过渡期及稳定期等不同阶段，均可充分利用敏捷组织的优势，通过组建灵活扁平的敏捷工作小组，弱化传统银行的科层关系，降低协作壁垒，让来自不同领域的员工，跨越组织内部边界，围绕关键项目和任务建立协作关系，实现对市场需求的快速响应能力。例如：

①构建省联社领导挂帅，业务部门牵头、科技、风险、合规等部门共同参与的数字化转型敏捷工作小组。针对普惠数字化转型项目调整现有业务管理体系，建立总行级管理制度，并严格按监管要求负责对应的业务开展、模型评审、风险管理、贷后催收、消保等工作。

②以普惠金融部等部门牵头，由网络金融部、信息科技部、信用卡部、小企业金融部、个人金融部、风险管理部、计划财务部及法律合规部等抽调组成团队，执行专人专岗的工作机制，开展转型试点与迭代优化。

③组建一支灵活扁平的数字化“战队”，或采用委员会、事业部机制，通过敏捷转型，精简组织内部流程环节，加速决策与信息反馈，从而达到快速响应客户需求、调动业务人员积极性的目的。

实现敏捷高效协同方式的第二个关键点在于提升行内数字化资源配置机制与效率，包括建立与数字化转型适配的绩效评估与反馈机制等，保障数字化转型战略在全行层面的推进与落地。结合组建内部数字化团队的建议，合理的资源分配、绩效评估与充分的授权是保障数字化团队最大化发挥价值的基础（见表1）。

表1　　几种组织结构的优缺点

组织形式	优点	缺点
科层制	权责分明，组织结构稳定	层级多，不灵活
矩阵式	根据项目组成团队，组织相对灵活	人员管理受约束
自组织形式	层级少，自主性强	组织构成条件较高
模块化形式	组织敏捷、动态、灵活	实施有一定难度
平台化形式	最大化整合资源，层级少	监管有一定难度

资料来源：王松奇提供。

在项目管控方面可以采用“PIO + PMO”模式。建立规划实施办公室（PIO）从战略层面对数字化过程进行综合管理和协调，确保规划的最终落实。同时，采用项目群（PMO）管理方式，从需求管理、架构管理及项目管理3个层面协调业务和开发团队之间的沟通和协作，沉淀架构资产，从而高质量地推进整体项目群按照既定的目标前行。

值得一提的是，为了推进统一化的敏捷开发和组织间协同，数据统一性尤为重要，包括接口一致性和数据格式标准化等，在此过程中，数据中台建设是一种可靠的方式，以实现“一切业务数据化，一切数据业务化”的目标（见表2）。

表2　　部分商业银行数字化架构特点

银行	组织结构关键词
工商银行	构建“一部、三中心、一公司、一研究院”
农业银行	互联网化、数据化、智能化、开放化
建设银行	建生态、搭场景、扩用户
江苏银行	智慧化、特色化、国际化、综合化
南京银行	业务数据化、数据场景化、场景智能化
中原银行	组织敏捷、数字化能力建设、商业模式创新
长沙银行	云数据中心、中台、生态化
广州银行	科技赋能金融
郑州银行	移动化、数据化、智能化
齐鲁银行	业务线上化、服务场景化、决策智能化、系统平台化、科技敏捷化

资料来源：王松奇提供。

2. 用好“数字工具”实现标准化营销，打造全员销冠

（1）借助“待办标签”实现营销动作标准化。通过数字化营销工具，配置“待办标签”，指导客户经理把非标营销动作变成标准营销动作，将销售冠军（销冠）的展业方法和优良习惯沉淀成标准化能力，由系统生成每人每日的营销任务，指导客户经理精准开展业务，主要体现在以下几个方面：

①筛选目标用户：通过标签体系，筛选出当前需要营销的目标用户（生日用户、流失预警用户、着急用信客户等），找到当日需要营销的用户，设置“今日待营销”标签。

②了解客户需求偏好：挖掘用户有什么需求，给出营销侧重点（利率、额度、还款方式等）。

③提供营销抓手：在完成第一步和第二步的精准定位之后，提供契合的产品营销抓手，比如该用户账户内有优惠券、有相应的促销活动等，提供给客户经理作为展业营销的“武器”之一。

④筛选营销方式：根据目标用户的偏好，对客户经理给出营销方式的建议（面谈、电话、短信、微信……）。客户经理要有“人设打造”的意识，通过数字化营销工具的应用，行员不再是传统的营销人员，而要成为客户的朋友：

懂金融的朋友：通过“种草式”营销，树立安全、专业、可靠的金融从业者形象。

贴心的朋友：通过节日、生日祝福等，增加轻量化触点，让客户有贴心感。

懂客户的朋友：根据不同时间点、不同物料，用不同方式把用户感兴趣的内容呈现给他们。例如：客户今天生日且正好有资金需求，可将二者结合应用。预测周期性借款客户即将用信，提前发出提示并推送营销活动等。

值得信赖的朋友：在客户遇到困难时的特殊节点，及时主动沟通，协助解决资金紧张、额度利率调整等问题。

上述几类“人设打造”不仅是线上化工具可以形成的效果，也可供县域以下农村中小银行作为参考，帮助建立更贴近用户的客户经理形象，拉近距离、增强用户信任度和产品宣传推广效果。

（2）做好对内私域运营，打造客户经理的专属小助手。对内私域运营主要以行员为对象，为每个客户经理提供私有的营销小助手，实现全行员工营销动力、营销能力的提升。“营销小助手”却并不是按照客户经理数量 1∶1 配置，而是汇集多名懂数字普惠信贷产品的中台运营人员，化身为“营销小助手”，针对客户经理进行疑问解答、展业支持和运营辅助等，也可以在外部私域运营群中扮演小助理角色，辅助问题解答。

①社群知识运营。例如：

对外社群——答疑与通知：作为客户经理在群内的专属营销助手，解答客户对产品、活动等营销过程中的疑惑；给客户“随手可达”的贴心咨询服务，提升营销效率，同时可以在群里及时传达业务更新通知，如节假日期间停服通知、产品升级更新通知等。

对内社群——学习与成长：小助手每天在群内分享业务知识，营销小知识、产品信息，活动信息等，形成“每日一学”；同时定期开设产品课、营销课等，通过一系列的学习培训，提升客户经理的营销技巧，促进成长。

②内部社群激励管理。例如：

日常激励：小助手在群内发布榜单、早安问候、营销进度提醒等，从而引导和激励客户经理。

定向激励：在群内鼓励客户经理分享自己的营销技巧、客户经理晒单，并给予完成任务的员工专属营销奖励。例如，1 个月晒单 20 天，就可以获得瓜分微信立减金的机会，每日在群内晒单前 6 名可以获得 1 次 8 折优惠券发放权限等。

通过数字化的营销小助手，当客户经理有了足够的营销动力，也基本掌握了营销技巧，再结合数字化营销工具，最终实现“四会”的赋能目标：

会推广：通过内容工厂，实现人人都会通过朋友圈等推广产品。

会营销：通过任务清单推送，实现人人都能找到关键客户。

会转化：通过营销话术百宝箱，知道不同场景下的不同话术，学会合理运用不同的营销抓手。

会运营：通过个人主页、答疑百宝箱、用户动态通知等工具，实现人人都会沉淀和运营客户。

四、农村中小银行数字普惠信贷业务落地案例

（一）以大数据为依托开展数字普惠信贷

本节所载案例均为通过与课题牵头单位新希望金融科技合作，以天翔（CROS）数字普惠平台为银行自身的数字普惠业务发展载体，实现良好的社会效益和经济价值的案例，所载案例方案的主要共性特点包括；

· 涵盖普惠信贷业务全流程、全要素

案例单位建设的平台囊括了数字普惠信贷业务全流程、全要素，包含IT系统、风控、数据、资产、运营等各类供应商所能提供的科技架构、风控策略与模型、反欺诈技术、数据源、平台接入、业务运营等全部服务内容，涵盖普惠信贷业务贷前、贷中、贷后全流程，包含普惠信贷风险运营所需的全套数据源、策略集、模型组及其高频迭代等全要素，是具备先进的数字普惠信贷整装生产力的综合解决方案。

· 全在线、全实时、全客群、全门类

案例单位所构建的智慧信贷系统实现了全在线流程、全实时风控、全客群开放、全门类产品的“四个全”普惠信贷作业能力：

全在线：对客户进行全在线的风险评估，从进件到放款全业务流程在线完成。

全实时：在客户申请贷款时，实时调用各类合规内外部数据源，结合实时采集的设备信息和行为数据，利用数千个变量、上万条策略、数十套模型组成的风控体系进行反欺诈评估和信用风险评估，实时完成是否核准、额度利率定价的计算，实现自动化全实时风控审批。

全客群：智慧信贷系统具有基于市场数据面向每一个陌生客户进行风险识别的"全客群"作业能力，不再依赖电商、代发等"母体"生态中的"特定客群"授信，而是面向全客群作业，并可以针对下沉客群等制定差异化方案。

全门类支持个人信用消费贷、个人信用经营贷、数字化房抵贷、供应链金融、汽车金融、数字消费卡、数字化存款等全门类产品，银行可实现数字化转型内容的逐步深化与扩展。

·快速、低成本实现产品上线

案例单位通过与合作机构的轻量化对接部署模式，银行无须在机房环境、硬件采购、网络架设、软件开发、系统运维等方面投入大量资源和成本，仅1个月左右，业务即上线投产。

1. 陕西省农村信用社联合社

陕西省最大的农村中小银行——陕西省农村信用社联合社，2020年10月其纯线上数字普惠信贷产品"市民e贷"上线后，截至2022年5月，在贷余额已经突破100亿元，不良率仅0.1%，达到业务持续增长、风险稳定可控的目标。

"市民e贷"产品通过引入外部社保、多头、运营商、政务大数据等，填平了在城乡客群中存在的"数据鸿沟"，有效解决了农村客户想贷不能贷、银行想放不敢放等难题。目前"市民e贷"已累计服务客户近130万人，其中县域乡村级客户数量占比近一半。数字信贷产品的推广进一步促进了陕西省内农村金融市场发展，为农村经济及农业发展提供了有效保障，为陕西省政府全面推进乡村振兴提供了金融服务基础。

在2021年西安疫情期间，针对当地的客群，陕西农信通过数字信贷平台3天搭建好"抗疫快贷"产品，采用无接触方式完成客户营销，客户纯线上即可完成无抵押贷款申请，把国家纾困政策有效落到实处，解决了疫情期间客户资金周转问题，助力企业快速复工复产。

2. 甘肃省农村信用社联合社

甘肃农信于2022年1月正式上线了纯线上个人信用贷款产品"兴陇e贷"，并面向全省进行营销投放。在甘肃省内，如果放在10年前，哪怕是5年前，办理个人信贷产品，大到住房按揭，小到个人信用卡，去网点、填表格、交材料、等审核都是司空见惯。随着数字技术的应用，线上化申请、无纸化进件、系统实时审批所带来的便捷，快速的客户体验极大提升了金融产品的市场竞争力和覆盖度。

"兴陇e贷"作为一款线上信贷产品，无须担保或抵押，扫描客户经理二维码或通过微信公众号即可申请，同时在流程上为保证申请安全性，对客户的真实性等进行了多重判断与保证（如身份证核验、活体检测、后台大数据匹配等），为客户提供随借随还、秒申秒贷等便捷体验。在年初上线后，经历疫情反复，1月下旬启动投放60余日内实现了10亿元的投放规模，截至8月末，产品注册用户近百万，授信用户25万户，贷款投放近50亿元，同时后续上线的个人经营贷产品将进一步快速满足"两增两控"政策要求，解决小微企业"融资难、融资贵"等问题。

"全在线作业、全客群开放、全实时审批"，让大众百姓享受来自云端的金融服务，是甘肃农信立足自身定位，真抓实干深耕市场、服务民生做出的具体措施，有效促进了授信批量化、业务零售化的转型目标实现，跑出普惠金融"加速度"。

3. 上海农商银行

上海农商银行首款数字普惠信贷产品"鑫e贷"已服务客户近千万人。"鑫e贷"产品的成功推广是上海农商银行在数字化转型过程中的重要里程碑，开启了未来零售银行新的服务目标：让上海农商银行不再是一个场所，而是随处可得的金融服务。"鑫e贷"采用自动化审批，快速便捷，无须抵押担保，"7×24小时"全天候服务，具有7大特点：

（1）额度高：最高20万元额度，日常消费、购车、旅游、装修可满足；

（2）申请免费：全程不收取任何手续费；

（3）免担保：纯信用贷款，无须任何抵押或第三方担保；

（4）灵活用：循环额度，借款立即到账，无须前往网点，方便快捷，随借随还；

（5）全线上：不需要提供纸质材料，客户只需通过微信中的"上海农商银行鑫e贷"小程序进行申请与实名认证，审批通过即可提现；

（6）高效率：便捷扫码、快速进件、极速审批；

（7）支持银行广：支持包括工农中建交在内的多家银行借记卡提现。

截至2022年6月30日，"鑫e贷"授信用户超900万人，在贷余额350.4亿元，放款规模 1 289 亿元，平均利率 8. 34%，不良率仅 0. 36%。

2022 年疫情期间，上海农商银行为一线抗疫人员推出普惠信用消费贷款“鑫 e 贷——抗疫专案三部曲”，对符合条件的医护工作者，党员志愿者、街镇社区工作者、村居干部、社工，在各社区、小区报到的志愿者，“鑫 e 贷”所有授信客户，三类群体提供不同产品要素的产品，尽可能为市民提供抗疫金融支撑。该专案于 4 月 18 日上线，受到客户的欢迎，上线 5 天共放款 1. 5 亿元。

此外，上海农商银行还出台《鑫 e 贷经营贷保供纾困专项工作方案》，全力满足疫情防控企业和农产品供给等居民生活必需品供应主体的信贷需求，对接保供企业实施精准滴灌工作。对于疫情之下企业生产负荷较高、生产采购环节资金需求量上升、账期短时间内错配等情况，提供全线上、零接触、点到点的实时金融服务，尽量满足企业资金需求，平稳度过疫情影响期。

4. 沈阳农商银行

基于移动互联网架构，依托云计算数据处理能力，沈阳农商银行打造了批量化、自动化、智能化进行普惠信贷业务处理的数字金融平台。平台项目深度聚焦数字化信贷系统及产品的全流程改造、智能化升级和模块化拆分，以先进的金融科技手段，实现了沈阳农商银行服务模式、营销模式、风控模式和运营模式的根本性再造。

“U 悠贷”产品是平台推出的第一款纯线上信用消费贷款产品。该款产品凭借全新的数字化流程、智能化风控、友好的操作交互、快捷的贷款方式等优势，为更多的沈城客户带来了最便利的信贷产品体验。自 2021 年 3 月上线仅 3 天，“U 悠贷”产品贷款投放总额便成功突破 1 亿元。截至 2022 年 9 月，“U 悠贷”产品授信总额已突破 60 亿元，累计放款超 39 亿元，累计注册用户超 11 万人。

继“U 悠贷”之后，沈阳农商银行于 2021 年 5 月重磅推出了第二款数字化业务产品——“U 房经营/消费贷”。该产品充分运用了互联网技术和移动通信技术，创新采用线上与线下相结合的业务模式，具有对客便捷、时效性强、风控科学、展业性广等产品优势，客户申请该款产品只需最多至网点一次，最快可实现 3 小时放款，真正刷新了房抵业务的办理时效。后续逐步实现了覆盖多产品、多场景、全客群及全业务生命周期的智能风险管理体系及敏捷迭代机制；整合出产品超市货架，形成高可用的“线上 + 线下”获客工具；构建了一套完整的实时营销激励体系，培育出自主、高效的营销队伍；搭建了一个智能运营平台，建立了一套包含用户生命周期管理、营销统计分析、数据宏观微观分析及产品迭代设计等流程在内的高效运营工作机制，保障了数字化业务快捷化、规模化、精细化的运营要求。

5. 桂林国民村镇银行

村镇银行的业务“痛点”明显，规模小，产品创新能力弱，村镇银行在农村市场作为之路道阻且长。人力资源有限、单体运营成本高、偏重线下调查模式，行内客户经理人均管户压力大且户均金额小，新增乏力；客户经理长时间处于劳动密集型工作状态，存量花费时间成本高，每笔创收效益少。

在用户侧，客户小、散、交通不便、经营不成规模、抗风险能力弱。农户经营基本不具规模，资金需求量小，各村落之间距离较远，乡村交通不方便，各村落经营产业、项目有所不同。

通过与整体解决方案提供商合作，桂林国民村镇银行打造了数字普惠信贷产品“快易贷”，拥有涵盖数字化展业工具集、可配置可追溯的自主风险管控平台、数据驱动的精细化用户运营体系、高可用高扩展系统集群的综合解决方案。在用户侧实现了数字化的信贷体验，用户只需要一秒钟扫码、一分钟手机填写资料，系统就会一分钟自动实时审批出额度、用户可以立即绑卡提现并且一生循环用信（见图24）。

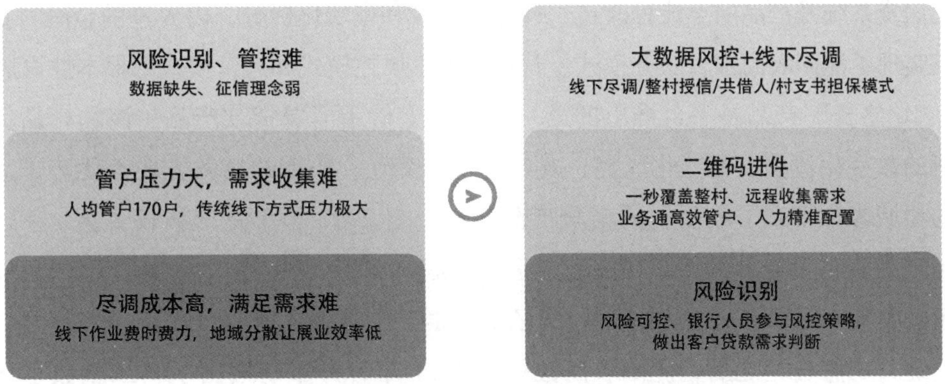

图24　桂林国民村镇银行数字普惠产品应用前后对比

当前，行内的信贷产品包括了消费贷及经营贷，整体客群较为下沉，80%以上为农村客群，主要产业为养殖、种植、加工等。在数字化普惠工具和产品的基础上，全行创新在乡村的运营模式，30余家支行分管行长及客户经理开展业务。考虑到村民经常外出务农、赶集等，客户经理往往需通过村委领导或者当地比较有威望的人提前召集村民，进行集中式展业。当地支行分管行长及客户经理大多同当地村民关系非常融洽。

结合此特点，数字化赋能的特色整村授信专案应运而生一首先通过村落评级，制定保底额度，实现批量化进件，快速圈入客户；其次优质客户可随时进行额度调整，进一步满足客户需求。“数字化整村授信专案”在3家试点支行上线的60天，完成近900万元的授信金额，核准率超过60%，新增余额近200万元。截至2022年8月，行内纯数字普惠信贷投放11.61亿元，注册用户超6万人。

（二）缺乏大数据能力，以线下资源为主开展普惠服务的参考模式

通过走访调研、案例收集、文献查阅等多种形式，整理几种已在行业应用且产生实际效用的方式：

1.“党建+治理+金融”三位一体

评议小组模式：农村中小银行积极融入党建引领的基层治理新格局，由支行干部与村委干部、村移风易俗办等部门组建信用等级评议小组，结合农户人品、奖罚、移风易俗等情况进行评级赋分，再基于生产经营、民风文明等评议结果给出农户信用等级和村级信用等级。在评议过程、结果彰显和运用中可以借助数字化工具实现在线入口、实时公示，在评价过程之外还能起到数字化理念渗透教育的作用。结果应用方面，可以在线上端打通积分兑换生活用品、优惠利率、金融服务管家召唤等；有条件的地方还可借助电子门牌，实现农户信息动态展示和其他信息的综合应用。通过将金融服务融入乡村治理，破解农村金融服务的痛点与难点，实现助推乡村振兴的目标。

“金融村干部”模式：农村中小银行与当地组织部合作，开展党建引领的双轮驱动，可派出支行行长/副行长以“金融副书记”等名义参与村委工作，在组织部登记备案。银行可以参与日常走访、会议讨论、决策部署等，深入了解乡村工作最新需求、成果，用金融视角助力村级党建工作开展，及时对接各类需求，实现党建、金融双轮驱动，提高站位，从更高视角更深维度助力乡村振兴发展。尤其面对农户群体常见的传统方案无法解决，但实际有资金需求的情形，金融副书记可快速协调金融服务专案，串联农、银、政三方，协调支行、总行联动政府部门、三方机构，推进项目融资方案落地，帮助当地信用基础建设和金融环境治理，促进普惠服务和数字技术的结合，助力乡村振兴。

2.“银行+政府+担保”解决农户普惠贷款难题

模式上，由财政部门设立专项风险补偿资金，指导当地融资担保机构推出免担保、免抵押、纯信用、利率优惠的惠农信贷产品，银行购买政府性融资担保机构分

险服务，财政专设风险补偿资金用于该项业务的风险补偿，尤其可以破解小微、新型农业经营主体的融资难题，助力农户就业创业和乡村振兴发展。

数字技术应用上，可以由银行与担保机构合作，打通线上办理渠道，甚至政府层面共建三方合作的普惠平台，支持用户线上办理担保贷款，实现线上担保备案、自助提款等能力，助力产业发展；或者通过前置白名单和线上渠道结合，提高办结效率，比如“产业调查＋白名单＋线上绿色通道”等，实现农担业务发展。

3. 设立/用好“金融服务站”，网格化带动片区数字普惠发展

农村中小银行可以设立/用好线下金融服务小站（金融e站、金融服务站、金融惠农之家等）。将专题服务（扶贫咨询、生活缴费、数据查询、医疗咨询、消费服务等）纳入功能规划，自建或引入其他机构共建。依托“金融服务站”为农户、贫困户、创业户、新市民、学生等某一群体或各类群体，提供信息采集、政务数据查询、扶贫政策宣传、信贷对接、供销对接等各类服务。该金融服务站可以设在村委，更可与超市、供销社、农机站等机构合作实现场景化布设，实现“金融＋非金融服务”的融合，以金融为媒，覆盖各类群体提供普惠支持。

借助金融服务站以“网格”为单位，圈定域内农户，有条件的机构还可进一步打通各网格，实现村、镇、县、市等多级信息的收集与联动。联合养殖户、种植户、贫困户、产业户、农户等通过“合伙、合作、合营”等丰富的形式共建共享乡村经济，实现形式可参考“户贷户用自我发展、户贷户用合伙发展、户贷社管合作发展、户贷社管合营发展”等多种模式。

4. 金融＋产业＋服务，以综合服务反哺资金服务与风险管控

农户生产涉及前、中、后多阶段，过程中各种因素互相影响，只有资金支持不一定解决农业生产问题。农村中小银行通过为农村中低收入家庭提供综合服务：金融之外配套生产资料、技术服务、销售对接、保险服务等，通过综合服务，真正满足小农户的多元需求，在资金助力的同时体现金融的链接功能助力乡村振兴。其中，通过与保险公司合作，提供免费小额意外险不仅可以帮助农户抵抗风险还能降低银行的贷款风险，还可以加入医疗险等各类保障服务。

此外，农村中小银行通过农资供应商集中筛选，为农户提供高质供应源并利用“团购”等模式降低农产成本，同时打通电商、销售、物流等环节，提供培训服务、资讯服务、销路对接甚至托管服务。将金融支持融入各个环节，助力农业生产和乡村振兴，搭建起覆盖信贷、原材料、供应链、保险、销路等多方面的综合服务体系。

五、结语：农村数字普惠正当其时

在当前的时代背景下，让数据成为“新农资”，让手机等终端成为“新农具”已是大势所趋，普惠等金融服务也由此得以有效延伸。农村中小银行尤其是农信体系下的机构具备地缘、人缘等先天优势，很多区域性农资农产相关资金、政策均由农信社下发传达，在涉农情感联结、数据潜力、覆盖广度、政策支持等层面拥有其他机构难以企及的优势，有数字化能力的地区如果用好这类资源可以快速实现转型发展助力乡村振兴。

对于转型发展初期的传统农村中小银行而言，通过借鉴成功的同业经验，引入金融科技力量，快速打造具有特色的数字普惠金融产品、借力构建起自身的数字金融能力矩阵，既符合当下资产结构转型与业务发展诉求，又可为农村中小银行中长期经营能力提升奠定基础。

总的来看，在乡村振兴大背景下，政策、监管、市场已经打开机遇之门，虽然挑战同时存在，但是农村中小银行明确自身差异化的服务定位和独到优势，通过适合切入的优势业务场景，进一步通过数字化手段放大本地特色优势并将其转化为发展胜势，发展农村数字普惠正当其时。

附录 2019年9月以来出台的相关政策文件

2019年9月以来出台的相关政策文件

时间	来源	文件标题	核心内容
2019-9	人民银行	《金融科技（FinTech）发展规划（2019—2021年）》	顶层设计与规划
2019-12	银保监会	《关于推进村镇银行坚守定位提升服务乡村振兴战略能力的通知》	要求农商银行准确把握自身在银行体系的差异地位
2020-4	银保监会	《关于做好2020年银行业保险业服务“三农”领域重点工作的通知》	优化“三农”金融产品和服务模式、推进金融扶贫工作、推进基础金融服务基本全覆盖、推进农村普惠金融改革试验区建设和加强农村金融风险防控等
2020-5	人民银行	《关于进一步强化中小微企业金融服务的指导意见》	推动金融支持政策更好适应市场主体的需要，进一步疏通内外部传导机制，促进中小微企业融资实现“增量、降价、提质、扩面”，支持实体经济高质量发展
2020-6	银保监会	《商业银行小微企业金融服务监管评价办法》	督促和激励商业银行提升服务小微企业的质
2020-7	银保监会	《商业银行互联网贷款管理暂行办法》	制定互联网贷款管理细则及操作规程
2020-12	财政部	《商业银行绩效评价办法》	突出服务国家宏观战略、服务实体经济、服务微观经济等综合经济效益，引导银行响应国家宏观政策
2021-1	人民银行、银保监会	《关于规范商业银行通过互联网开展个人存款业务有关事项的通知》	规范业务经营、强化风险管理、加强消费者保护、严格监督管理等
2021-2	银保监会	《关于进一步规范商业银行互联网贷款业务的通知》	明确了对互联网贷款业务的相关要求
2021-4	银保监会	《关于2021年进一步推动小微企业金融服务高质量发展的通知》	推动小微企业金融供给总量有效增长，质量、效率、效益明显提升

续表

时间	来源	文件标题	核心内容
2021－4	银保监会	《关于2021年银行业保险业高质量服务乡村振兴的通知》	引导银行机构加大信贷供给，切实满足脱贫人口的信贷需求
2022－1	人民银行	《金融科技发展规划（2022—2025年）》	深入实施新阶段金融科技发展规划高质量推进数字化转型
2022－3	人民银行	《关于做好2022年金融支持全面推进乡村振兴重点工作的意见》	指导金融系统优化资源配置，精准发力、靠前发力，切实加大"三农"领域金融支持，接续全面推进乡村振兴，为稳定宏观经济大盘提供有力支撑
2022－5	人民银行	《关于推动建立金融服务小微企业敢贷愿贷能贷会贷长效机制的通知》	着力提升金融机构服务小微企业的意愿、能力和可持续性，助力稳市场主体、稳就业创业、稳经济增长
2022－7	银保监会	《中国银保监会关于加强商业银行互联网贷款业务管理提升金融服务质效的通知》	强化商业银行贷款管理和自主风控；延长过渡期

资料来源：银保监会、中国人民银行、财政部。

参考文献

[1] 赵焕芳. 商业银行信贷业务数字化转型中的风控实践与思考［J］. 农银学刊，2021.

[2] 宋丹丹，高婕. .探究商业银行金融数字化战略的转型发展［J］. 全国流通经济，2021.

[3] 中国互联网络信息中心（CNNIC）. 第50次《中国互联网络发展状况统计报告》.

[4] 王彦博，周学春，王茜. FinTech时代商业银行零售客户标签体系建设与数字化营销应用［J］. 银行家，2018.

[5] 崔亮. 中小银行零售业务大数据风控模式的主要特征及未来发展建议

[J]．区域金融研究，2020.

[6] 李超，李德良．中小银行零售金融风控破局之道 [J]．金融科技时代，2022.

[7] 般浩伦，宋泽昊．大数据风控在银行零售信贷领域的应用研究 [J]．辽宁经济，2022.

[8] 郭海文．顺德农商银行科技推动金融业数字化转型实践 [J]．金融科技时代，2022.

[9] 麦肯锡．《中国金融业CEO季刊》（2021年秋季刊）

[10] 张庆君，杜珂．数字化背景下银行组织结构优化：内在所需还是转型压力 [J]．河北金融，2022.

[11] 中国人民银行成都分行营业管理部课题组．政务数据在金融领域的共享应用 [J]．中国金融，2020（9）：63－64.

[12] 陈亮，刘银行．商业银行全方位推进数字化转型的实践与思考 [J]．农银学刊，2022（4）：65－69. DOI：10. 16678/j. cnki. 42－1864/f. 2022. 04. 015.

报告五

乡村振兴背景下的农村中小银行绩效管理研究

课题牵头单位

广州天维信息技术股份有限公司

主要观点

1. 服务乡村振兴战略是农村中小银行的主责主业，也是推进高质量发展的必然要求。

2. 绩效考核的实施既是有效传导政策导向要求的必备手段，也是促进农村中小银行服务乡村振兴战略与银行经营管理发展融合、精细化管理持续推进高质量发展的“总抓手”。

3. 两级法人管理模式下，农村中小银行构建的是省联社对省联社机关部门、业务条线、法人行社、法人行社高管考核，法人行社自行实施内部考核，软件系统支持考核落地的五类考核为主导、一个平台为支撑的绩效管理体系。

4. 农村中小银行服务乡村振兴战略绩效管理的实施，能充分发挥“传感器”“评价器”“指挥棒”“发动机”的作用。考核设计上强化政策引导，逐层贯穿落实高质量发展要求。81.97%的调研受访者认为绩效管理的实施对服务乡村振兴具有积极作用，95.3%认为其能准确衡量和评估价值，超过90%的受访者通过优化制度机制建设，发挥指挥棒作用；优化管理运营举措，强化激励性。

5. 农村中小银行服务乡村振兴战略实施的差异化，决定了绩效管理的实施必须体现差异化。这种差异体现在三个方面，一是考核模式、考核目标、考核内容、考核工具、考核方法、结果运用、系统建设、所处阶段的差异化；二是不同省联社对法人行社的分层分类的标准制定及考核指导、管理、服务、协调模式及内容差异；三是不同法人行社结合自身情况组织运营、考核制度差异化。

6. 绩效管理专业人才、匹配乡村振兴业务的绩效考核系统是法人行社绩效管理实施中最迫切的诉求。超过90%的受访者对服务乡村振兴的人才，特别是绩效管理人才及支撑乡村振兴金融业务的绩效考核系统需求最为迫切。

7. 绩效管理实施对服务乡村振兴战略“总抓手”作用的持续发挥面临新要求和新挑战。农村中小银行服务乡村振兴战略规划系统性、发展差异性、精准服务性、效果融合性、数字化的特点，要求绩效管理满足激励长效性、考核适配性、敏捷精准性、联动性、数字化要求。

8. 对标商业银行绩效管理成功经验，战略性绩效管理是农村中小银行服务乡村振兴战略下绩效管理实施的最佳模式。战略绩效管理以战略为引领，以绩效管理为核心推进乡村振兴战略与银行经营管理有机性融合、系统化部署、协同化发展、长效化运营、持续化改进，实现同频共振、价值共创，充分发挥服务乡村振兴价值，实现农村中小银行的可持续、高质量发展。

9. 绩效管理是一项系统性工程，农村中小银行服务乡村振兴战略背景下的战略性绩效管理体系打造、实施也需要系统化布局。“五结合”导入考核方案设计、“四体系”建设绩效管理运营体系、目标为导向推动体系化协同三项工作推进，建设绩效管理基础体系，夯实根基，补齐短板。战略绩效管理体系流程构建，聚焦目标促进持续优化。客户分类、分群为基础，清晰客户业绩关系分配规则，构建差异化客户考核体系，以精准客户服务为抓手促进客户、员工、银行价值联动和循环转化。灵活组合考核配置，加速乡村振兴业务与银行整体经营管理融合。实施全过程绩效管理，建设开放、协同的平台型组织，打造高绩效工作平台绩效系统，以高绩效工作平台为引领，协同实施促效果。

10. 服务乡村振兴战略的实施需常抓不懈，绩效管理的持续优化常说常新，省联社之间沟通交流机制平台的有效运营能够有效助力。“中国农金30人论坛”持续强化组织实施专题研讨、课题研究、经验交流等，可以有效助力农村中小银行乡村振兴战略的实施，绩效管理从计划、考评、实施、反馈及改进全过程循环优化，确保绩效管理水平的持续提升。

一、引言

党的二十大报告指出，高质量发展是全面建设社会主义现代化国家的首要任务。加快构建新发展格局，着力推动高质量发展，需全面推进乡村振兴。坚持农业农村优先发展，坚持城乡融合发展，畅通城乡要素流动。加快建设农业强国，扎实推动乡村产业、人才、文化、生态、组织振兴。要完善农业支持保护制度，健全农村金融服务体系。在乡村振兴背景下，围绕产业兴旺、生态宜居、乡风文明、治理有效、生活富裕的总要求，农村中小银行应思考如何从顶层设计着手，制定服务乡村振兴战略规划，并借助绩效管理的有效实施，坚定市场定位、引导业务发展、聚焦乡村振兴目标达成、及时进行有效激励、持续推进战略实施及改进、优化资源配置、服务农村经济社会发展，以保障乡村振兴战略的落地执行。绩效管理作为精细化管理的"总抓手"，以支撑乡村振兴战略实施为支点，协同整体绩效管理体系的实施，发挥杠杆作用，带动农村中小银行整体"三化"水平的提升，持续提升农村中小银行高质量发展水平和可持续发展能力，是目前农村中小银行服务乡村振兴战略实施及其绩效管理面临的重大课题。

本报告以农村中小银行为研究对象，具体指我国的农村商业银行、农村信用合作社、农村合作银行、村镇银行。研究发现，在监管引导、省联社的大力推动和带领下，农村中小银行多措并举服务乡村振兴战略，并将强化考核引导作为整体战略实施的"总抓手"。省联社层面通过考核向下传导服务乡村振兴理念、评估法人行社目标达成情况。法人行社通过考核在内部传导经营理念的同时，将乡村振兴业务融入日常经营及管理，促进业务联动和实现可持续发展。基于乡村振兴长期性、系统性、战略性、发展差异性、数字化等特点，其绩效管理面临激励长效性、考核体系适配性、敏捷精准性、考核联动性、数字化等困境及挑战，结合商业银行绩效管理的成功实践经验，农村中小银行强化巩固绩效管理体系基础建设的同时，实施战略性绩效管理是有效的应对之策。

本课题由《中国农村金融》杂志社发起，按照"中国农金 30 人论坛"的课题部署，以问题导向和目标导向相结合的原则，在天维信息多年深耕绩效管理领域的基础上，通过文献研究、访谈调研、问卷调查、案例研究、行业对标并运用定量与定性相结合的方法，深入探讨农村中小银行在乡村振兴背景下的考评政策，绩效管理实施现状与困境，借鉴行业绩效管理先进实践经验，提出持续优化乡村振兴背景下绩效管理的优化策略建议，助力农村中小银行精细化管理、高质量发展持续推进，助力服务乡村振兴战略落地实施。

为圆满完成此次研究任务，天维信息组建了一支跨部门研究团队，包括选拔资深研究员与高级咨询师参与调研。研究专家主要负责对乡村振兴相关政策、银行业服务乡村振兴战略实施、绩效管理发展动态、调研信息等进行分析；咨询业务专家结合行业绩效管理实践，在2021年《农村中小银行绩效考核管理模式研究》课题结论的基础上，总结农村中小银行服务乡村振兴战略背景下绩效管理实施现状及面临的困难挑战，综合进行原因分析，提出策略建议，并精选典型案例展示，以保障课题研究过程、结论的可靠性、全面性、专业性及可行性。同时，课题研究得到《中国农村金融》杂志社和“中国农金30人论坛”的精心组织和调研支持，四川、浙江、江西、河南、湖北、安徽、吉林、广西、新疆、云南、江苏、陕西、广东等13家省（自治区）[①] 社及其所辖部分法人行社（共336家）[②] 以不同形式参与课题调研，累计访谈80余人次，收集一手材料140多份，有效问卷1.28万份。

希望通过本课题的调研及问题诊断、优秀实践案例的总结分享、针对性策略建议的提出，能为农村中小银行借助绩效管理的实施服务乡村振兴战略的落地提供有价值的参考和借鉴，助力农村中小银行高质量发展，助力国家新发展格局构建。

二、农村中小银行服务乡村振兴战略促进高质量发展

党的二十大报告指出，高质量发展是全面建设社会主义现代化国家的首要任

① 四川、浙江、江西、广西四省（自治区）联社为现场调研，河南、广东省联社提供多家法人行社材料，江苏、江西、广西、湖北、湖南、河南、陕西、云南等省（自治区）联社参与问卷调研，其余省联社参与课题评审。

② 336家行社构成为：10家参与调研，25家材料提供，301家参与问卷调研。

务。加快构建新发展格局，着力推动高质量发展，需全面推进乡村振兴。乡村振兴战略是国家战略，是新时代“三农”工作总抓手，关系到农业农村现代化的实现，关系到社会主义现代化的全面实现，关系到第二个百年奋斗目标的实现。服务乡村振兴战略是金融系统开展农村金融服务工作的根本遵循，农村中小银行作为农村金融服务的主力军，要坚守“主业主责”，多措并举，并通过考核激励的实施，用好绩效管理这个“总抓手”，引导和激励服务乡村振兴战略的落地和实施，促进高质量发展。

（一）乡村振兴战略是国家战略

2022 年 10 月 16 日，党的二十大报告明确指出要全面推进乡村振兴，坚持农业农村优先发展，坚持城乡融合发展，畅通城乡要素流动，加快建设农业强国，扎实推动乡村产业、人才、文化、生态、组织振兴。《国家乡村振兴战略规划（2018—2022 年）》明确指出，实施乡村振兴战略要坚持党管农村工作，坚持农业农村优先发展，坚持农民主体地位，坚持乡村全面振兴，坚持城乡融合发展，坚持人与自然和谐共生，坚持改革创新、激发活力和坚持因地制宜、循序渐进的原则，积极落实“产业兴旺、生态宜居、乡风文明、治理有效、生活富裕”的总要求，做好五个振兴（产业振兴、人才振兴、文化振兴、生态振兴和组织振兴），为乡村振兴战略第二、三步的顺利实现奠定坚实基础。

乡村是具有自然、社会、经济特征的地域综合体，兼具生产、生活、生态、文化等多重功能，与城镇互促互进、共生共存，共同构成人类活动的主要空间。乡村兴则国家兴，乡村衰则国家衰。我国人民日益增长的美好生活需要和不平衡不充分的发展之间的矛盾在乡村最为突出，我国仍处于并将长期处于社会主义初级阶段，它的特征很大程度上表现在乡村。全面建成小康社会和全面建设社会主义现代化强国，最艰巨最繁重的任务在农村，最广泛最深厚的基础在农村，最大的潜力和后劲也在农村。实施乡村振兴战略，是解决新时代我国社会主要矛盾、实现“两个一百年”奋斗目标和中华民族伟大复兴中国梦的必然要求，具有重大现实意义和深远历史意义。实施乡村振兴战略是建设现代化经济体系的重要基础，是建设美丽中国的关键举措，是传承中华优秀传统文化的有效途径，是健全现代社会治理格局的固本之策，是实现全体人民共同富裕的必然选择（见图 1）。

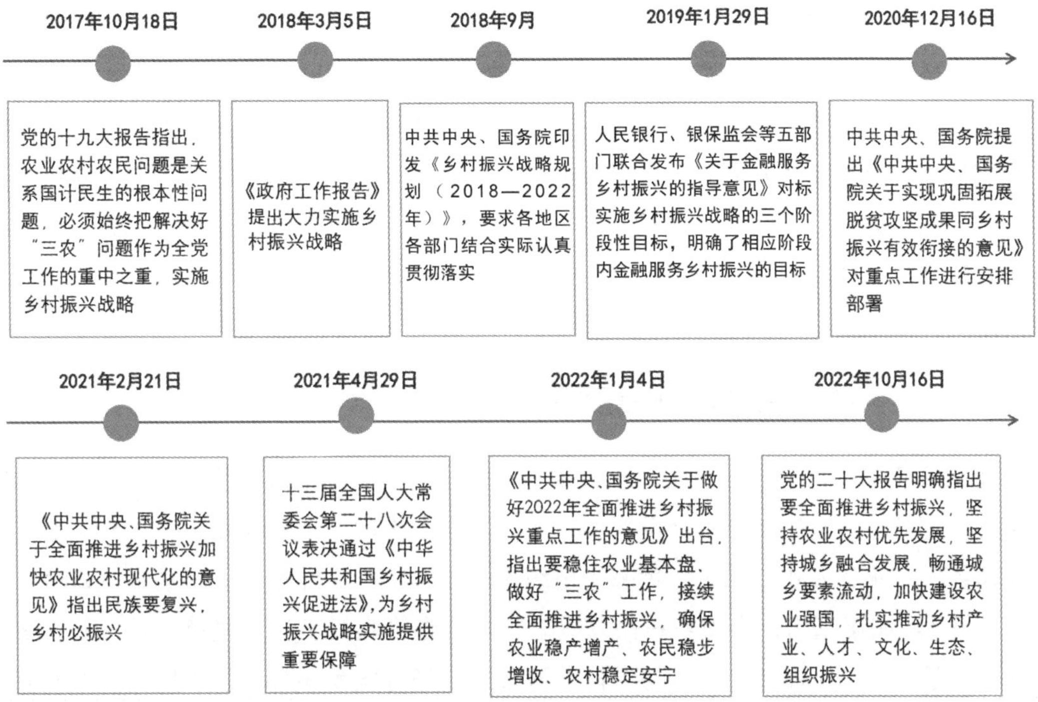

图 1　乡村振兴政策脉络

资料来源：天维信息根据公开资料整理。

（二）农村中小银行是服务乡村振兴的主力军

人民银行、银保监会等五部门联合发布《关于金融服务乡村振兴的指导意见》明确指出，实施乡村振兴战略是新时代做好“三农”工作的总抓手，是金融系统开展农村金融服务工作的根本遵循。金融作为现代经济运行的血脉，是国民经济发展不可或缺的重要因素。乡村振兴战略实施是一项系统性工程，其顺利推进和实施都离不开金融的重要支持。

农村中小银行作为国家金融体系中重要组成部分，是农村金融服务的主力军。《关于金融服务乡村振兴的指导意见》明确指出要强化农村中小金融机构支农主力军作用，积极服务乡村振兴战略实施。据《中国农村金融》杂志社统计，截至 2022 年 6 月，农村中小银行中有 1 600 家农商银行，其中 10 家登陆资本市场，资产规模万亿级增至 4 家；有 31 家省级法人、2 196 家县市法人，74 449 个网点，总资产 49. 16 万亿元（占银行业金融机构的 13. 4%），总负债为 45. 59 万亿元（占银行业金融机构的 13.5%）。2012—2022 年，涉农贷款由 51 020 亿元增至130 310亿元，农户贷款由 26 471 亿元增至 74 035 亿元，为“三农”经济发展做出了重要贡献。在新时代背景下，农村中小银行“支农支小”的主力军内涵更加丰富：首先是支持“三农”经济发展的主力军。农村中小银行最根本的市场定位是以金融产品和服务支持和服务“三农”经济，持续以金融便民、普惠金融为目标，坚持服务“三农”主业主责，做好“农民身边的银行”；其次是响应和服务于乡村振兴战略的主力军。2018 年中央一号文件《中共中央 国务院关于实施乡村振兴战略的意见》指出，实施乡村振兴战略要解决“钱从哪里来”，要形成财政保障在先、金融倾斜是重点、调动社会积极参与的联动机制，达到投入力度连续增强、投入的总量连续增加的目的。农村中小银行要发挥农村金融服务主力军的作用，解决乡村振兴战略中“钱从哪里来”的问题，向乡村振兴战略注入资金支持；最后是调配和优化农村金融资源配置的主力军。乡村振兴战略包括了农村的经济、社会、政治、文化、生态文明，体现“三农”五位一体的布局，是农村中小银行金融事业历史使命和路径选择。农村中小银行在服务乡村振兴战略的实施过程中，充分发挥资源优化配置作用，一方面促进新的产业模式形成和发展，提升乡村振兴，另一方面基于新的产业模式形成、农村各项制度改革落地，为“三农”金融产品的创新提供各种可能性，持续强化其资源配置的能力。

图 2 展示了农村中小银行服务乡村振兴取得的成效。服务乡村振兴战略的实施，从农村中小银行自身来看，对于涉农风控模式的建设及优化、新的营销模式的探索实践、涉农特有业务模式的创新、业务结构的优化、新的业务增长点的挖掘都有积极的效果，即农村中小银行服务乡村振兴战略也是促进农村中小银行自身高质量发展的有效途径。

（三）农村中小银行多措并举服务乡村振兴战略

1. 积极制定乡村振兴规划，强化部署顶层设计

为进一步加强金融服务乡村振兴，落实各地省委省政府工作要求，确保乡村振兴攻势作战方案和乡村振兴重点工作目标任务的全面完成，越来越多的省联社牵头引领，各法人行社积极行动，全面规划制定推进乡村振兴行动方案（见表 1、图 3），切实发挥服务“三农”主办银行作用。

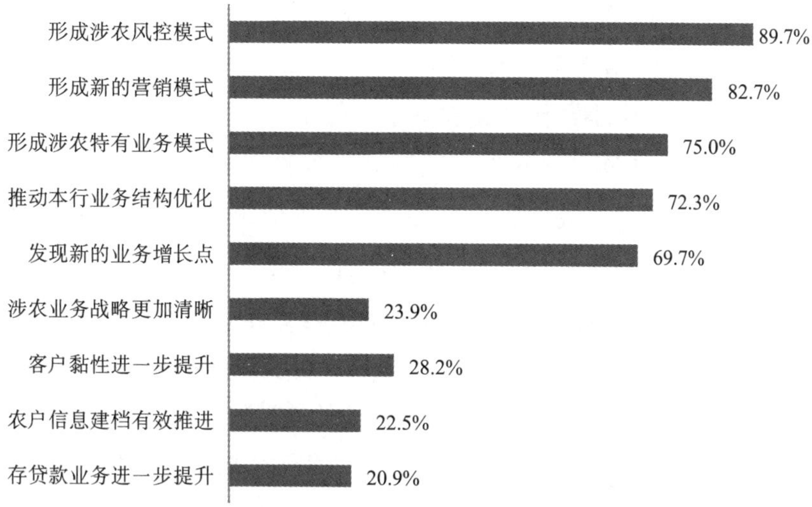

图2　乡村振兴实施取得成效

资料来源：根据本课题调研数据整理所得。

表1　农村中小银行服务乡村振兴行动方案（部分）

单位	政策文件	主要内容
惠州农商银行	惠州农商银行乡村振兴工作实施方案	方案围绕“认清方向、弄通政策、保持定力、重点发力、管控风险、务求实效”的工作思路，提出了支持“一带”“一村”“一业”“一游”“一员”的“五个一”乡村振兴工程
青岛农商银行	青岛农商银行全面推进乡村振兴行动方案	方案明确了支持构建农村现代产业体系、加大乡村振兴金融供给、推动改革创新、支持美丽乡村建设、强化乡村振兴保障等方面的目标任务，提出十八项重点支持举措，在信贷规模安排、财务费用、激励考核等方面向乡村振兴领域全面倾斜
泽州农商银行	泽州农商银行全面推进乡村振兴行动实施方案	围绕落实乡村振兴“产业兴旺、生态宜居、乡风文明、治理有效、生活富裕”的总要求，制定了9项重点举措，以党建为引领，共建共创为目标，探索“党建+”模式，引导金融资源、社会资源配置到农村重点领域和薄弱环节；以金融需求“设点到镇、布机到村、发卡到户”为标准，以构建“支农服务站+金融服务队+”四员互派为机制的三位一体的政银互联服务体系，全力打造农村金融服务生态圈，更好满足乡村振兴多样化、多层次的金融需求，推动城乡融合发展，实现农业强、农村美、农民富的目标，推动乡村产业振兴、人才振兴、文化振兴、生态振兴、组织振兴工作取得明显实效
兴化农商银行	关于实施服务“乡村振兴战略”行动方案	行动计划包括“创业富民”助推行动、“生态农业”配套行动、“产业转型”结伴行动、“美丽乡村”添绿行动、“精准扶贫”落地行动、“进村入户”便民行动、“服务平台”打造行动、“金融生态”共建行动等“八大行动”，并制定出具体的工作措施和工作目标

续表

单位	政策文件	主要内容
岚山农商银行	农商银行服务乡村振兴二十条措施	分为“服务城乡企业发展、服务乡村产业振兴、服务乡村人才振兴、服务乡村文化振兴、服务乡村生态振兴”5 个方面、20 条支农惠企服务措施，旨在更好地服务乡村振兴战略，推动实现乡村产业振兴、人才振兴、文化振兴、生态振兴，努力营造更加便捷、高效、优惠的金融服务环境
山西省联社	山西省农村信用社2022 年巩固拓展脱贫攻坚成果高质量服务乡村振兴的指导意见	对巩固扩展脱贫攻坚、金融服务乡村振兴、提升金融服务等多方面工作提出具体目标和要求，服务乡村振兴高质量发展
广西壮族自治区联社	各项服务乡村振兴实施举措	三个“突破”点亮乡村振兴追光之路： 广布棋局，编制普惠金融新网络，包括搭建乡村振兴金融服务体系，完善普惠金融服务体系，积极推进农村信用体系建设，不断完善数字金融服务体系，推进农业信贷担保体系建设；创新产品服务壮美广西特色农业产业：科技赋能，提升乡村振兴金融服务质效。 六条硬核举措： 聚焦乡村振兴，巩固拓展脱贫攻坚成果；聚焦“三农”发展，促进农民农村共同富裕；聚焦粮食安全，金融助力春耕备耕生产；聚焦绿色发展，绿色金融守护青山绿水；聚焦产品创新，科技赋能推进普惠金融；聚焦兴边富民，推动边疆民族地区发展。 实施人才振兴、组织振兴、文化振兴、产业振兴、生态振兴

资料来源：天维信息根据公开资料收集整理。

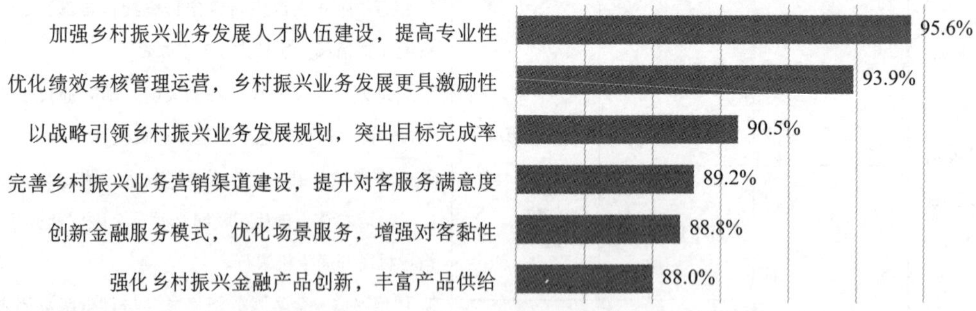

图3　农村中小银行服务乡村振兴实施举措

资料来源：根据本课题调研数据整理所得。

2. 加强支农展业模式创新，夯实支农支小根基

升级“党建＋”激活支农“新引擎”。乡村振兴离不开党的领导和支持。农村中小银行实施“党建＋”服务新模式（见表 2），就是以党建引领发展，以金融助力党建，走出了一条基层党组织“牵线”、金融企业“搭台”、党员和群众“唱戏”

助力乡村振兴的新路子，解决“三农”工作中金融服务体系不健全、服务机构和产品单一、产业基础薄弱等问题，进一步提升金融服务的有效性、针对性和精准性，推动金融更好融入乡村振兴战略促进共同富裕，实现基层党建、金融服务和乡村振兴共赢。

表2　　DX农商银行“党建+”服务新模式详情

<table>
<tr><th>组织体系</th><th>成员</th><th>下辖组织/机构</th><th>政银对接</th><th>目的</th><th>做法、活动</th><th>机制保障</th></tr>
<tr><td>“三治融合”三级党建联盟</td><td>总行党委+市委组织部+11个镇（街道）党委+各支行党支部+211个村（社区）党组织</td><td>专项工作小组由市领导领衔，组织部、政法委、乡村振兴办、镇（街道）、农商银行等单位组成</td><td>聘请村（社区）书记担任普惠金融联络员</td><td>构建政银党组织合作机制市镇村三级联动</td><td>逐镇逐村开展动员部署、挨家挨户进行走访服务</td><td>“金融惠农”行动推进情况纳入各镇（街道）、村（社区）基层党建工作任务</td></tr>
<tr><td rowspan="5">村级党组织</td><td rowspan="2">“两会”</td><td>百姓议事会</td><td>根据名单提出建议授信额度</td><td colspan="3" rowspan="5">1. 初始评议：道德评判团根据“六无”“三不”准标准确定可授信名单。
2. 公议授信：“百姓议事会”依据可授信名单确定可授信额度。
3. 组织审定：村党组织审定授信名单、金额。
4. 银行授信：农商银行确定最终授信金额，导入系统（授信额一次核定，3年有效）。
5. 自助办贷：授信农户在需要时，随时通过手机银行、网上银行等电子渠道办理贷款。
6. 金融指导：银行工作人员进村入户大走访，推广三治信农贷、普及互联网金融、金融安全知识，指导村民开通手机银行。
7. 用信评估：金融服务网格员参与百事服务团走访，对农户用信进行评估，将相关变化情况、突发事件等向村级党组织、农商银行反馈，实行动态管理。
8. 后续服务：积极用好上级各类扶持政策，对村级集体经济发展和党群创业创新加强指导，“法律服务团”开展法律法规和借贷责任宣传</td></tr>
<tr><td>乡贤参事会</td><td rowspan="2">参与走访服务</td></tr>
<tr><td rowspan="3">“三团”</td><td>百事服务团</td></tr>
<tr><td>法律服务团</td><td>提供法律支持</td></tr>
<tr><td>道德评判团</td><td>提出可授信群众建议名单</td></tr>
</table>

续表

组织体系	成员	下辖组织/机构	政银对接	目的	做法、活动	机制保障
组织体系	成员构成		运作模式/组织目的			
金融惠农先锋队	市镇村党员干部、农商银行干部员工、三小组长		在工作日每晚17时至20时、周末节假日全天候走访，宣传“三农”、金融、“双创”等政策，推广“三治信农贷”			
两新党建服务共同体	公安、市场监管、税务等		两新红管家队伍	开启金融服务民营企业新模式：依托两新党建共同体对企业的评价结果，开展对两新企业主动授信、全面授信		
“小个专”党建联盟	市委组织部、市场监管局等部门		推进红色信用贷由企业扩展至个体工商户和专业市场			
银行+商会/园区+企业			为民营企业特别异地入驻创业企业解决融资难、担保难难题			
银行+市科技局+企业			提升科技企业贷款覆盖率			
银行+人力社保局	大学生创业银行		搭建多方助创平台，激发新生代创业创新浪潮			

资料来源：天维信息根据公开资料收集整理。

做好“整村授信”“贷”动乡村振兴。面对大行金融服务持续下沉，越来越多的农村中小银行坚守“支农支小、做小做精做专”战略定力，持续探索和优化“整村授信”的普惠金融新模式，不断巩固县域金融市场地位。“整村授信”以村为单位，通过多种信息化平台，在全方位了解客户信息的基础上进行评估、授信和用信审批，能够更加方便快捷地满足客户信贷需求。“整村授信”模式是坚守地方经济金融的创新普惠模式，是改善农村信用环境的新模式，是重塑农村信贷流程的新模式，必须坚持常态化推进。

案例1：福建农信“整村授信”模式①

福建农信通过多年的工作实践探索，概括提炼出“坚持一个导向、服务四类客群、实现六个到位”的农村市场“整村授信”工作模式。坚持一个导向，以普惠金融为统领，以“小额、流动、分散”为导向，以客户普惠金融建档和信用工程建设为两大支柱，深耕本土，细作“五区”（农区、社区、商区、园区、校区），打造客户经理“五大员”（市场信息的搜集员、金融产品的导购员、银行业务的经办

① 资料来源：https：//www. fX361. com/page/2020/0422/6593718. shtml.

员、目标客户的联络员、新兴业务的推销员）。服务四类客群即本地农民、本地创业者、外出创业者、外来创业者，着力把最熟悉的市场巩固好、把最熟悉的客户服务好、把最熟悉的业务开展好。实现六个到位：大动员，组织管理到位；大学习，培训辅导到位；大走访，摸清需求到位；大对接，巧借外力到位；大服务，产品配套到位；大宣传，营销推广到位。

营销模式创新提升主动服务意识。乡村振兴下的金融服务是以充分满足客户的金融需求为目标，包括产品需求、服务需求、支付场景需求等。大行持续下沉挤压农村中小银行已有市场空间，“掐尖”头部客户，线上金融发展抢占线上市场，批量获客，降低获客成本，利差持续收窄，利润空间压缩，以上因素促使农村中小银行需坚定践行以客户为中心的经营理念，提升主动服务意识，主动对接客户，为客户提供服务。农村中小银行积极进行营销模式创新，开展全员营销、厅堂营销、社区营销、网格化营销、数字化营销等，主动营销、主动服务，发挥全员、团队作战，信息化作战的力量，增强客户的服务供给能力；同时，精细化客群市场管理，提升精准服务能力和服务效率。

3. 持续强化金融科技赋能，提升支农服务水平

随着乡村振兴战略实施的深入推进，金融科技的赋能作用也愈发凸显，其赋能的方面具体涉及：一是强化多主体合作，共建金融生态。越来越多农村中小银行与互联网科技公司、农业服务性企业等开展合作，充分整合各方优势，共建金融生态，为农户提供一体化金融服务，降低服务成本和门槛，提升服务效率。二是多场景、链条化运作，全方位服务。部分农村中小银行在传统信贷场景上围绕农户生产、生活构建金融服务生态圈，如提供农资农机购买、农技服务、农产品销售等。此外，部分农村中小银行通过农业供应链为客户提供链条化服务。如针对企业，为其产业链上下游企业或农户提供信贷支持。针对农户个人，通过线上帮助其销售农产品掌握客户经营销售数据，降低由于信息不透明带来的风险。三是精准营销和风控管理。通过内外部数据的收集、分析和挖掘，一方面为客户画像，按“需”创新金融产品与服务，实现精准营销。另一方面，通过多维数据输入，持续完善风控模型，不断提升模型鲁棒性，强化风险管控能力。

4. 深化内部组织结构创新，增强乡村振兴效能

为全力聚焦普惠金融和助力乡村振兴战略落实，越来越多的农村中小银行进行组织结构调整，如在总部设立乡村振兴部（室），将其作为独立的业务职能部门或事业部进行运作；设置数据采集中心，助力整村授信、网格化营销等数据采集工作；设置划分网格，实施网格化营销及管理；优化基层党组建设，实施“党建+金融”组织服务模式，强化党建引领等，强化职能分工及经营管理、优化资源配置、规范运营管理，不断提升乡村振兴金融服务效能。

案例2：北京农商银行深化组织结构创新，助力普惠金融快速发展①

北京农商银行持续完善顶层设计，对全行金融服务乡村振兴的组织和管理架构进行变革，设置专门的金融服务委员会，设立金融服务乡村振兴工作专班，在总行成立乡村振兴部一级部，搭建起全行各条线、各部门和各分支行纵向管理、横向协同联动工作机制，打造“1+1+1+N”管理架构，开启乡村振兴服务新篇章。

多年来，北京农商银行始终植根首都农村地区，深入把握北京“大城市小农业”“大京郊小城区”的市情农情和乡村发展规律，持续开展特色化顶层设计和体制机制创新，研发涉农特色产品，强化普惠金融服务供给，目前已累计投放各类涉农贷款达4 500亿元，研发推出5大类17款配套融资产品。以党建帮扶为引领，帮助庙梁村实现“脱低三步走”目标，精心打磨凤凰乡村游等一系列特色涉农品牌，下沉服务重心，在京郊地区建设“两店一点”超1 900家，打通金融服务“最后一公里”，全方位、多层次满足“三农”发展需求，金融活水持续滋润京郊沃土。

5. 不断推动金融人才振兴，激发乡村振兴活力

推进乡村振兴，人才振兴是关键。2022年中央一号文件强调加强乡村振兴人才队伍建设。服务乡村振兴的人才是懂金融、懂农村、懂农业的复合型金融人才，为此，部分农村中小银行强化内部人才领建，增强乡村振兴凝聚力。如通过内部人才培养、选拔优秀人才作为金融村官，一方面为农户提供方便快捷的金融服务，强化品牌效应，另一方通过金融知识宣传，提高农户金融素养，充分保护农户金融消费权益；部分农村中小银行加强外部人才引聘，提升创新力。通过市场化聘任，基于服务乡村振兴发展需求，选聘人才，不断增强创新力，持续提升市场竞争力。

案例3：嘉祥农商银行“金融人才”服务乡村振兴②

为进一步搭建惠农支农服务渠道，近几年来，嘉祥农商银行先后选派13名优

---

① 资料来源：《北京农村商业银行股份有限公司2020年度报告》。

② 资料来源：https：//www. jnnews. tv/p/833869. html.

秀干部脱产挂职金融副镇长，为服务“三农”提供了金融人才保障，助推农村农业经济发展。坚持优中选优原则，围绕挂职干部基本条件和资格条件，选派推荐工作能力突出、农村工作经验丰富、综合素质高的优秀管理人员，到辖内各镇政府脱产挂职金融副镇长。挂职干部充分发挥金融行业人才优势，通过镇政府平台，宣传普惠金融产品，让老百姓了解各类金融助力乡村振兴产品的优势，让金融成为灌溉乡村经济茁壮成长的一渠活水。挂职干部坚持一线工作法，深入田间地头，百姓家中，秉承农商银行“大垮包”优良传统，弘扬不怕吃苦的精神，积极参与各类农村金融工作，以高度的事业心和责任心践行普惠金融，发挥好政银合作的“联络员”作用、“三农”发展的“服务员”作用、普惠金融的“宣传员”作用、创业致富的“指导员”作用。

（四）强化考核激励，引导和激励实施落地

服务乡村振兴的实施考核激励，既是政策导向的要求，又是乡村振兴高质量发展的本质要求。政策导向层面为把更多金融资源配置到农村经济社会发展的重点领域和薄弱环节，更好满足乡村振兴多样化金融需求，2021年6月，中国人民银行、银保监会发布了《金融机构服务乡村振兴考核评估办法》。该办法不仅对考核指标更细化、更具体，考核内容定量与定性结合，而且考核结果与金融机构监管评级挂钩，加大了考核力度，变“引导性监管”为“强制性约束”。与此同时，各级政府也在乡村振兴实施方案中明确了考核评估的重要性。例如，《广东省人民政府办公厅关于金融支持全面推进乡村振兴的实施意见》（粤府办〔2021〕46号）、《广州市人民政府办公厅关于金融支持全面推进乡村振兴的实施意见》（穗府办〔2022〕15号）将加强考核评估和监管激励约束作为乡村振兴实施的配套措施之一。

乡村振兴高质量发展本质要求方面，绩效管理能对乡村振兴实施的价值予以准确的衡量和评估。本次调研中95.3%的受访者认为此项是乡村振兴绩效管理实施最大的特点。绩效管理从计划、考评、实施辅导、结果运用、分析反馈的全过程运营，能促进乡村振兴实施的持续改进、绩效的持续提升和价值的持续创造（见图4）。

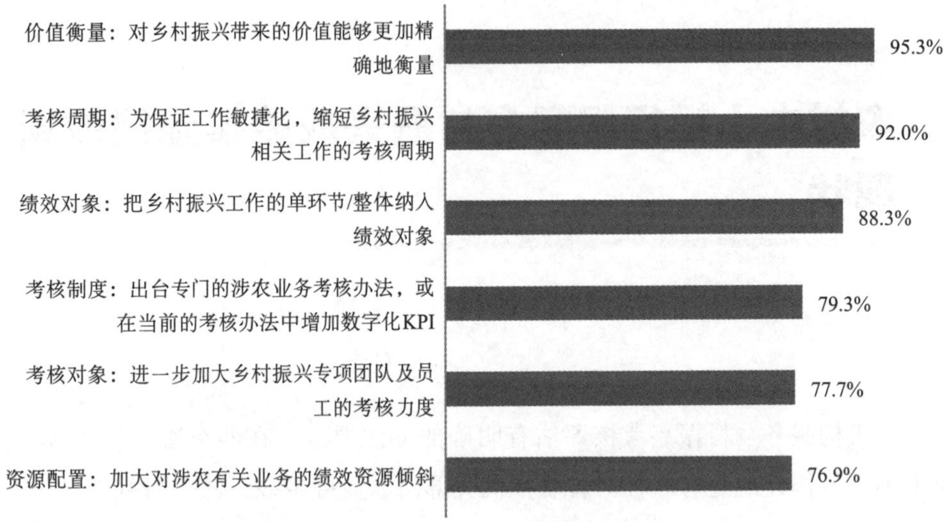

图 4　农村中小银行实施乡村振兴绩效管理带来的变化

资料来源：根据本课题调研数据整理所得。

调研结果显示，有 81. 97% 的受访者认为实施绩效管理对服务乡村振兴作用较大。有 93. 9% 的受访对象实施了优化绩效考核管理运营举措（见图 5），使乡村振兴业务发展更具激励性。90. 9% 的受访对象通过加强绩效考核制度优化机制建设，充分发挥指挥棒作用。

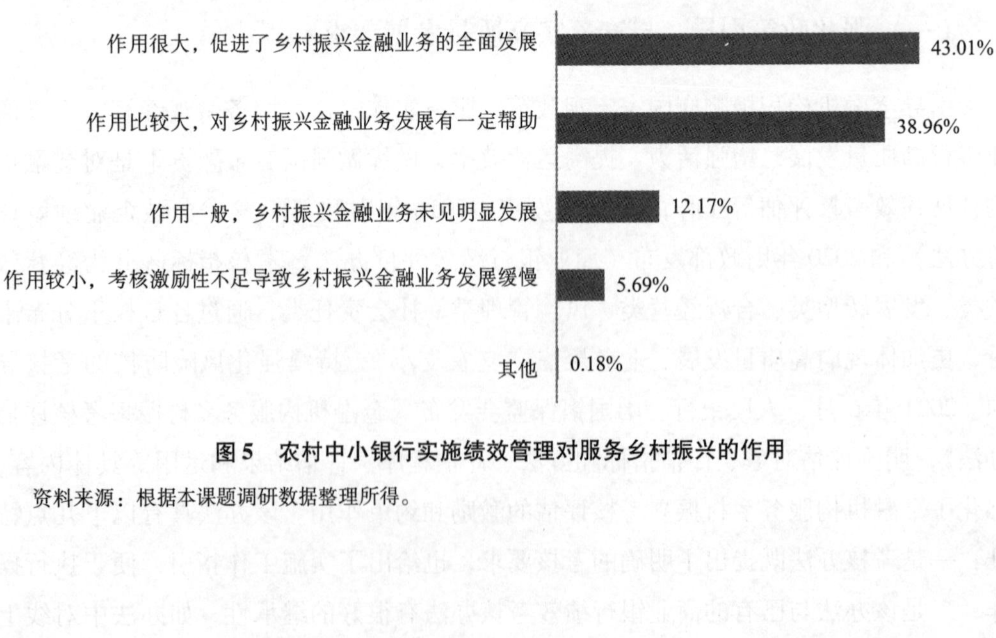

图 5　农村中小银行实施绩效管理对服务乡村振兴的作用

资料来源：根据本课题调研数据整理所得。

三、农村中小银行服务乡村振兴战略实施绩效管理现状

金融机构服务乡村振兴考核评估有明确的办法要求，在两级法人管理模式下，农村中小银行构建的是省联社对省联社机关部门、业务条线、法人行社、法人行社高管，法人行社自行实施内部考核，建设软件系统支持考核落地的五类考核为主导、一个平台为支撑的绩效管理体系。在乡村振兴政策导向下和管理体系下，农村中小银行绩效管理强化政策引导，贯彻落实高质量发展要求，并采用多种模式（专项模式占10.94%，融入综合考评占19%）实施考核，构建五类考核为主导、一个平台为支撑的绩效管理体系。调查结果显示，超过90%的受访者对服务乡村振兴的人才，特别是绩效管理人才，以及支撑乡村振兴金融业务的绩效考核系统需求最为迫切。

（一）强化政策引导，贯穿落实高质量发展要求

引导金融机构积极响应国家宏观政策、服务实体经济、服务微观经济，引导商业银行高质量发展，增强活力，提高运营效率，做优做强国有金融资本是对金融机构开展绩效考核评估等工作的根本出发点。2016年财政部印发《金融企业绩效评价办法》和2020年财政部发布《商业银行绩效评价办法》考核指标区分为经营效益类、发展转型类、合规经营类、风险管理类、社会责任类，通过各自权重分布来看，更加体现向高质量发展、业务聚焦“支农支小”、持续强化风险防控的考核导向。2021年6月，人民银行、中国银保监会发布《金融机构服务乡村振兴考核评估办法》，明确评估对象、评估指标和方法、评估程序、评估结果和运用等具体内容，强化了金融机构服务乡村振兴考核评估的激励和约束作用。该办法具有以下几点特征：一是考核办法既提出了明确的考核要求，也给出了实施工作指引，便于执行操作；二是该办法与已有的商业银行绩效考核办法有很好的继承性，如办法中对线上

渠道、支付业务的关注符合监管考核导向对发展转型指标的要求，内部资金转移定价、利率水平等符合效益类型指标要求；三是考核指标能够很好地满足农村中小银行的考核需求。如对不同乡村振兴重点领域贷款结构、产品创新的考核，符合农村中小银行区域乡村振兴环境差异性特点；四是更加具有公平性，如在考核指标以及考核评价方法、计分规则等方面的规定。

表3　《金融机构服务乡村振兴考核评估办法》指标体系

指标维度	一级指标	二级指标	分析说明
定量指标（权重75%）	贷款总量	（1）涉农指标（存量、增量、增速）	·关注存量、也关注增量 ·关注绝对值、也关相对值
	贷款结构	以下各项指标的存量、增量、增速 （2）农林牧渔业贷款 （3）农村基础设施建设贷款 （4）新型农业经营主体贷款 （5）单户授信500万元以下普惠型农户经营贷款 （6）单户授信1 000万元以下普惠型农户经营贷款 （7）农村承包土地的经营权抵押贷款 （8）林权抵押贷款 （9）农户信用贷款	·关注存量、也关注增量 ·关注绝对值、也关相对值 ·关注乡村振兴不同重点领域、农业产业领域的信贷情况 ·可适用于不同农业、产业特点区域环境的金融机构，满足金融机构的差异化特点
	贷款比重	（10）涉农贷款存量占各项贷款存量比重 （11）涉农贷款增量占各项贷款增量比重 （12）普惠型涉农贷款存量占各项贷款存量比重 （13）普惠型涉农贷款增量占各项贷款增量比重 （14）农村（县及县以下）贷款存量比存款存量 （15）农村（县及县以下）贷款增量比存款增量	·关注存量、也关注增量 ·关注绝对值、也关相对值 ·关注整体贷款的比重占比 ·关注贷存比，存贷款协同发展
	金融服务	（16）“乡村振兴”主题卡发卡量（存量、增量） （17）农村区域银行卡受理市场建设数（含ATM、POS机及其他受理终端） （18）当年农村区域网上支付、移动支付、电话支付笔数	·关注线上服务渠道建设（电子银行替代情况） ·关注支付服务
	资产质量	（19）涉农贷款不良率（存量）	·关注贷款质量

续表

指标维度	一级指标	二级指标	分析说明
定性指标（权重25%）	政策实施	（1）金融服务乡村振兴工作机制和实施方案贯彻落实情况 （2）金融服务乡村振兴政策宣传和培训情况	·关注机制建设及落地情况 ·关注乡村振兴政策宣传情况
	制度建设	（3）涉农信贷业务差异化绩效考核制度建设及优化情况 （4）涉农信贷业务授信权限下放制度建设及优化情况 （5）内部资金转移定价对涉农领域的倾斜有关制度建设及优化情况 （6）涉农信贷业务尽职免责制度建设及优化情况	·配套机制建设情况，包括考核激励机制、业务授信权限机制、内部资金转移定价机制、尽职免责机制等 ·关注机制的精细化、差异化、持续优化
	金融创新	（7）农村金融产品创新情况，包括抵押质押产品创新，如农村承包土地的经营权、农民住房财产权、农业订单、农业设施设备、圈舍、活体畜禽、集体经营性建设用地使用权、集体林权质押贷款业务或林地经营收益权和工艺林（天然林）补偿收益权质押贷款等；围绕种业、粮食安全等乡村振兴重点领域开展产品创新 （8）农村金融服务创新情况，包括运用金融科技手段构建新型服务渠道、挖掘融资需求与精准授信、优化风险防控机制等 （9）农户整体授信情况	·关注产品创新情况，具体到乡村振兴重点领域的产品创新 ·关注金融科技在乡村振兴中的运用、赋能情况 ·关注整体授信情况
	金融环境	（10）农村综合金融服务站和其他金融基础设施建设情况	·关注金融基础设施建设情况（线下渠道）
	外部评价	（11）政府、政府相关部门对该金融机构乡村振兴金融服务的评价意见	·关注联动、协同效果
加分项		（1）“三农”金融专项债券发行或投资持有情况 （2）涉农贷款利率水平	
减分项		（1）频繁修改评估指标计算基础数据或错报重要数据 （2）在农村区域发生重大违法违规违纪案件或重大风险事件，具体由中国人民银行商报银监会按照有关规定确定	

（二）多种模式运用，乡村振兴考核深化推进

结合自身战略发展阶段、业务发展情况、绩效管理基础等，农村中小银行落实有关政策及考核评估办法采取多种模式。一是融合考核模式，参与调研对象中，占比19%。此模式下，省联社或农村中小银行会将长期性的、基础性的工作或业绩指

标融入已有考核体系，实施常态化考核，如客户信息建档、涉农贷款占比、授信占比等，最小化绩效考核管理成本，充分释放绩效考核“指挥棒”作用，如本报告的附录A案例，将乡村振兴相关政策及指标要求纳入发展转型、风险管理指标类别。二是专项考核模式，参与调研对象中，占比10.94%。此模式下省联社、农村中小银行采取专项方式对乡村振兴情况进行考核，基于中长期规划的就作为重点工作任务进行推进，基于阶段性规划的就作为阶段性专项活动进行推进。三是其他模式。根据调研及收集资料分析，主要有两种情况：一种是对原有考核内容进行修订或扩充进行考核，未有明确是乡村振兴相关指标；另一种是还停留在规划阶段，尚未进入考核阶段，且前一种占比较高。

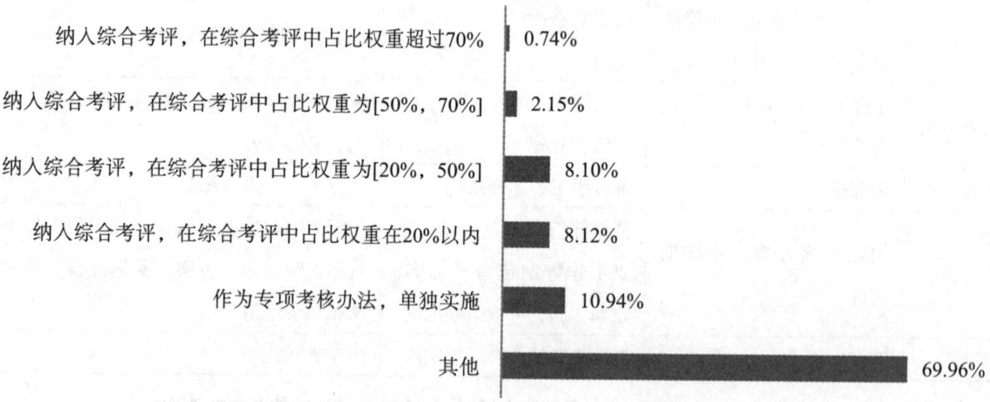

图6　农村中小银行服务乡村振兴考核模式

资料来源：根据本课题调研数据整理所得。

（三）省联社服务乡村振兴战略实施绩效管理情况

1. 机关部室：行政化特点显著，大部分考核精细化不足

省联社机关部室作为承接省联社乡村振兴战略实施的各职能部门，在全省乡村振兴战略实施中起到承上启下的作用。省联社机关工作内容来源于年度重点工作、日常工作、临时交办督办，考核内容及导向以有效履职为目标，考核实施周期长，结果应用于薪酬兑现。事务性工作较多，工作周期不稳定，考核内容多以上下级、协同部门同事的主观定性评估为主，加之大部分省联社没有系统支撑，导致考核过程难衡量、难评价，精细化不足，考核结果差距难拉开，激励性不足，考核“指挥棒”效果发挥不显著。天维信息根据省联社对机关部室考核实践经验总结，将机关

部室考核从考核对象、考核方法、考核理念等维度将机关部室绩效考核管理分为三个阶段，如表 4 所示。

表 4　　省联社机关部门考核阶段

维度	粗放式考核	精细化考核	全面绩效管理
考核对象	较为粗放，部门与部门之间、员工与员工之间差异性不大	对部门进行分类，不同类型考核内容及权重有差异；员工根据实际情况设置	对部门进行分类，对员工进行分类
考核方法	360 度评价、民主评议、目标导向考核	关键业绩指标考核、平衡计分卡考核、重点工作考核、关键行为考核等	关键业绩指标考核、平衡计分卡考核、重点工作考核、关键行为考核、关键成果考核等，强制分布、末位淘汰等
考核理念	一般，大部分员工不能接受薪酬差距的拉开	员工能够接受一定的薪酬差距	员工能够接受薪酬差距
结果运用	年度评优、绩效工资兑现等	年度评优、绩效工资兑现、职级晋升等	年度评优、绩效工资兑现、职级晋升退出、末位淘汰等
考核数据	大部分手工	部分手工、部分系统	部分手工、部分系统
考核运营	制定考核方案，并按期实施	依据部门职责及省联社重点工作等制定考核方案，定期实施，考核结果运用	依据部门职责及省联社重点工作、发展规划等制定考核方案，实施过程管理及考核结果运用
代表	海南省联社	湖北省联社、青海省联社	广东省联社

资料来源：2021 年“中国农金 30 人论坛”年度重点课题《农村中小银行绩效考核管理模式研究》。

据《农村中小银行绩效考核管理模式研究》（2021）研究成果显示，通过对 13 家省联社的机关部室绩效管理调研发现，目前有 62% 的省联社对机关部室的考核管理相对粗放，精细化管理存在不足。

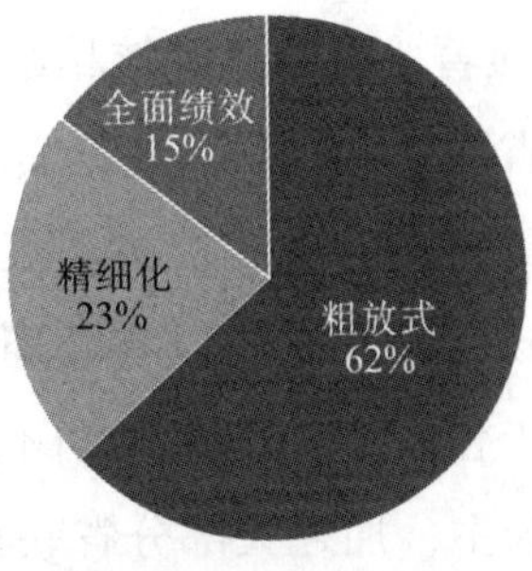

图 7　调研省联社机关部门考核阶段分布

资料来源：2021 年“中国农金 30 人论坛”年度重点课题《农村中小银行绩效考核管理模式研究》。

2. 业务条线：以管理服务导向为主，重指导监督

很多省联社设置乡村振兴部、普惠金融部、“三农”业务部等部门，负责全省管辖范围内法人机构具体的乡村振兴业务规划、管理和服务、指导工作。基于省联社的管理、服务、指导、协调定位，这些部门作为业务条线主管部门，考核也凸显行政化特点，重任务目标、机制办法的制定，以及具体实施的指导和监督，其考核的量化、精细化程度一方面取决于省联社整体机关部门的考核水平，另一方面取决于该省联社乡村振兴战略规划的程度，战略规划越清晰，阶段性目标、实施举措、计划越清晰，考核目标就越聚焦。

3. 法人行社：分类差异化考核，提供制度和工具

针对法人行社的差异性，借鉴先进省联社实践经验，各地结合本省联社的实际情况，从法人行社数量、体量、业务规模、风险水平、发展阶段等维度综合评价，对各法人行社进行分类，按照“分类考核、分类管理、分类指导、动态调整”的原则实施考核。在考核内容上包括综合目标责任制考核、专项方案考核或等级行考核，呈现以分层分类优先、专项考核配套的法人行社考核模式（见表5）。

表5　　部分省联社分类情况

省联社	法人行社数	分类情况	分类依据
福建省联社	67家	6大类	考虑城区和县域、山区和沿海的差异，各市（县）经济发展水平，常住人口数量、金融竞争环境、行社管理复杂程度、风险状况等因素
广西自治区联社	91家	5类	按业务指标、监管指标和监管评级类别对机构进行分类
贵州省联社	83家	5类	近3年业务规模、盈利能力、资产质量
甘肃省联社	83家	3大类，每一大类中3小类	体量、风险、地域（客户金融需求）、经营管理水平
江苏省联社	60家	4类	业务规模、资产质量和盈利效能；拓展类、提升类、进取类和成长类

资料来源：2021年“中国农金30人论坛”年度重点课题《农村中小银行绩效考核管理模式研究》。

在对法人行社绩效考核管理实施中，省联社主要在制度、工具方面给予服务、指导。在制度方面，薪酬制度内容指导是重点。工资总额控制是省联社实施向下考核的有力抓手。除了控总额以外，省联社还对员工薪酬结构、薪酬比例、薪酬增幅、上限等进行明确。在绩效管理工具方面，省联社下不同法人行社的管理水平和绩效管理基础不同，省联社需要实施差异化的指导服务管理策略。法人行社的绩效管理差异性越大，省联社对各法人行社的绩效管控弹性空间就越大（见表6）。

表6　　　　省联社对法人行社考核服务、指导三种情形

项目	情形一：控总额	情形二：框架指导	类型三：精细化指导
制度指导	省联社控制法人行社员工工资总额，员工工资总额与法人行社综合经营考评结果挂钩，控制总额、控制增幅、控制员工与高管薪酬差距等	制定绩效管理实施指导意见、考核相关模板或区分类型人员工资管理办法或考核指导意见	对某一岗位类型人员出具具体考核指导意见，或针对某一专项考核出台具体办法
工具服务	省联社为法人行社考核提供数据源	建设系统工具平台对法人行社考核进行支撑	建设相应的系统工具或平台支撑法人行社考核管理的落地实施
省联社指导程度	一般	相对精细	精细
代表	大部分省联社都有总额控制	如湖北省联社、福建省联社	如陕西省联社客户经理考核、青海省联社职能部室考核

资料来源：2021年“中国农金30人论坛”年度重点课题《农村中小银行绩效考核管理模式研究》。

4. 法人行社高管：导向清晰明确，考核内容丰富全面

省联社对法人行社高管考核现状中，88.91%的高管认为当前考核指标清晰，明晰了工作重点和方向。具体体现在考核内容、考核结果应用等方面。

考核内容较为全面的同时体现差异。考核日常履职、业绩、党建、政治素质、合规等内容，业绩考核挂钩所在行社综合目标考核情况或分管业务考核情况，结合所在行社的分类情况，进行差异化考核设置。各省联社发展规划，考核基础不同，高管考核内容有差异。如湖北省联社考核岗位履职及经营质效，贵州省联社形成“1+1+3”的年度综合考核体系，考核内容包括政治素质、高质量发展和党建工作，同时配合满意度评价。

考核结果应用于高管薪酬激励和约束相结合。法人行社高管一般采用年薪制，省联社也结合监管薪酬索回制度要求，对领导班子绩效工资实行延期支付。也有一些省联社还会将考核结果与高管的晋升、评优等挂钩。除此之外，还会在结果应用时，通过分类对比或排名，加大奖惩力度。负向激励方面，部分省联社是通过问责管理予以实施（见图8）。

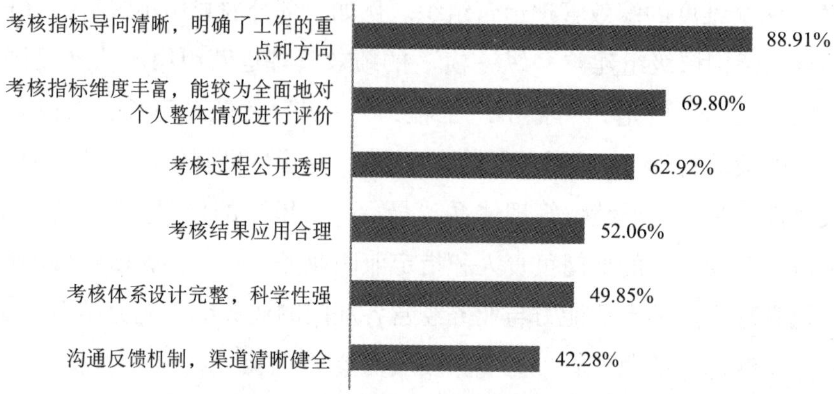

图 8　省联社对法人行社高管考核实施情况

资料来源：2021 年“中国农金 30 人论坛”年度重点课题《农村中小银行绩效考核管理模式研究》。

案例 4：某省联社考核案例

围绕工作推动、工作衔接、工作质效，强化结果应用主要包括：一是工作重视情况。主要考核各级班子、主要负责人和机构对巩固拓展脱贫攻坚成果和服务乡村振兴工作的重视程度，包括工作措施、工作机制、政策运用、保障措施是否落到实处。二是工作衔接情况。实施差异化考核制度，重点考核乡村振兴重点帮扶县县级行社巩固拓展脱贫攻坚成果、整体推进县级行社支持农业农村现代化建设、先行示范县县级行社支持县域内城乡融合发展、市级机构落实执行帮扶政策情况。三是工作质效。主要考核信贷投放数量和信贷资产管理质量。实施过程管理，按月评价，按季通报、排队。四是强化考核结果应用。加大考核力度，将服务乡村振兴工作的考核结果纳入党建工作和省联社综合考评体系，作为县级机构评优评先、领导班子及领导人员履职评价参照，并与市县机构高管绩效挂钩。不断完善考核体系，推动巩固拓展脱贫攻坚成果和服务乡村振兴工作深入开展。

资料来源：天维信息根据公开资料收集整理。

（四）法人行社服务乡村振兴战略实施绩效管理情况

1. 组织管理：纵横设置强化组织保障

绩效管理团队建设是绩效管理有效实施的组织保障，各业务条线部门、各支行和科技部门都应加入绩效管理体系的建设与运营，通过绩效管理，更好地支持各业务条线的管理与各支行的业务发展。农村中小银行根据自身组织架构，设置匹配性的“纵横”两个维度的绩效管理运营组织。例如，部分农村中小银行结合自身总—支行—网点的架构层级组建“一纵一横”的绩效管理运营组织团队（见图9），绩效管理体系建设与运营是“一把手”工程，“一纵”团队董事长、考核办和总行、支行专管员的绩效管理“一纵”团队。“一纵”专管员机制保证业务管理数据的准确性和及时性，起到打通绩效管理体系“最后一公里”的作用。“一横”团队是总行各业务对口条线部门的部门负责人和指定兼职业务专管员。纵横管理团队的打造体现将绩效管理人员的专业能力与业务经营各部门的业务能力充分结合，更好地服务于各业务条线部门的业务管理与业务发展需要。

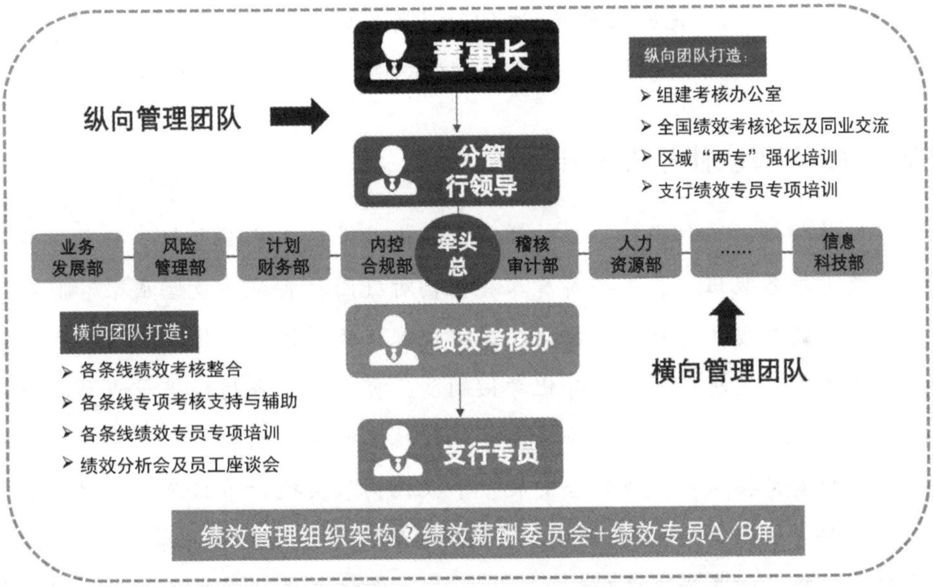

图9　总—支架构下“一纵一横”绩效管理组织架构

除了纵横绩效管理团队的建设，在管理运营方面，部分农村中小银行通过加强流程建设、多种形式开展绩效文化建设、重视和实施绩效反馈与改进实现绩效管理全流程实施，实现绩效管理促进个人、组织绩效提升的本质意义。

2. 考核导向：紧贴高质量发展要求

新时代农村中小银行加快发展转型，将高质量发展作为当前和今后一个时期制定发展战略和实施结构调整的根本出发点，既符合国家相关政策规定要求，也是自身发展阶段升级、转换增长动能的必由之路。调查结果显示，超过60%的受访者认为当前服务乡村振兴实施绩效考核导向更加关注业务结构（61.71%）、经营成本

(64.33%)、市场覆盖面（65.49%）及价值增长（83.43%）。绩效考核“指挥棒”作用发挥的关键在于考核制度的设计，如对传统业务和新兴业务考核制度安排，将绩效资源倾斜符合于考核导向要求，形成激励或约束，促进相关业务发展。通过“五结合”① 科学合理设置考核方案，特别是将高质量发展导向贯彻其中，用好绩效管理“总抓手”，落实精细化管理，助力农村中小银行实现高质量的发展转型（见图10）。

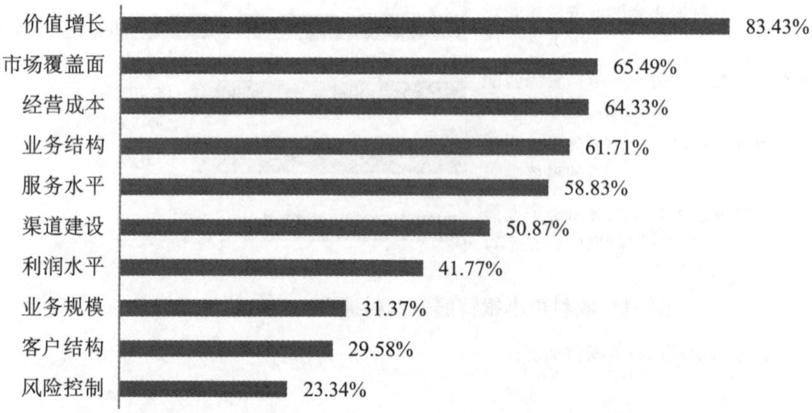

图10　农村中小银行服务乡村振兴实施绩效考核导向

资料来源：根据本课题调研数据整理所得。

3. 考核需求：“人才+系统”需求最为迫切

随着农村金融市场的业务需求增多，产品和服务创新层出不穷，绩效考核与全行的战略执行、业务运营联系越来越紧密，农村中小银行对绩效管理人才、考核系统的需求最为迫切（见图11）。调查结果显示，超过90%的受访者对服务乡村振兴的人才，特别是绩效管理人才，以及支撑乡村振兴金融业务的绩效考核系统需求最为迫切。在绩效管理人才方面，部分农村中小银行搭建“一纵一横”的绩效管理组织结构，以绩效专员为关键，不断提高绩效管理水平。绩效专管员（业务专管员、技术专管员）是绩效系统稳定运行的保障者，是绩效考核管理功能持续发挥的保障者，是考核理念、考核导向、总行战略的传导者与执行者，是基层考核反馈的甄别、上报者，是绩效考核结果正确运用的保障者，是分支行业务运营的协助者；在

① 五结合：天维信息提出的五结合理论，即与经济形势相结合，与银行发展阶段相结合，与银行发展战略相结合，与银行绩效管理基础相结合，与“一把手”管理风格相结合。

考核系统建设方面，部分农村中小银行结合战略规划、业务发展以及绩效管理基础等情况，尝试个性化“双端”建设，即PC桌面端和手机移动端，强化绩效管理信息化建设，提升考核效率。

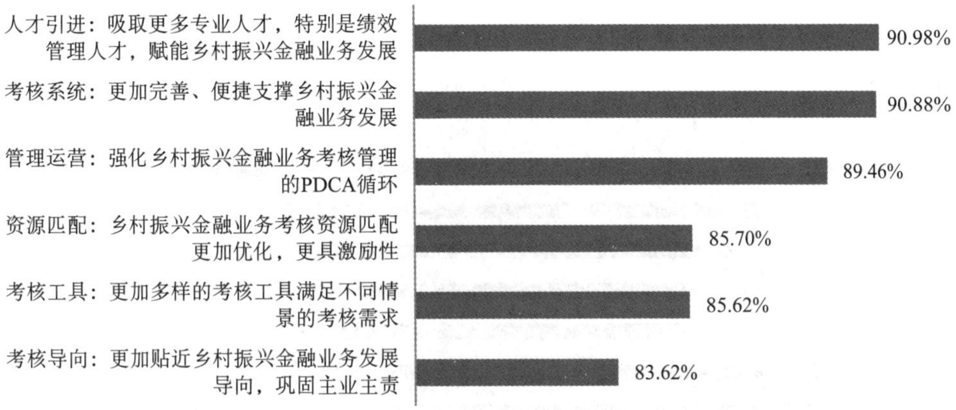

图11　农村中小银行服务乡村振兴实施绩效管理诉求

资料来源：根据本课题调研数据整理所得。

案例5：不同农商银行技术专管员职责设置①

不同银行的技术专管员建设会根据银行自身实际和管理要求进行差异化培养，使技术专管员更契合银行需要的同时也实现自身的成长。

L农商银行的技术专管员初期主要进行业绩分配、机构行员信息维护、工资兑现工作，通过实践培养，目前主要履职于系统简单开发、系统数据提取、需求分析等工作，进一步提升了该行绩效系统的开发效率和需求响应速度。

W农商银行的技术专管员现在对考核管理工作得心应手，不仅承担基础信息维护、业绩调整审批、系统运行异常处理、工资兑现、解答行员提出的考核问题及系统操作问题等工作，还能独立进行系统培训、制度宣讲，并能给总行的绩效考核方向提出参考建议，深度参与制度建设工作；不仅实现了考核系统的有效开发及维护，还推进了考核、业务、技术的深度融合，完善了绩效管理体系，使绩效考核系统更贴近实际需求。

Z农商银行的技术专管员相较于W农商银行的技术专管员，还能进行MPAS移

① 资料来源：天维信息案例库整理。

动端管理，也促进了个人技术能力的提升，以及Z银行移动开发技术的探索，提升银行的金融科技水平。

4. 考核制度：强化承接，量体裁衣设计

考核制度是绩效管理的核心，是绩效管理形成PDCA循环运作的机制和制度安排。在省联社、法人行社二级法人治理结构管理模式下，农村中小银行绩效考核制度设置一方面强化对省联社考核制度的承接，充分落实省联社考核目标要求，另一方面结合自身经营管理、业务发展、客群特点及分布、绩效管理基础等情况，量体裁衣设计考核内容，确保增强差异化竞争优势。以资兴农商银行为例，该行在承接湖南省联社乡村振兴战略规划的基础上，结合自身情况制定了“资兴农商银行乡村振兴战略规划”，分别从不断优化信贷结构、持续提高普惠金融水平、全面防控金融风险和持续完善服务体系建设等方面对服务乡村振兴提出了目标要求。为此，在考核制度设计上，在落实优化信贷结构方面，支行考核层面，设定涉农贷款和小微贷款占比任务考核，严格要求支行将信贷资源向符合政策要求的涉农、小微企业倾斜。在员工考核层面，对于涉农、小微企业贷款按照高于其他类型贷款的奖励标准进行考核；在落实提高普惠金融水平方面，通过考核助推“惠农快贷”“房抵贷”“存单质押贷”“公积金贷”等线上信贷产品创新与落地；在落实综合金融服务站点建设方面，通过绩效考核加强“福祥e站”的选址建站、维护运营工作；在落实全面金融风险防控方面，通过绩效考核在贷款种类、贷款户数、贷款金额的差异化考核，鼓励员工增户拓面、做小做散、支农支小，将信贷风险分散，避免信贷风险过于集中。加强贷款质量考核，严格按照五级分类与资产减值计提进行风险考核，同时对贷款权限进行区分和贷款责任进行认定，落实风险防控责任主体，实现“谁投放、谁考核、谁收益、谁负责”，避免因责任混淆导致的客户经理恐贷、惧贷。严格落实客户经理薪酬绩效延期支付与追索扣回机制，强化员工风险意识。

5. 考核文化：一懂两爱，提速乡村振兴

农村中小银行作为支持“三农”经济发展的主力军，聚焦主业主责，坚守做小做散定位，培育一批“懂农业、爱农村、爱农民”的“一懂两爱”金融队伍，离不开强化农信人的文化建设。作为积极引导绩效资源流向促进乡村振兴发展的“指挥棒”，考核文化体系的建设对绩效管理起着重要的促进作用。将“多劳多得、按绩取酬”的绩效考核理念与文化和“一懂两爱”的农信文化融合，逐步形成服务乡村振兴发展的高绩效文化。拥有高绩效文化的企业会清晰向员工传递组织的目标和策略，拥抱高绩效文化的员工必然会形成强大的内驱力和执行力，积极主动创造高绩效。实践中可采取多样化形式进行文化的打造，包括培训宣贯、文化形象打造及运营、标杆培养、交流分享等。

（五）绩效管理软件系统建设情况

绩效管理系统实现绩效管理线上化、工具化，支撑绩效管理落地的同时，提高运营效率，特别是在互联网金融蓬勃发展的时代背景下，产品和服务创新层出不穷，对绩效考核系统建设的诉求就更为迫切。从天维信息服务农村中小银行绩效管理系统建设实践经验来看，目前省联社、法人行社绩效管理软件系统建设主要有以下三种模式，其技术场景、优劣势如表 7 所示。

表 7　省联社系统建设模式

项目	集中式的单体应用模式	分散式的单体应用模式	混合式的多租户应用模式
建设模式	省联社集中式建立统一的覆盖全省的绩效考核系统	由各级法人机构因地制宜构建满足自己需求的考核系统；省联社提供数据支持	省联社集中式建立分布架构的绩效考核系统（云平台多租户 + 法人行社数据服务）
系统部署	集中部署在省联社	分散部署在各个法人行社	集中部署在省联社，按法人租户开放和管理
优点	1. 传统的集中式统一管理； 2. 直接与省联社各系统数据对接，充分发挥省联社集中数据管理优势； 3. 应用模块众多，满足各个层面考核系统； 4. 各法人行社无须自建系统； 5. 充分发挥省联社技术优势	1. 分散式管理，复杂度低； 2. 各法人行社自己负责维护，维护运营简单； 3. 能够充分和及时满足各法人行社自身的考核需求； 4. 迭代更新效率高	1. 将集中式和分布式进行有机结合； 2. 依托云计算技术，采用组件化和服务化的微服务架构，扩展能力强； 3. 充分满足法人行社自治考核和差异管理的要求； 4. 快速开出新租户应用，专注业务功能实现； 5. 复用绩效系统的管理工具，如关键业绩指标设置，方案设置；功能共享，可推广给其他法人使用； 6. 集中考核指标数据及管理工具管理，积累、沉淀全省考核经验、知识，有利于交流学习，法人行社考核学习效率的提升

续表

项目	集中式的单体应用模式	分散式的单体应用模式	混合式的多租户应用模式
不足	1. 架构复杂，系统庞大，开发难度大； 2. 耦合度高，关联依赖复杂，扩展能力受限； 3. 变更时，开发及运维困难大和风险高； 4. 对各法人行社的需求响应效率低	1. 需各行社自身维护更新，对于专业人员技术要求高； 2. 考核量化程度、及时性、全面性等依赖于省联社的数据源； 3. 从省联社的角度，各个系统各自为政，没有形成一个整体，考核指标，方案等难以共享； 4. 无法复用绩效系统的管理工具，类似功能需要重新开发	平台架构复杂，开发难度大
代表省联社	河北省联社、湖北省联社、辽宁省联社	江苏省联社、湖南省联社、内蒙古自治区联社	广东省联社、陕西省联社、青海省联社

资料来源：2021 年“中国农金 30 人论坛”年度重点课题《农村中小银行绩效考核管理模式研究》。

农村中小银行服务乡村振兴实施绩效考核，在考核模式上可采用融合考核模式和专项考核模式，相应的绩效考核系统开发部署也可采用融合建设和单独建设。调查结果显示，51.89%的受访者认同单独建立考核模块，提高绩效预约效率，提升考核效能，也有 36.06%的受访者主张在原有系统上进行模块建设，减少学习成本。绩效系统没有最好的，只有合适的，农村中小银行绩效考核系统要充分结合自身绩效管理、业务发展等情况进行建设（见图 12）。

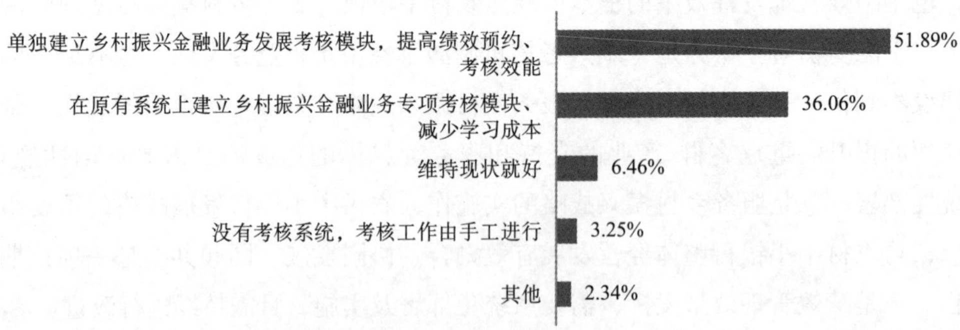

图 12　农村中小银行绩效考核系统建设诉求

资料来源：根据本课题调研数据整理所得。

四、农村中小银行服务乡村振兴战略实施绩效管理面临的困境及挑战

农村中小银行服务乡村振兴战略的实施是一项战略性、系统性、长期性工程，在乡村振兴战略实现与整体经营发展有效融合、协同发展、同频共振，充分挖掘乡村振兴价值，促进农村中小银行高质量发展的目标下，其绩效管理的实施也是一项战略性、系统性、长期性、复杂性工程。结合调研结果，对标商业银行绩效管理成功实践经验，天维信息商业银行绩效管理理论模型，综合分析发现在乡村振兴战略系统性规划下的长效激励建设，差异化发展下的适配性考核体系打造，精准服务下的敏捷考核实施，效果发挥下的考核联动，数字化环境下的绩效管理系统升级五个方面，是农村中小银行服务乡村振兴战略实施绩效管理的必然要求，也是面临的困境和挑战。本部分对这五个方面的具体内容及对应的挑战进行具体分析说明。

（一）系统性规划下的长效激励面临挑战

长效性激励体系建设既是农村中小银行服务乡村振兴战略系统性部署的本质要求，也是绩效管理发挥效果的根本体现。农村中小银行服务乡村振兴战略面临的困难，74%的受访对象认为是“绩效考核机制激励性不足，业务发展后力不足”的机制建设不到位。一是农村中小银行服务乡村振兴战略，金融基础设施的建设、金融覆盖面的提升、重点客群/产业的支持和服务等目标的达成均是需要长期性规划、系统性部署。二是服务乡村振兴战略的实施作为农村中小银行发展战略的重要组成部分，与农村中小银行整体经营发展有效融合、协同发展、同频共振是一项长期性工程。三是绩效管理效果发挥，需要系统化部署及实施，且需持续进行改进。

服务乡村振兴战略背景下的农村中小银行绩效管理实施，其长效性激励体现在三个层面。一是绩效管理持续性的发挥对乡村振兴战略实施的引导和评估作用。二是促进乡村振兴服务战略阶段性目标、长期性目标的达成，以及与银行整体经营管理协同，促进绩效持续改善。三是持续的激发各层级参与主体的积极性，为乡村振兴战略的实施提供不竭的动力保障。

长效性激励体系建设本身是一项系统性工程，包括健全机制、有效运营、执行落地、持续改进等工作，这些工作中的具体落实将面临挑战（见图 13）。一是作为一把手工程，各级管理者对绩效管理的认知偏差影响绩效管理的部署及效果。大部分将其视为“考核评估工具”，关注其考核评价作用的发挥，小部分才会将其作为“管理工具”“战略管理工具”进行运用，并与银行的发展战略、业务模式、组织管理等进行系统化部署、协同化运营。二是绩效管理的规划及长效性机制的打造是一项复杂的系统性工程。要兼顾考核对象的差异性，激励与约束的平衡，规模、风险与效益平衡，以及建设、运营、推广、改进的系统性部署。一方面需要科学的方法、专业的人才、技术、工具予以支撑，目前大部分农村中小银行在这些方面的短板较为明显；另一方面，绩效管理自身是一个持续优化改进的过程，不同的阶段绩效管理发挥作用不用，系统性部署、协同内容不同。三是大部分农村中小银行考核结果运用方式单一，不充分、不成体系，制约激励作用的发挥。

图 13　商业银行绩效管理发展的五个阶段

资料来源：天维信息提供。

（二）差异化发展的适配性打造面临挑战

差异化是农村中小银行服务乡村振兴战略实施显著特征之一，表现为外部市场环境、区域环境、行业产业特征、客群特点等，内部发展战略、实施策略、组织机制、保障机制、考核实施等各个方面。

商业银行绩效管理的成功实践证明，绩效管理没有最先进，只有最合适。换言之，绩效管理需与农村中小银行的实际情况适配，即绩效管理的设计需要体现五结合思想，与银行的外部形式、发展阶段、发展战略、绩效管理基础、一把手领导风格相结合。对于农村中小银行绩效管理实施而言，在省联社、各法人行社层面体现的就是考核要与当前的政策监管导向、战略规划、管理模式、业务模式、考核体系等相结合，省联社履行对法人行社的管理、指导作用，需考虑到法人行社间的差异性（见表8）。

表8　　乡村振兴战略下适配性考核体系打造五结合的具体维度（部分示例）

适配考虑维度	具体内容
外部形势	国家政策/监管、各上级机构、区域行业/产业特点、区域人口特征等
发展阶段	规模与风险；经营与管理；业务发展阶段，如网格化营销的不同阶段：基础期、拓展期、提质期等
发展战略	零售转型战略；数字化普惠金融；数字化营销等
绩效管理基础	目前考核所处阶段
“一把手”风格	如对绩效管理的认知：考评工具、管理工具、战略管理工具

各省联社、农村中小银行适配性考核体系的打造，会面临多项挑战。一是省联社对法人行社差异化考核实施面临挑战。省联社对法人行社的考核要充分考虑各法人行社的规模、风险、管理水平等现状，差异化地下达考核目标、制定考核办法、确定考核权重等，才能体现考核的公平性和激励性。差异化考核需要专业人才、技术、工具、信息等支撑，确保差异化的识别、方案制定和落地实施、持续改进。特别是在工具层面，省联社统一建设绩效考核系统制约着不同法人行社差异化需求的有效满足。二是法人行社自身内部精细化绩效管理体系的建设及运营，对法人行社自身的规划及运营能力提出要求和挑战。三是不同省联社、农村中小银行的发展阶段、管理模式差异，绩效管理实施有差异，互相之间的参考性不强。乡村振兴考核实施面临的困难调查结果显示，89.2%的受访者认为是“难以建立有针对性的差异化的考核体系”（见表9和图14）。

表 9　农村中小银行乡村振兴战略实施阶段性差异

战略所处阶段	支农支小，做小做精程度	代表银行	绩效管理特征（考核内容示例）
初创期（引入期）	作为银行的目标定位，但整体规划、配套措施不清晰	大部分农村信用合作社	关注业务结构的调整，如个人贷款占比
推进期（导入期）	明确后已贯彻执行 1—3 年，整体体系、路径初步成形	少部分农商银行	关注业务结构、客户结构的调整，如零售客户的占比，新增获客数、建档数等
成长期（融合期）	明确后已贯彻执行，对零售或小微业务某一项业务已形成体系的做法	大部分银行	已成体系业务，设置过程、结果指标，如授信占比、用信占比、投放量等
稳定期（体系化）	明确后已贯彻，对零售或小微业务某一项业务已形成体系的做法，绩效管理、激励机制等配套完善	少部分银行	业务考核规模、效益、质量协同；重视客户考核
创新期（优化期）	明确后已贯彻执行，并结合客户需求及外部环境，进行产品、营销模式、组织机制等的创新，如线上业务、数字化转型等	少部分农村中小银行	重视产品创新、客户考核

资料来源：天维信息根据公开资料收集整理。

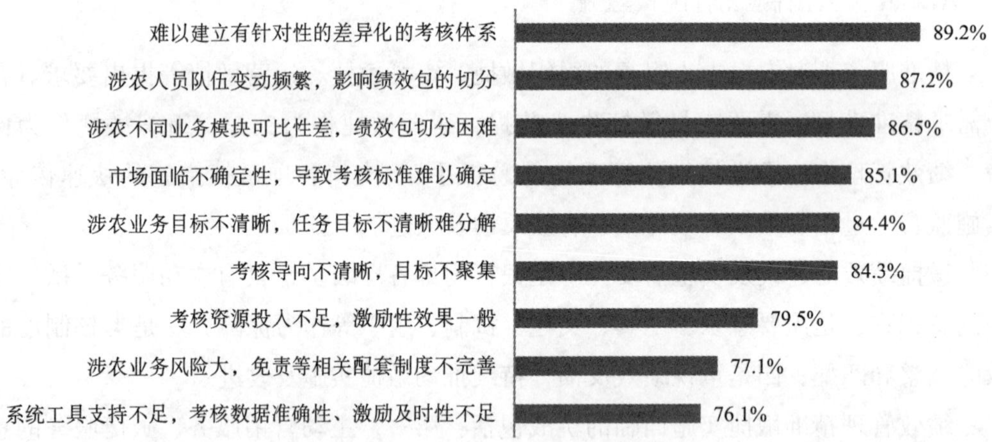

图 14　农村中小银行乡村振兴考核面临的难题

资料来源：根据本课题调研数据整理所得。

（三）精准服务下的敏捷实施面临挑战

乡村振兴背景下的金融服务，在客户需求主导、大行持续下沉、同业产品同质化高、利差持续收窄、数字化技术加速渗透运用等多重因素叠加下，精准服务成为有效保障和提升客户服务质量、乡村振兴服务质效的有效手段。精准服务体现在一是客户的精准服务，包括客户的精细化分类、差异化精细化服务策略的提供、精准满足需求的产品创新、精准有效的风险防控等。二是为有效满足精准服务需求，持续的内部经营管理优化，新业务、新模式、新产品的持续创新（见表10）。

表10　　乡村振兴背景下的新探索

类型	示例
组织架构	乡村振兴金融部（事业部）、数据采集中心等
服务模式/组织模式	“党建+金融”、乡村振兴联盟
营销模式	网格化营销、专项竞赛（区域、支行、网格、小组）、数字化营销
组织层级	区域、支行、网格（社区、街道、乡镇、行政村）
新业务模式	数字化金融、线上金融、供应链金融、绿色金融、产业链金融等
渠道	网点转型，网点智能化、轻型化、综合化、专业化转型 金融便民驿站，如农信驿站、福祥e站、悦农e站、金燕驿站、丰收驿站
新岗位人员	乡村振兴金融人才，科技类人才； 金融助理、金融村干部、金融专员、协管员、志愿者；督导员等

资料来源：天维信息根据公开信息收集整理。

精准服务下对农村中小银行的组织敏捷、市场敏捷、运营敏捷等提出要求。客户需求精准满足，需要市场敏捷作为前提，运营敏捷作为支撑，组织敏捷作为保障。绩效管理作为推进精细化管理的“总抓手”，支持各项敏捷措施的快速传导、实施监督、过程和结果有效评估、有效反馈及改进。

敏捷绩效的建设及实施需要：一是银行内部各层级员工具有主动服务、敏捷服务的意识；二是需要意识、工具、文化、机制、组织等作为保障；三是考核制度的及时调整和匹配；四是重视绩效反馈，持续推动敏捷实施及改进。

绩效管理精准敏捷实施面临的挑战包括：第一，主动营销服务、敏捷服务的意识的培养是一项长期工作。第二，农村中小银行的现有绩效管理基础对敏捷绩效建设及运营的支撑不足。一是农村中小银行绩效管理基础薄弱，专业性人才缺乏，考核稳定性依赖，考核制度调整及时性难度大；二是在省联社建设系统服务支持下，系统敏捷支持需求难度大；三是对绩效管理反馈重视不足。第三，敏捷绩效管理的打造是一项系统性工程，需要机制、工具、文化等全面进行建设和打造。

（四）融合效果下的考核联动面临挑战

农村中小银行服务乡村振兴与整体经营发展有效融合、协同发展、同频共振，其绩效管理实施目标呈现多元化特征，考核需发挥联动性作用。一是政策导向和银行整体发展导向融合，在考核导向及内容上规模、质量、效益、发展转型联动，定性考核与定量考核联动，过程、行为、结果联动。二是在考核实现的价值定位上，社会价值、客户价值、员工价值和企业价值要联动。三是在考核实施机制、模式上，常规考核与乡村振兴专项考核的联动，乡村振兴实施新客群、新业务、新模式、新组织等与已有体系的联动。四是客户深耕下客户价值的保值、增值，既需要引导产品、渠道、服务、定价、营销、风险管理、激励、品牌、客户管理等联动，又需要从获客、活客、粘客、客户裂变等全生命周期推进联动。五是自上而下各层级绩效目标及实施的联动，省联社与法人行社，法人行社内部银行整体、经营机构、员工。六是绩效管理与战略管理、财务管理、营销管理、客户管理、人力资源管理等的联动。

考核联动的实施，首先需要重视绩效管理的建设及实施，真正将其作为一把手工程进行落实。其次，需要打造战略性绩效管理，以战略为引领，推进系统化部署、协同化打造、长期化运营。最后，建设并升级绩效管理系统，一方面支持绩效管理有效运营及落地，对过程、结果的数据化管理，实现透明性监督、量化性评估、客观性分析及反馈、精准性辅导，另一方面强化与其他系统的协同化建设，融入银行数字化布局，建设平台化系统、数字化绩效管理系统。

（五）数字化转型下的系统升级面临挑战

数字化助力乡村振兴在数字化普惠金融、线上渠道、批量获客、数字化风控、数字化营销、数字化运营、数字化决策等方面充分运用。在数字化转型背景下，绩效管理系统持续发挥支撑落地、全面评估分析作用，升级数字化既是银行数字化的重要组成部分，也是绩效管理系统持续优化的必然方向，也是商业银行精细化管理，持续高质量发展，降本增效，充分挖掘技术、数字等要素潜能的必然趋势。

绩效管理系统的升级面临多重挑战。一是人才、资金、技术等资源的支持。二是绩效系统的升级需与全行数字化工作协同性规划。三是系统升级带来的技术匹配及应用推广效果不可测带来的风险和成本。

五、农村中小银行服务乡村振兴战略实施绩效管理策略建议

服务乡村振兴战略下的农村中小银行绩效管理是一项系统性工程，其根本目标是以绩效管理为“牛鼻子”“总抓手”，牵引和促进乡村振兴战略与农村中小银行整体经营发展有效融合、协同发展、同频共振，充分发挥服务乡村振兴的价值，实现农村中小银行的可持续、高质量发展。战略性绩效管理以战略为引领，以绩效管理为核心推进系统化部署、协同化打造、长期化运营、持续化改进，是服务乡村振兴战略下绩效管理实施选择的最佳模式。本部分在前文分析现状、需求及困境挑战的基础上，以战略性绩效管理为主线，具体在基础体系、战略绩效管理体系流程、差异化考核体系三个方面的建设，以及以实现最佳效果为目标的组合考核配置促融合、高绩效工作引领协同实施等共五个方面给出具体的策略建议。

（一）三项基础工作落实，健全体系强基础

1. 五结合导入，科学考核方案设计

商业银行考核方案的设计需遵循五结合原则，将外部环境特别是各级监管政策、考评政策如省联社/市级联社的考核要求，自身的发展战略、发展阶段、绩效管理基础、一把手领导风格作为乡村振兴考核方案的输入，才能设计出与自身基础条件、业务发展模式、客户市场环境、管理水平等相匹配的绩效管理方案。

2. 四体系建设，夯实绩效管理运营

商业银行绩效管理发展有五个阶段，不同的农村中小银行处于不同的阶段，绩效管理作用的稳定发挥就需要补短板、强优势：一方面进行持续的绩效文化打造，保持文化的延续性和连贯性，为绩效管理的持续运行坚实理念基础；另一方面，要围绕管理、制度、文化、软件四个体系的建设，夯实绩效管理体系建设及运营基础。

绩效文化是绩效管理持续推进的基本保障。绩效文化的本质是建立按贡献分配的机制，员工接受并执行落地，在打造中关注其长期性、内涵的丰富性和渗透性。首先，绩效文化的打造是一项长期性工作，需要时时予以关注，持续推进。其次，在不同的时期和背景下，要针对性地对绩效文化赋予新的内涵。乡村振兴战略背景下，绩效文化价值导向要体现客户价值、员工价值、社会价值、企业价值；同时绩效分配文化是"按贡献价值"分配，每个阶段贡献价值要求不同，会体现为工作量、工作投入时间，业绩数量、业绩质量、业绩效益等。最后，绩效文化的打造内涵上需要渗透到企业文化当中，与企业文化融为一体。机制上需要渗透到考核激励机制、薪酬机制当中。推行策略上需要渗透融入绩效管理、经营管理各项活动。

四个体系的建设夯实绩效管理体系基本盘，保障体系的稳定、持续运行。管理体系重点是运行组织、流程、机制、方法、工具等的建立，提供基本的组织管理保障；制度体系是核心，包括业绩分配制度、客户管理制度、网格化管理制度、整村授信制度等基础制度，考核方案、绩效评价及分配、结果运用等考核制度，以及计划预算、薪酬管理、行员等级管理等配套制度；软件体系为绩效管理的落地、精细化、数字化等提供支撑保障；文化体系则是坚实的理念基础。组织流程、制度、系统功能、文化内涵具有动态性，相应的四个体系框架具有稳定性，其内涵具有发展性和动态性。

案例6：某省联社乡村振兴考核文化体系打造①

各级农信机构要在服务乡村振兴工作中深入挖掘先进事迹典型，利用现代化传媒手段，创新宣传形式，对先进典型进行全方位、立体式宣传报道，大力弘扬"三牛"精神，增强先进典型吸引力，激发更多的基层客户经理学先进、争先进、赶先进的热情，推动广大信贷人员找准价值坐标，增强职业道德理念，用身边的人、身边的事教育引导广大信贷队伍。要积极运用典型带动方法，总结一批可复制、易推广的工作经验做法，带动全省农信社服务乡村振兴工作深入开展。省联社将对服务乡村振兴工作中涌现出的先进单位和个人进行表彰、奖励，进一步调动各级想干事、敢干事的热情和干劲，聚焦聚力"重建重塑"，蹚出农信转型发展新路。

3. 目标为始终，体系化协同提升效果

农村中小银行服务乡村振兴战略的实施，需要一方面紧密对接乡村振兴战略，

① 资料来源：天维信息根据公开资料收集整理。

制定本行的发展战略，聚焦于乡村振兴战略的各项业务、重点工作、项目，转化为自身的目标市场、客群定位、产品目标、重点工作等；另一方面，满足各级监管、考评要求，实现乡村振兴战略支撑与银行发展共赢。也就是说，农村中小银行利用绩效管理手段，对本行乡村振兴战略实施进行评价，并推动各方面的协同及持续改进，助力战略的落地实施（见图15）。

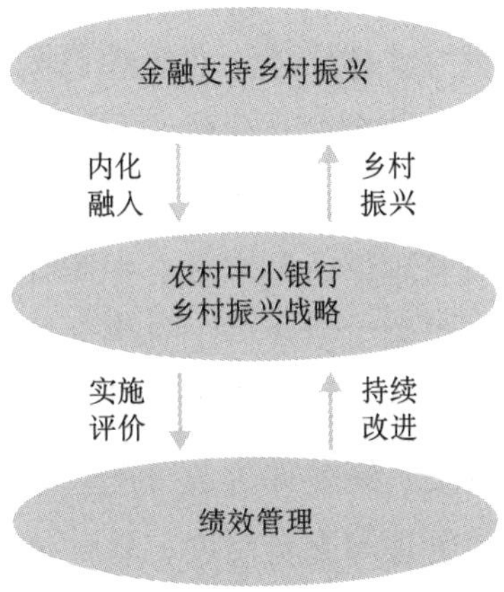

图15 乡村振兴背景下的农村中小银行绩效管理

绩效管理作为战略实施控制的关键一环，以乡村振兴战略目标为始终，体系化协同提升绩效管理效果既是绩效管理自身作用的发挥的基本要求，也是农村中小银行实施乡村振兴战略的必然选择。一方面，绩效管理基于全面的考核评价及全过程管理，对乡村振兴战略实施的总体目标、策略行为及结果、岗位履职及结果进行全面评价、及时反馈激励，监督战略落地，合理资源配置、优化持续改进，具体到业绩目标、营销活动、产品创新、渠道场景建设及运营、组织建设、客户管理、岗位履职、人员履职等；另一方面，与农村中小银行整体经营管理目标、发展战略协同，实现各相关利益者利益最大化，实现股东利润诉求最大化、政府社会要求的服务实体经济和乡村振兴目标，员工的自身发展诉求等。

（二）战略性绩效管理实施，聚焦目标促优化

1. 对接战略规划，清晰短中长期目标

绩效管理体系需围绕组织目标的达成来搭建，即绩效管理的设计需要承接各项经营战略来考虑。乡村振兴战略下的绩效管理体系实施，无论是省联社还是各法人行社，都需要结合区域市场环境与各项发展要求，厘清自身发展战略规划，围绕乡

村振兴专题在党建引领、业务发展、在风险合规、信息科技等方面因地制宜制订发展举措，为组织发展明确方向和目标。资源有限的情况下，通常将各项工作目标按时间管理矩阵区分紧急重要程度，分时段在近、中、远期计划中处理。乡村振兴绩效管理持续提升的关注点中，关注点最高（78.7%）的就是考核计划、目标有效对接战略，如图16所示。

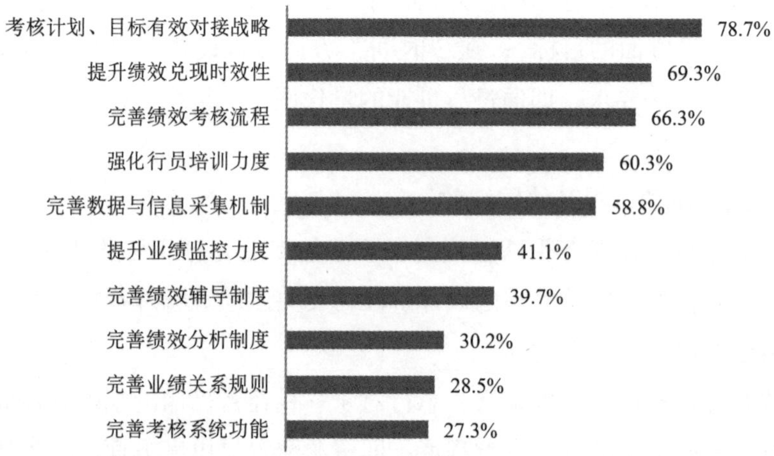

图16　农村中小银行乡村振兴考核实施持续提升关注点

资料来源：根据本课题调研数据整理所得。

2. 纵向分层建设，确保目标传导

纵向来看，绩效管理需要尽可能将组织战略目标有效分解到人，以确保绩效导向的传导效率。农村中小银行当前两级法人治理架构，大层级是将省联社的整体目标分解到下级各法人行社，小层级则是省联社内部、法人行社内部，从“组织—部门”或“机构—员工”岗位的自上向下内部分解。目标的分解工作通常可以从层级分工和指标细化两个环节进行把关，确保战略目标分解的实效。

层级分工方面，战略管理委员会（或董事会）、经营管理层与职能层在战略绩效管理有不同的分工定位。战略管理委员会负责顶层设计，通常体现为对于战略地图一类核心目标的澄清；经营管理层承接顶层设计，围绕战略落地做具体的规划实现路径，通常按高管分管的职能板块进行战略板块分工，然后围绕战略板块分解为3—5年的规划实施路径，以最终可以实现组织战略目标；职能层则需要承接上级高管规划的战略实施路径，细化当年各项目标及举措，完成细化后的成果可直接用于当年绩效管理。

战略目标分解方面除了相对容易考核评价的业务指标、财务指标、客户指标外，对于其他各项战略相关的重要工作需要尽可能地以量化目标呈现，通常可采用 QQCTR（质量、数量、成本、时间、风险）原则对指标内容进行规范。实际操作中部分指标可能不涉及完整的 QQCTR 五个要求维度，但需要尽量规范。以“提升绩效考评规范性”这项指标为例：在“质量”方面可以要求“以绩效考评表与 SMART 原则相符合作为质量方面的目标”；在“数量”方面可以要求“以考评覆盖的人数作为数量方面的目标”；在“时间”方面可以设置“×月×日完成所有人员考评表的修订”等要求，即通过尽可能的量化便于将组织目标分解传导到可被直接评价的个体上。

3. 横向流程驱动，提升协同绩效

横向来看，绩效管理需要基于流程、职能的专业化分工强化各条线及前、中、后台的绩效协同，即在绩效管理的设计阶段需要关注绩效管理授权体系的搭建以及绩效管理指标的协同性、联动性。

在绩效管理授权体系角度来看，总行对于一线经营机构的权限管控通常体现在对于一线员工绩效工资的支配影响程度，即资源配置自由度方面。在集权和适度授权的管控模式下，各个条线对于一线的激励抓手应尽量配置合理，通常可参考经营目标考核权重酌情对各条线分配激励预算。

在绩效管理指标层面应尽量确保指标设置的协同性、联动性，如支行完成一个指标可以同时服务于多项任务要求。此外，需关注对于各条线同一类业务对于员工的激励性的平衡，不应出现条线之间为达成任务而出现“竞价内卷”的情况。例如，同样是“经营性贷款”，对于农户和小企业户可能由于责任条线的不同出现明显差异化的计价激励指标，而这些业务对于总行来说同样重要，对于此类情况应当在设计环节尽量避免。

4. 预算资源匹配，落实资源保障

目标任务的达成、行动计划的实施、各层级员工的有效激励，需要匹配人、财、物、技术、知识、数据等资源，才能实现“敢干、能干、愿意干”责权利能力对等，保障落地实施，充分有效激励。在制定战略地图，实施目标分解的同时，匹配预算管理的实施，为各项目标的达成实施预算规划、编制，执行过程中进行监督、评估、分析、改进，与绩效管理紧密结合，绩效管理与薪酬管理相结合，优化资源配置，落实降本增效，持续推进精细化管理，有效实施战略内部控制（见图 17）。

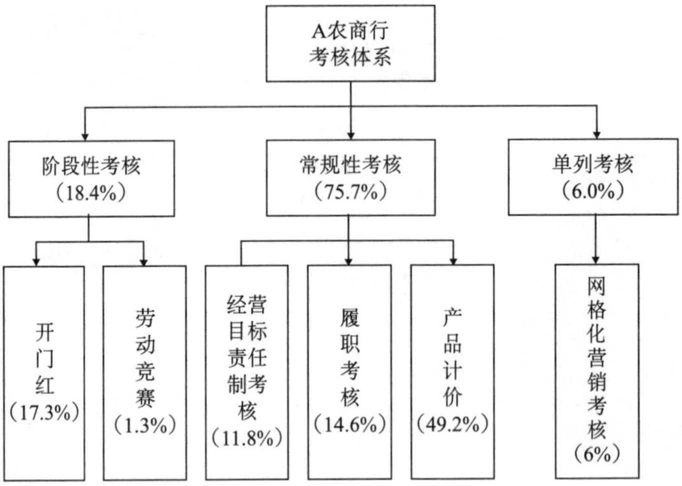

图 17　某农商银行考核体系资源配比

5. PDCA 体系打造，促进持续优化

落实到过程管理中，战略性绩效管理的成效是“三分打造，七分运营”，需要定期辅以一系列绩效运营管理动作跟进落实，以确保“上下同欲”。其中，为确保绩效管理目标始终围绕战略不偏离，银行可考虑设置定期的战略审查及纠偏机制，实施战略评估，借助绩效管理效果评估的实施，评估与分析乡村振兴战略实施的各项内容，产品、营销、队伍建设、技术、风险管理等，覆盖总行各部门、各级经营机构/网点、营销岗、服务岗人员等各相关对象，对战略实施当期目标达成情况进行全面评估，以促进及时纠偏和改进，实现战略管理的 PDCA 循环管理机制，也实现个人、组织绩效目标的持续改进。

（三）差异化客户考核体系建设，精准服务促转化

1. 客户精准服务，促进价值循环转化

精准服务既是乡村振兴金融服务的要求，也是目标。乡村振兴背景下，农村中小银行服务的客户群体主要有农户、新型农业经营主体、小微企业等。精准服务通过将精准的产品、服务提供给客户，实现客户价值转化，同时带来营销管理、客户管理、科技等的协同，让相应岗位员工充分有效履职，实现岗位价值，实现员工价值转化，进而实现银行整体价值转化，如图 18 所示。

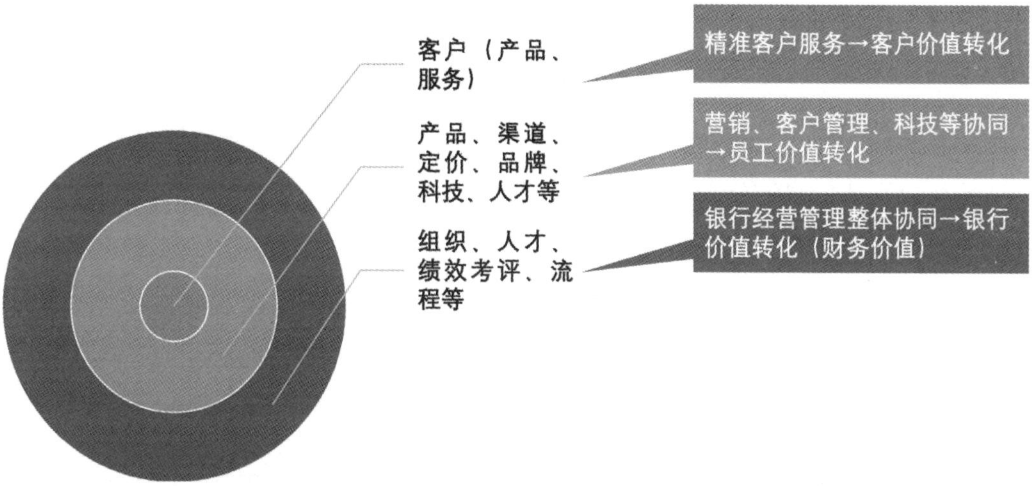

图 18　精准服务促进“客户—员工—银行”价值层次

客户价值转化具体是指客户的生命周期阶段转化，从一次性交易的客户、变为重复交易的活跃客户到长期交易的忠诚客户。员工价值转化是指员工通过对客户服务的提供，为客户创造价值，提升客户忠诚度，促进客户交易，从而获得自我成就感、良好的客户反馈以及绩效回报。银行价值由员工创造、客户创造，员工、客户的价值转化和提升必然带来银行价值的提升（见图 19）。

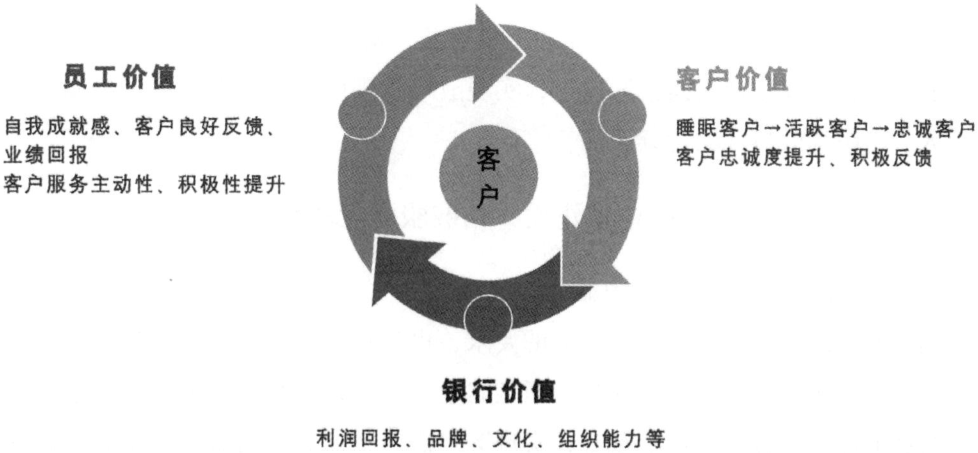

图 19　精准服务促进“客户—员工—银行”价值转化

客户、员工、银行三者之间价值转化基于客户的精准服务，相应地提供差异化的客户考核体系，促进客户分层营销，强化价值循环。差异化的客户考核体系建设包括客户分群分类、基于客户的业绩关系分配规则确定、基于不同客群差异化考核体系建设三个重要环节（见表11）。

表11　不同客群的特点梳理

客群	特点	信贷产品	渠道	业务特点	营销服务策略	客户关系策略
农户	信息不完善，金融意识不强	抵押贷、信用贷、扶贫贷等	线上、线下（如便民服务站）	额度小、风险高	整村授信、走访	客户经理、协作人员，批量维护
新型农业经营主体	信息不完善，金融意识不强	养殖贷、旅游贷、粮食贷等	线上、线下（网点）	需求快、风险评估难	整村授信、走访	客户经理一对一维护
小微企业	信息不完善，需求及时性要求高	线上快贷	线上、线下	需求快、风险评估难	线上授信，网格化营销、客户经理专人维护	客户经理一对一维护
企业	需求复杂，议价能力强	产业链贷、供应链贷等	线上、线下	金额大、风险高	客户经理专人维护	团队一对一维护

资料来源：天维信息根据公开资料收集整理。

2. 客群画像及分群，坚实精准服务基础

客户画像及分群是客户精准服务的基础，更是考核的业绩关系基础。农村中小银行对当前目标客群进行特征梳理，后进行分群、分类或分层，分类标准既可以按照客户属性、交易属性、行为特点等单一指标划分，也可按照复杂指标或多指标组合划分，部分银行客户分类示例如表12所示。农村中小银行客户信息的全面性、技术工具的支撑和运营、客户运营及管理能力决定了客户分类的精细化程度。

表12　客户分类示例

分类标准	客户分类
农区客户（信贷需求意愿）	暂缓客户（无需求）、潜在客户（预计后期有需求）、目标客户（当下有需求）
城区客户（综合需求）	基础客户（支付需求）、信贷需求客户（信贷产品）、综合需求客户（存贷款、理财等）
客户（竞争性及信贷需求额度）	蓝海客户、黄海客户、澄海客户、红海客户
客户（存贷款额度、AUM）	一般客户、白银客户、黄金客户、白金客户、钻石客户、战略客户
客户（贷款余额、交易次数）	蚂蚁型客户（交易次数高、贷款余额低）　鸽子型客户（交易次数高、贷款余额高） 考拉型客户（交易次数低、贷款余额低）　河马型客户（交易次数低、贷款余额高）

如图20所示，乡村振兴背景下，银行都以整村授信、网格化营销、线上贷款

等模式开展客户经营工作，按村、网格、社区、渠道、场景客户的经营单元划分对客户进行分类分群也是一种可选模式。

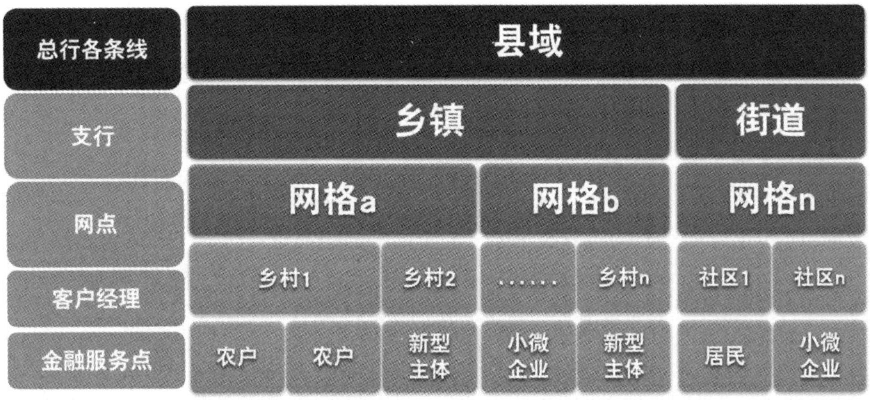

图 20　县域法人行社服务下沉网格划分示例

3. 业绩关系设置，激励到个人

明确分配到客户的业绩关系是考核激励到个人的基础。在以客户为中心的考核体系下，农村中小银行对不同的客群可以实施不同的业绩关系分配规则。对于农区客户或城区长尾客户，可以按照行政村、网格等匹配客户经理，对于农区新型农业主体、重点客户群体、城区小微企业客户、企业等则可以按单个客户匹配到客户经理。

4. 差异化考核体系，强化价值循环

匹配不同群体的立体差异化考核体系建立，可以从考核目标、考核导向、考核对象、考核内容、考核结果等多方面予以差异化设置。

考核目标设置应具有持续性和连贯性：以实现客户价值、获得忠诚客户为长期目标为最终目标，连贯性、渐进性地设置阶段性目标、中长期目标。考核导向依据不同客群的开发阶段进行设置，规模数量、质量、效益相结合。考核内容上体现全过程客户为中心理念，过程与结果、定性与定量指标相结合。考核对象上基于对客户的分群，可以以“网格”“行政村”“区域”等为对象，考核整体覆盖率、转化率等，如整村的建档完成率、授信率、用信率、低价值客户占比等。考核结果运用于员工、客户激励，员工方面运用于绩效工资、荣誉激励、等级/职务晋升、培训机会获得等，客户方面运用于客户权益激励如积分激励、优质个性化服务、商户优惠等（见图 21 和表 13）。

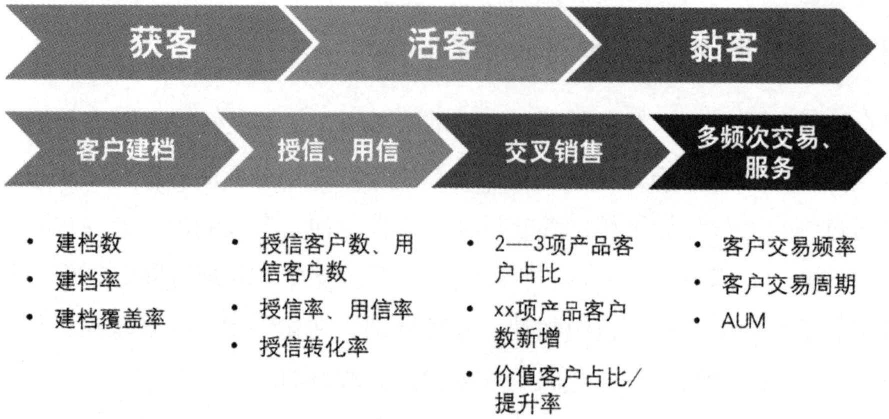

图 21　不同阶段考核指标示例

表 13　　基于不同客户类型全过程考核指标示例

客户类型	营销阶段	考核指标
农区：种养殖大户、新型农业主体	批量获取信息	与村委会合作，批量信息获取
	建档	基础建档、达标建档，行政村：建档覆盖面
	整村授信	授信客户数，整村授信覆盖率
	纳入白名单	预授信户数，行政村：预授信覆盖面
	客户分类	按客户信贷需求进行分类
	综合营销	用信户数、用信覆盖面，各类贷款产品新增；电子银行产品新增
	贷后管理	不良贷款容忍度
城区客户：个体工商户、小微企业主	划定网格	按社区、商圈
	走访建档	基础建档、达标建档
	客户分类	按照客户金融需求进行分类
	产品服务方案制定	根据客户类别匹配产品和服务策略
	综合营销	贷款产品新增，电子银行产品新增
	贷后管理	不良贷款容忍度
城区客户：工薪客户	名单信息收集	基础建档、达标建档，事业单位：建档覆盖面
	批量授信	授信覆盖面
	客户触达	电子银行产品新增
	综合营销	贷款产品新增，电子银行产品新增，结算业务新增
	贷后管理	不良贷款容忍度
营销过程管理	营销过程关键动作行为	晨会、营销资料准备、客户走访、数据整理分析等，根据检查情况进行评分或扣分

（四）组合考核配置，加速融合促联动

组合绩效管理配置，对服务乡村振兴战略与银行整体经营管理融合起到“加速器”作用。在绩效管理满足公平与效率、激励与约束相平衡的前提下，农村中小银行可以通过组合考核指导思想、考核目标、考核导向、考核制度、考核内容、考核方法、考核分配，以及考核文化、管理运营、系统支撑、管理协同等，促进指标联动、目标联动、业务联动、组织联动、管理联动、文化联动、效果联动，加速乡村振兴价值的显现，持续推进银行的服务乡村振兴战略的落地实施。

考核指导思想，标准化与差异化组合，融合效率与个性化需求满足。考核目标上规模、效益、质量、风险合规、发展转型与创新、社会责任组合，融合政策导向与本行社发展。考核导向上规模、质量、效益、风险合规组合，融合短中长期目标。考核制度上常规考核与专项考核，全员考核与条线考核，总行考核与机构考核组合，融合各阶段、各条线、各层级目标。考核内容上定量与定性组合，融合行为、过程与结果。考核方法上目标考核、计价制考核、积分考核、PK制考核、评价考核相结合，融合激励与约束。考核分配上个人业绩、团队业绩、组织业绩组合，融合个人与集体利益；银行内部业绩与客户价值业绩组合，融合内部价值评价与客户价值评价。考核文化上绩效文化与服务乡村振兴文化组合，融合提升企业文化。管理运营上建设纵横维度绩效管理运营组织，融合业务与绩效管理。系统支撑上建设高绩效工作平台绩效管理系统，融合考核指标与绩效目标计划、资源，各任务、活动，各部门、岗位工作计划、过程、行为、结果、反馈等，全面考评、分析与改进。管理协同上以高绩效工作平台管理机制建设为指引，融合绩效管理与战略管理、预算管理、营销管理、客户管理、薪酬管理、人力资源管理、科技管理等，促进协同化实施（见图22）。

（五）高绩效工作平台引领，协同实施促效果

商业银行绩效管理的最终目标是打造高绩效工作平台，其基本理念是以客户为中心的价值共创，其核心是绩效管理，其手段是基于共创价值链构建的全行战略实施运营体系，其目标是对外实现客户价值，对内实现个人、团队、组织的持续高绩效获得，银行的利润最大化，其形式是一套完整的管理运行机制，并以组织、系统平台予以呈现。乡村振兴背景下的绩效管理，以高绩效工作平台为引领，推动协同

化实施，以实现农村中小银行服务乡村振兴与整体经营发展有效融合、协同发展、同频共振，农村中小银行的持续业绩发展及高质量发展。

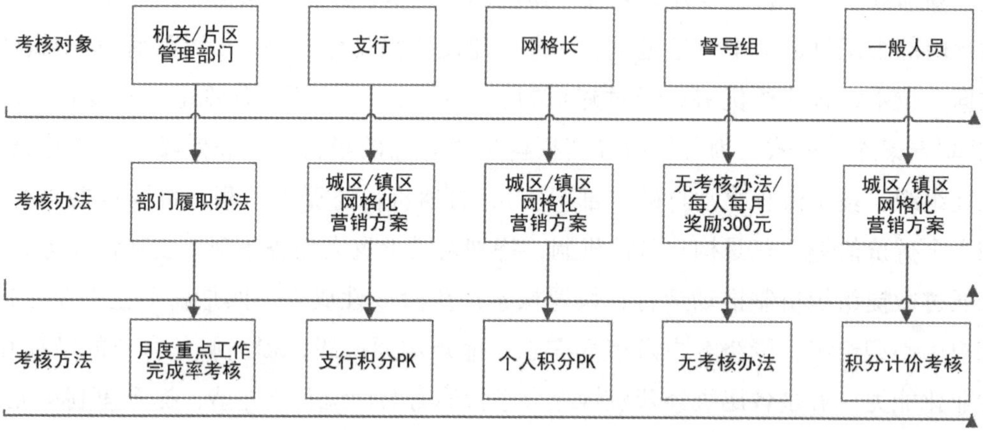

图 22 网格化营销相关考核办法

1. 实施全过程绩效运营管理

高质量发展需要激活商业银行全要素的生产力，特别是在乡村振兴战略目标下，要充分激活客户、数据、技术、人才等潜能，相应的绩效管理可关注全过程绩效，重点关注绩效目标的设置、预算资源的匹配、各层级绩效的全面评估、多层次评估体系的健全实施、各层级绩效管理能力的持续提升、全过程绩效管理的系统打造等六个方面。

一是绩效目标多元化设置。既要财务目标、又要助力高质量发展的发展转型、创新探索等指标，规模、质量、效益、合规、社会责任等相平衡。二是预算资源匹配到位，针对不同业务的定位匹配不同的资源。三是各层级绩效的全面评估。个人绩效关注任务绩效、周边绩效、创新绩效，机构/部门绩效关注履职绩效、任务绩效、团队绩效、协同绩效，银行整体绩效如上所述。四是基于全过程绩效管理的战略评估—经营评估—绩效评估多层次健全评估分析机制建立并实施。战略评估面向全行整体战略，经营评估面向各项业务经营，绩效评估面向各个层级绩效，从而全面诊断和分析组织全过程绩效的过程、措施、资源保障等情况，推进点、线、面、系统性的持续改进。五是持续提升各层级绩效管理的专业能力，为全过程绩效的运营管理提供专业人才保障。六是拓展升级绩效管理系统，充分对接战略管理、预算管理、营销管理、客户管理、人力资源管理、风险管理等，支撑全过程绩效管理的计划、考评、结果运用、分析及反馈。

2. 建设开放、协同的平台型组织

高绩效工作平台需要建设开放、协同的组织平台作为组织保障，即将农村中小银行内部组织打造为平台型组织。一是要建设“强总行”，充分发挥总行集中资源、数据、技术、人才等优势，通过建机制、建系统、建流程、建规范、建知识库/案例库/方案库等形式，为各层级经营机构提供全面的经营支撑和保障。二是建设流程性组织，基于流程驱动打破“部门墙”，打通价值链循环流程，将乡村振兴业务融入全行价值链。三是构建敏捷机制，特别是对于重大任务事项、创新性业务，需要通过敏捷组织机制推动运行，快速探索产生阶段性成果。四是扁平化、专业化、客户中心型组织，围绕客户及市场需求，缩短沟通层级，提高服务客户的敏捷化、专业化能力。五是各层级经营机构综合经营能力的持续升级打造，提升盈利单元的盈利能力。六是全面的科技融入，助力管理、运营质量及效率提升。

3. 打造高绩效工作平台绩效系统

高绩效工作平台系统的打造，为高绩效工作平台的运营落地提供技术系统保障。高绩效工作平台系统既要实现以战略为引领，链接预算管理、营销管理、客户管理、风险管理、人力资源管理、科技管理等，协同支撑各层级绩效的持续提升，又要实现全过程绩效的运营及管理支撑。高绩效工作平台系统的打造可重点关注业技融合、数字化升级、云平台—分布式系统打造三个方面（见图23）。

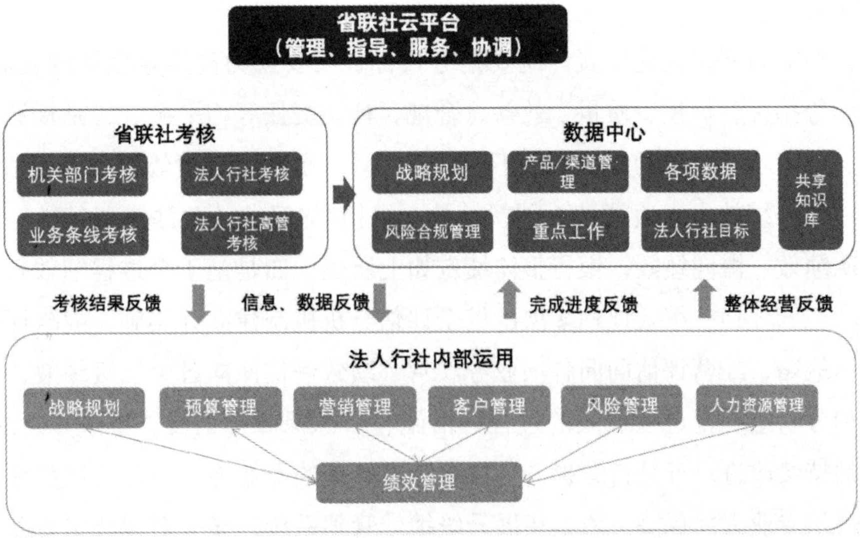

图23　云平台—分布式高绩效工作平台绩效管理系统

一是通过业技融合，使绩效管理规划设计思想更符合“业务逻辑”，更能发挥协同作用，同时通过实施，倒逼相关岗位人员意识及专业技能的提升。二是符合高绩效工作平台开放、协同思想的数字化思维系统建设。高绩效工作平台绩效系统需要全面对接、整合、分析各个系统的数据，前提就是需要各个系统数据标准统一、结构清晰，因此系统要以数字化思维进行规划建设、推进实施，融入全行数字中台建设整体布局，实践中也有部分银行，将绩效管理系统的数字化打造与升级作为全行数字化转型系统建设的重要抓手。

两级法人治理模式下基于云平台+分布式的高绩效工作平台绩效系统建设，通过系统提升管理的穿透性，强化省联社的指导和监督职能，强化两级法人的互动反馈性，是省联社管理、指导、服务等功能发挥的“重要抓手”，是法人行社推进精细化管理的“重要抓手”。省联社层面是以省联社战略规划为引领，面向省联社各部门、下辖各法人行社及法人行社高管的考核，加强省联社管理、指导思想及内容的穿透性，提升过程管理的透明性。各法人行社则是以自身战略规划为引领，面向内部各层级、各职能、各岗位，强化与省联社规划的承接性、互动性，加强省联社重点工作、考核指标的反馈，内部管理的透明性、任务目标的可追踪性。

六、展望

道阻且长，行则将至；行而不辍，未来可期。在省联社的全面规划及引导，以及管理、服务、指导、协调充分履职下，各农村中小银行坚守定位，坚守主业，秉持“长期主义”，相信服务乡村振兴战略必将硕果累累，在加快构建新发展格局，着力推动高质量发展，服务实体经济，建设社会主义现代化国家中发挥卓越贡献。

（一）省联社指导作用进一步发挥

乡村振兴金融业务的开展对省联社的支持诉求调查中，有94.4%的受访者希望省联社能提供乡村振兴业务绩效管理的咨询服务，超过90%的对政策保障、资金融通方面有诉求，84% 以上的金融环境改善、政策宣讲、业务产品服务模式创新、风险防控等有诉求。

省联社应继续强化其管理、指导、服务、协调作用。一方面，在乡村振兴的整体发展规划、政策宣传、产品服务模式创新、风险防控等方面给予法人行社技术、方法、工具、系统等支持；另一方面，应继续强化对农村中小银行绩效管理在业务、技术、数据、工具、方法、模式、路径、专业技能等方面的指导。通过软件平台建设、交流机制打造、管理办法指导意见制定、培训、专项研讨等形式，对农村中小银行服务乡村振兴，绩效管理的改进，精细化管理水平的提升，高质量发展提供持续支持（见图 24）。

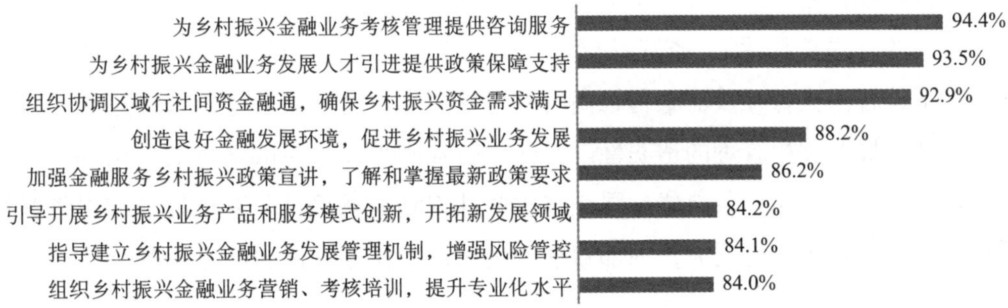

图 24 法人行社急需省联社的支持和帮助

（二）“中国农金 30 人论坛”持续发挥平台效应和桥梁作用

乡村振兴背景下农村中小银行绩效管理的全面深入研究，得益于“中国农金 30 人论坛”良好平台作用的发挥。此次课题调研搭建了各省联社学习、交流平台，为深入分析了解农村中小银行乡村振兴战略的实施、绩效管理实践提供了机会，为各省联社、农村中小银行乡村振兴、绩效管理先进经验积累、传播和绩效管理能力水平持续提升提供了丰富的实践机会。

多家省联社在调研中都表达和反馈了借助“中国农金 30 人论坛”平台，持续提升乡村振兴战略实施能力，绩效管理能力、加强同业先进经验交流的迫切诉求。具体建议：

一是在组织层面由“中国农金 30 人论坛”牵线搭桥成立农村中小银行绩效考核专业委员会，并建立常态化联络工作机制。推动各省级行社加快建立健全绩效考核领导组织体系，以“差异化”考评机制为抓手，持续推进辖区法人单位健全完善以价值创造为核心的绩效考核模式，推动全国农信机构加快实现高质量发展。

二是在内容形式上可以通过组织乡村振兴、绩效考核相关专题研讨，采用工作经验与信息交流研讨会、专项课题研究等方式开展。搭建全国农村中小银行乡村振兴、绩效管理工作经验与信息交流平台，发挥平台优势，协调乡村振兴、绩效管理优秀的商业银行，联合深入开展系列研究，组织实地考察、业务交流培训等，强化专家智库示范引领作用。

（三）持续关注农村中小银行绩效管理课题的研究

持续关注农村中小银行绩效管理课题研究。一是绩效管理的持续改进需要不断总结先进经验并传播推广。二是农村中小银行的持续发展，使得绩效管理的输入具有动态性和发展性，譬如乡村振兴、零售转型、数字化转型、新市民金融服务、数字化营销等，从而使绩效管理相关课题的研究常说常新。三是绩效管理三分打造、七分运营，不仅要关注绩效管理体系的建设，更要关注绩效管理的实施及运营。从本报告分析中也可以看到，在乡村振兴战略实施的背景下，面临着如数字普惠金融、绿色金融、养老金融等诸多新业务模式和新环境要素，绩效管理还有很多新的挑战和话题需要探讨。不同农村中小银行所处绩效管理阶段不同，如何有效运营，持续地进阶和优化，持续服务于银行高质量发展，也还有很多话题需要探讨。

附　录

各农村中小银行结合自身条件和特点，选择差异化的乡村振兴战略的实施，相应地，在绩效管理方面就会各具特点。本报告附录部分分享在乡村振兴背景下的省联社—法人行社两级法人、单个法人行社战略绩效管理实施案例，并对历年金融助力乡村振兴发展政策文件进行梳理。期望通过案例的分享，对本报告正文内容进行有效补充，为农村中小银行服务乡村振兴战略的绩效管理体系设计提供参考，强化绩效管理适合的就是好的、常优常新、系统性作用效果最大的整体理念；通过对历年政策文件的梳理，更好地帮助农村中小银行了解国家相关政策，更好地进行乡村振兴规划及实施。

附录A　广东省农信联社乡村服务新模式实施及考核[1]

1. 省联社服务乡村振兴实施规划

近年来，广东省农信联社在省委、省政府正确领导下，在省农业农村厅关心指导下，坚持以习近平新时代中国特色社会主义思想为指导，强化党建引领全省农信系统坚守支农支小定位、加强服务乡村振兴，取得了明显成效。截至2022年9月底，全省农商银行小微企业贷款11 091亿元，同比增长13.97%；涉农贷款5 998亿元，同比增长8.97%；以全省银行业15%的信贷占比，提供了全省34%的涉农贷款、50%的普惠型涉农贷款和60%的农户贷款，用实际行动践行了“广东金融长子”的责任担当。

广东省农信联社服务乡村振兴战略规划主要内容包括：一是围绕服务“乡村振兴战略”，强化党建引领，构建“党建+金融”乡村振兴工作格局。二是围绕“乡村宜居宜业”，坚持服务下沉，推进农村金融基础服务“五个一”工程（即：一支部、一特派、一体机、一平台、一授信）建设，构建“村村通政务+户户通金融”乡村服务格局，实现基础金融五个全覆盖（即：党组织党建共建、乡村振兴金融特派员进村、政府服务自助机投放、三资平台财务系统对接、整村授信），打通农村金融服务“最后一百米”，努力实现“985”工作目标（即：家庭户、个体工商户及小微企业信息建档覆盖率90%，授信覆盖率80%，贷款签约覆盖率50%）。三是围绕“农业高质高效”，持续加大信贷投放力度，当好“地方金融长子”。四是围绕“农民富裕富足”，推动人才、资金、产品下乡进村，服务农民勤劳创新致富。五是围绕“稳住经济大盘”，落实助企纾困措施，全力惠企助农。六是持续加大考

① 资料来源：广东省联社提供资料、公开信息及天维信息案例库综合整理。

核引导的力度，引导农商银行回归本源。

2. 省联社三类考核对象为主体、一个平台为支撑的考核体系建设

为进一步加快辖内农商转换经营机制，提质增效，提升监管评级，引导农商银行坚守定位，回归本源，促进稳健、协调和可持续发展，省联社建立了包括机构绩效考核、监管评级激励约束和高管人员年度考核三方面的农商银行绩效考核体系。省联社对省联社员工也建立相应的考核体系，并建设“云平台”绩效管理系统平台支撑考核落地，在省联社层面搭建了省联社对省联社本部、法人行社及其高管三大类考核对象的考核体系，以及一个软件平台支撑的体系。

（1）法人机构的绩效考核。法人机构的绩效考核旨在加快机构转换经营机制，考核指标包含发展转型、经营效益、风险管理、社会责任和合规经营五大类指标，根据机构类别设置不同权重，考核结果采用强制分布，分为 A、B、C 三类，与领导班子及其成员考核评价、干部选拔任用、高管绩效薪酬挂钩，充分发挥绩效考核结果“指挥棒”作用。

在保持整体指标体系延续性基础上，广东省联社每年均对绩效考核办法进行优化。如 2022 年根据省委、省政府关于金融支持全面推进乡村振兴的工作部署以及最新监管要求，统筹考虑农商银行机构类别及所处地域差异性，进一步细化农商银行考核类别，根据各类别机构短板和经营发展情况，通过差异化设置指标体系和分值，突出了发展重点以及对机构经营指标的增量考核，同时增加重点涉农业务、户户通工程等贷款业务转型类考核指标。

省联社对辖内农商银行细分 3 类 4 组进行考核，考核指标体系分为五大类一级指标，十三类二级指标，考核实行百分制，满分 100 分。其中与《金融机构服务乡村振兴考核评估办法》相关的指标设置如附表 A－1 所示：

附表 A－1　　广东省农商银行乡村振兴考核指标示例（2022 年部分）

一级指标	二级指标	三级指标	
发展转型类	贷款管理	信贷发展	贷款增长：各项贷款增速 涉农贷款：涉农贷款余额增长、涉农贷款增幅、普惠型涉农贷款增速 普惠型小微贷款：普惠型小微贷款增速、普惠型小微贷款户数
	战略转型	重点涉农业务	渔业贷款余额、渔业贷款增速 特色农业贷款：农产品稳产保供贷（“米袋子”“菜篮子”“果盘子”“茶罐子”“水缸子”）+生猪贷+新型农业经营主体贷+园区贷合计增速

续表

<table>
<tr><th>一级指标</th><th>二级指标</th><th colspan="2">三级指标</th></tr>
<tr><td rowspan="2">发展转型类</td><td rowspan="2">战略转型</td><td>“户户通”（“户户通”五大工程工作任务：一支部、一体机、一特派、一平台、一授信）</td><td>“一支部”：党建共建镇（街）、行政村（居委会）覆盖率
“一体机”：政务服务自助机投放覆盖率
“一特派”：
· 乡村金融特派员派驻村居覆盖率
· 客户经理占比
“一平台”：已开立账户覆盖率
“一授信”：
· 建档覆盖率（个人建档覆盖率；个体工商户及企业建档覆盖率）
· 客户授信率
· 贷款签约率
· 整村授信覆盖率</td></tr>
<tr><td>数字农信建设</td><td>手机银行 App 推广完成率
手机银行 App 月均活跃率
科技产品使用率</td></tr>
<tr><td>风险管理类</td><td>信用风险防控</td><td>不良贷款率</td><td></td></tr>
</table>

从考核指标中可以看到，针对乡村振兴依据省联社发展规划，在发展转型类中对信贷发展，战略转型指标中针对重点涉农业务、户户通工程的五个全覆盖工程实施情况、数字农信建设的手机银行 App 使用情况，风险管理中对信用风险防控进行考核。

（2）监管评价激励约束。监管评价激励约束旨在提高机构风险管控能力和经营管理水平。广东省联社制定了《广东省农商银行（农信社）监管评级激励约束管理办法》，每年度根据各机构的监管评级结果，按照分类管理原则，配套相应的激励约束措施，措施主要包括机构级别调整、信贷管理、风险管理、成本管理、金融市场业务管理、干部管理、薪酬管理、专项奖励金等。

（3）农商银行领导班子及领导人员年度考核。农商银行领导班子及领导人员年度考核旨在评价农商银行领导班子及领导人员的年度履职情况。其中，领导班子考核采用强制分布确定考核结果，根据各机构在所属机构类别中的综合考核得分排名情况确定考核等级；领导人员根据岗位职责、领导班子分工分别设置考核指标和权重，实施分类考核。领导班子及领导人员考核结果分为优秀、称职、基本称职、不称职四个等级，考核结果与领导人员选拔输出、领导班子调整、高管绩效薪酬挂钩。

（4）省联社员工考核。省联社员工绩效考核以业绩为导向，每季度采用“2 + 7 + 1”活力曲线方式进行无记名强制排序。考核对象分为部室负责人和部室负责人以下员工两类，部室负责人由省联社领导进行排序，部室负责人以下员工由部室负责人进行排序。排序在前 20% 的，考核结果为优秀，绩效薪酬上浮 50%；排序在中间 70% 的，考核结果为良好，绩效薪酬按标准发放；排序在后 10% 的，考核结果为待提升，绩效薪酬下降 50%。

（5）绩效管理“云平台”建设及运营。广东农信充分利用云平台和大数据平台，按照科学的绩效管理理论进行业务流程设计，依托云租户及微服务技术支撑打造高度自治的绩效管理云平台，满足不同发展阶段的法人行社对绩效考核的差异化诉求。

在技术实现上，绩效云平台基于广东农信专有云底座，融合“金融云”和“行业云”各自的轻量级容器技术和大数据能力优势，全面采用国产数据库等国产化技术、融合云租户模式，构建了基于大数据技术的省级绩效管理混合计算引擎，实现集中巨量数据加工和独立个性计算处理双保障，平衡共性与差异，为行社的高效经营、考核、决策奠定基础。

在运营机制上，采用“云平台 + 实施准入”模式，通过合格实施商入围，支持多家实施商基于云平台为各法人行社提供各项绩效考核服务，实现各行社基于广东省联社统一的平台、数据及开发要求自主定制服务功能以及全省先进经验的沉淀共享，兼顾“放”与“统”，切实提升绩效考核效果。

各法人机构选择绩效管理系统时，有两种选择，一种是各法人机构自行完成制度建设和运营管理建设，根据项目实际需求提交需求单进行开发，不需要单独进行合作付费；另一种是各法人机构可以在省联社提供的三家准入机构中（投标入围）自愿签署咨询服务协议，开展绩效管理业务合作。

2020 年云平台正式上线，当前已经有几十家法人行社基于云平台实现绩效管理的线上化、信息化、绩效薪酬管理自动化。

3. 法人行社因地制宜实施内部考核（以“户户通”为例）

本报告从天维信息案例库中选择广东省内 3 家农村中小银行“户户通”实施及考核案例内容进行梳理对比研究（见附表 A－2）。

附表A－2　　三家广东省农村中小银行“户户通”实施及考核内容

		银行1	银行2	银行3
银行基本概况		人员规模（300人，500人）	人员规模 （1 000人，3 000人）	人员规模（300人，500人）
户户通实施方案	方案性质	全年实施方案	季度专项方案	全面实施方案
	主要工作	1. 采用网格化服务的方式，在前期建档获客的基础上，依托后台客户数据，施行服务下沉 2. 第一阶段：夯实基础阶段（2022年×—×月） （1）有效实施金融人才下乡 金融特派员派驻覆盖率100%、客户经理人数占比不低于20% （2）完善信息基础，夯实业务产出基础 提高信息建档质量、制定个体工商户（经营户）预授信模型、网格管理 3. 第二阶段：扎实推进阶段（2022年×—×月）总结提升、金融特派员管理提质、客户经理管理制度优化提质、业务转化（中间业务业绩转化、拉动存贷款上升）、示范点打造	“一支部”，各党支部与行政村党支部结对共建，实现辖内行政村结对共建全覆盖。“一体机”，全面协助地方政府做好政务自助机的布放及运营，实现村村通政务。“一特派”，积极开展乡村金融特派员进万村工程，实现村村有金融人才。 “一平台”，以“三资平台”及“村财通”业务为重要抓手，实现“村村有账户”。 “一授信”，开展信息建档和信用评价工作，扎实推进信用村建设，推动“整村授信”行政村全覆盖，实现“一村一授信”	1. 着力打造一个农村金融（普惠）户户通线上线下结合的服务平台，通过“派驻乡村振兴金融助理、信用村建设、农户信息建档及信用评价、政务智能柜台服务、悦农e站金融服务点、合格客户预授信和有效贷款需求全覆盖”，实现“规模经济降成本、综合服务增收入、数据驱动防风险、内外平台帮客户、金融助理行行通、天天不离好帮手”的内外部愿景目标 2. 准备动员阶段（2021年）项目筹备、网格划分，建立机制（督导、PK），宣传推动 3. 全面建设阶段（2022年）广泛对接合作、动员，网格化营销、实施PK竞赛，督导全覆盖 4. 总结提升阶段（2023年）持续建档、综合营销、技能提升，行为形成规范
	组织推动	领导小组、督导小组、工作专班、网格小组		1. 领导小组、推进小组、督导小组 2. 对接多方联动 3. 全面获取数据，系统、科技支撑 4. 优质产品服务提供 5. 强化考核激励 6. PDCA管理，持续优化、总结、经验交流、改进

续表

		银行1	银行2	银行3
户户通实施方案	服务对象	区域内商业区商户、居民小区居民、小微企业主、行政企事业单位工作人员、行政村农户等		农区客群：普通农户、重点农户、种养殖大户、新型农业经营主体（家庭农场、农民合作社、农业产业化龙头企业、村办企业等） 城区客群：个体工商户、小微企业主、工薪客户
	发展目标	“3年见到显著成效”、“3年内全部村落实现100%获金”的目标，打造村村有“驻村联络员”、社区有“社区联系人”、“户户有账户、户户有信用、户户有授信、户户有理财、户户有服务”		不同阶段达成相应目标： 农户（建档、预授信、授信激活、用信）、个体工商户（建档、预授信、授信签约）、小微企业（建档、预授信、授信签约） 实现该行在当地“户户有账户、户户有信用、户户有授信、户户有理财、户户有服务”的农村金融服务全覆盖，打通普惠金融“最后一米”
考核激励	绩效管理整体实施现状	全行建设绩效管理项目2年多，已初步完成四个体系的搭建工作，员工可通过系统查看个人业绩、考核结果，依据系统数据兑现绩效工资，开始推进总行职能部门考核	全行建设绩效管理项目1年多，已初步完成四个体系的搭建工作，员工可以通过绩效系统查看个人任务、业绩及考核结果	全行建设绩效管理项目1年多，已初步完成四个体系的搭建工作，员工可以通过绩效系统查看个人任务及业绩及考核结果
	考核机制	活动实施	专项活动考核方案	1. 户户通考核及激励 2. 客户经理队伍建设完善，与业绩挂钩，能进能出、能上能下 3. 全员营销机制，培训技能提升和考核激励
	考核方法	计价制、任务制	计价制、PK竞赛（分组竞赛）	积分制：户户通营销竞赛业绩指标达成履职评价：相关岗位人员履职评价，如金融助理PK竞赛：定期PK，机构PK、个人PK
	考核对象	各分支机构、业务部门、全行员工	全行员工	全行员工

续表

		银行1	银行2	银行3
考核激励	总体考核指标	存款、贷款（贷款营销发放、整村授信）、建档、业绩转化（涉农贷款、非涉农贷款、手机银行、“悦农e付”新增）	建档（个体工商户、小微企业主、个人、企业）、整村授信、个人贷款（户数、金额）、新增银行卡数、新增村组/街道办账户数、政务机业务量、存款增长额	客户建档（自然人、个体/小微企业、企事业单位）、批量授信、各类贷款新增（个人消费类、小微经营性、涉农经营类）、电子银行产品户数（手机银行、网银、“悦农e付”）、结算业务（银行卡、社保卡、信用卡、对公账户）、信用村
	激励措施	1. 机构、个人、相关岗位优秀人员评选奖励； 2. 专项奖励：建档、存贷款及相关指标完成 3. 补贴：督导员、协管员、金融村干部等专项补贴 4. 其他费用：采购、活动等	1. 专项奖励：PK竞赛奖励、指标计价奖励 2. 专项补贴：各级督导员	1. 个人：营销/履职积分，履职评价综合得分 2. 专项激励：PK竞赛奖励、荣誉激励

广东省农信联社“户户通”乡村振兴实施方案具有以下特点：一是在实施方案、考评政策体现承接性。省联社承接国家、省政府政策要求，各法人行社承接省联社规划方案要求、考核目标要求。二是省联社考核体现综合均衡发展导向，将乡村振兴内容融入现有考核体系，重点在发展转型、风险管理中设置指标。三是法人行社采用专项考核方案，匹配专项资源进行考核实施。四是法人行社在充分完成省联社考核目标要求前提下，基于自身情况方案规划的差异性，具体实施举措、考核内容也会有一些差异。五是法人行社的措施及考核均体现出业务综合联动、客户精准服务、过程结果结合、充分有效激励的特点。

4. 肇庆农商银行强化客户经理绩效管理服务乡村振兴

肇庆农商银行是一家由肇庆原端州农商银行、高要农商银行和鼎湖农信社以新合并的方式组建而成的市级城区农商银行。目前市区金融行业涌现，竞争激烈，面对前有追兵后有堵截的金融战场，肇庆农商银行选择回归本源，坚守支农支小、坚定走“勤劳金融”发展道路，利用自身资源优势持续推进普惠金融户户通工作，努力走出一条具有肇庆特色的城区农商银行普惠转型之路，向“小而美”银行迈进。其中，客户经理为一家银行的核心竞争力，对于客户经理团队的考核激励和培养显

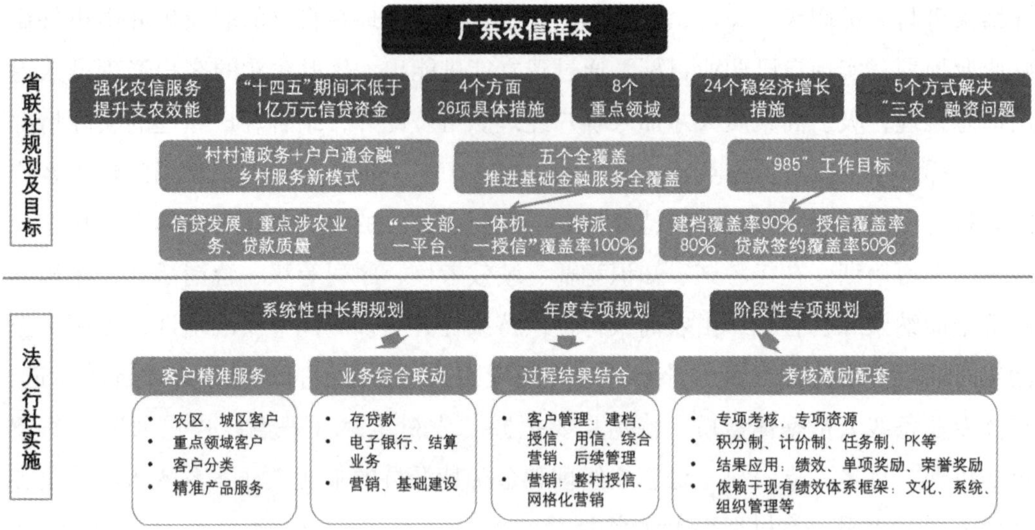

附图 A－1 广东省农信乡村振兴自上而下规划及考核实施

得尤为重要。肇庆农商银行不遗余力，将重点和资源往营销一线、客户经理队伍倾斜，充分激励客户经理积极性和主动性，努力打造一支能顶压力、能挑大梁、能打胜仗的客户经理队伍。

（1）建立科技考核机制，综合薪酬激励机制。按客户经理类别制定多层次的激励机制，引入绩效云考核系统，通过科技赋能的手段业绩统计到个人，得出客户经理考核结果，并实现激励机制正确运用。通过激励机制与绩效挂钩，以结果导向决定员工工资和职务晋升。

借助绩效云考核系统，考核到个人强化个人激励。目前肇庆农商银行已经应用绩效云系统一年多将近两年，应用于客户经理团队薪酬考核方面取得明显成效，在客户经理薪酬分配实现了差异化、业绩导向为目标，让绩效向一线、向营销人员倾斜。绩效云系统针对客户经理考核的主要包括贷款绩效、存款绩效、虚拟行员二次分配绩效、客户经理外勤绩效。绩效考核的重点为贷款绩效，贷款绩效由贷款管户绩效、贷款年日均余额净增绩效、贷款利息收入绩效、新增普惠贷款绩效、贷款基础任务指标组成，主要针对存量贷款及新增贷款的考核，考核导向以增量为主，同时加大对新增的普惠贷款激励。

丰富激励机制，做好客户经理激励晋升规划。逐步建立农商银行的客户经理岗位职务专业序列，结合培训、季度明星客户经理、年度优秀客户经理评选以及客户经理精英特战队的打造等多种方式，打造队伍标杆示范，对客户经理进行激励，考评结果可与人员职级、岗位、晋升等挂钩，让客户经理在自己的职业生涯中更好做好职业规划，实现自己职业目标。通过建立能进能出、优胜劣汰的客户经理准入退出动态管理，吸引高素质人才加入客户经理队伍。此外，结合客户经理的实际情况实施阶梯式培养，打造精英特战队。通过筛选 15%—20% 综合素质较强的优秀客户经理打造专属管理，拟订精英特战计划。建立全方位的客户经理管理体系，将客户经理的学习培训、在线考试、知识竞赛、绩效考核、序列等级、营销活动、违规问责等全面纳入综合管理，由农商银行提供持续提升培训、同业实战培训，拟用一至两年时间培养出一支“百人骨干”客户经理团队，并逐步打通优秀人才晋升通道，提高专业条线人员整体素质。特别是要把握“农村金融（普惠）户户通”工作下沉的机遇，打造一支农村金融客户经理和金融特派员的金融人才下乡队伍，将更多金融人才活水引入乡村振兴工作当中。

建立有效的监督机制和反馈机制，持续激励和改进。运用组织和个人监督相结合的方式，让监督更有综合性，对客户经理薪酬实施方案实施监督以及实施后结果反馈监督，保证监督制度公平公正公开，使客户经理在透明的状态下知道自己什么样的付出得到什么样的回报，切实保障客户经理知情权，贴合客户经理意愿。同时也应该积极向省联社沟通反馈数字化应用过程中的意见和建议，特别是有相关需求也应向银信中心快速反应小组申请开发应用，实现微型科技需求，更好提升营销转化成效。

（2）各项协同机制建设，助力客户经理队伍成长。肇庆农商银行还采取多项措施完善配套协同机制，持续助力客户经理队伍的成长。

一是专业队伍建设，扩充人员队伍。在考虑网点规划为前提下，综合考虑信贷人员管理半径、管理规模、管理质量、目标预期等维度，合理定编，优化信贷人员配置，确保信贷人员配置满足业务发展需求。按照专业化的管理思路，推行条线化、集中化运营管理，逐步打造专业化涉贷队伍。肇庆农商银行通过智能化运营项目实施以及柜面优化、网点营业时间调整等形式，不断扩大客户经理队伍人数。截至 11 月 3 日，客户经理从年初的 186 增长至 356 名，客户经理新增 170 名，客户经理占比从年初的 11.85% 增至 22.82% 。

二是逐步建立“差异化”客户经理成长体系。充分考虑客户经理个人能力差异，综合考虑客户经理的团队构成，兼顾客户经理队伍稳定性，在全行范围内组建一支有激情有理想，热爱农信事业的客户经理队伍。如在建立一支全能的客户经理队伍基础上，通过网点柜面人员分流措施，把富余人员分流至户户通客户经理队伍上，并明确其岗位职责，由其专门从事户户通、贷款营销、协助贷后管理等，使本行客户经理队伍不断壮大，人员搭配不断优化。肇庆农商银行已逐步建立农商银行的涵盖客户经理等岗位的职务专业序列，设置初级、中级、高级三个等级，其中初级设置了 4 个档次、中级设置了 2 个档次，形成“三级 7 档”的岗位等级序列，等级评定结果与员工薪酬挂钩。

三是强化信贷管理规范，完善尽职免责机制。农商银行客户经理应持续不断深入学习营销、信贷、制度规范、风险等方方面面的内容，强化日常管理，细化信贷风险责任。同时也要优化细化尽职免责条款，对线上线下贷款的责任认定作出清晰指引，细化明确尽职免责调查、尽职评议和责任认定等环节的标准，在普惠产品制度列明免责、减免责任的情形，为一线客户经理卸下“包袱”，让“尽职免责”真正落实到位，激发全行客户经理全力以赴投身“户户通”工作。

四是营销工具包支持，加快普惠小微转型步伐。立足新发展理念，坚持做小做散、坚持服务“三农”，通过给客户经理配好营销工具包，通过“户户通 App + CRM + 信用信息系统 + 进件小程序”四大工具的联合，夯实基础建档和达标建档，结合 CRM 及客户画像小程序实现大数据预授信、动态跟踪，以即将上线的营销管理平台等多渠道多工具助力精准营销，通过信用信息系统作为信用村建设的全面支撑，积极应用 CRM、“三农易、小微易”系统实现线上线下前后台协同作业移动办贷，提升户户通“985”业务转化，加快授信覆盖、签约覆盖以及整村授信工作。

五是“系统 + 多元”培训体系，持续助力客户经理能力提升。通过“现场 + 视频”“线上 + 线下”“理论 + 实操”“内部 + 外部”相结合的方式，组织开展客户经理培训，同时辅以竞赛、展评等多种手段，调动客户经理学习的主动性、积极性。多元培训则以现场培训、带班培训为主，结合竞赛、展评等活动，通过案例分析、实操演练、竞演等方式，提高客户经理实战能力。对年度培训情况进行考评，考评结果可与人员职级、岗位、晋升等挂钩，对培训成绩优异的人员予以表彰奖励，对在岗培训中表现较差的人员评估其岗位履职情况，严重失职或难以胜任岗位的予以调整。与此同时，加强客户经理师资队伍建设。选拔业务熟悉、表达能力强的优秀客户经理担任内训师，提供外出学习、培训、长期聘用等正向激励机制，提高优秀人才参与农商银行管理的内生动力。

5. 龙门农商银行深化绩效管理改革，数字化加码服务乡村振兴

近年来，龙门农商银行积极推动绩效管理改革，建立健全党建考核机制，引入新方案、新系统、新平台，全面构建科学合理的绩效考核管理体系，以绩效考核提升企业核心竞争力，推动数字化转型，赋能乡村振兴。

（1）建立新绩效机制，完善考核管理体系。

建立起横纵两向的绩效考核管理团队。横向团队由普惠金融部、授信管理部、电子银行部、运营管理部等中后台部门组成，主要为绩效考核进行资源整合、条线专项考核支持辅助、针对绩效专员专项培训和召开绩效分析会、员工座谈会，强调"绩效变革"是全行能力配合的重要举措，每个部门必须参与进来，跟进深化改革。纵向团队由"董事长—人力资源部—总行绩效专员—支行绩效专员"组成，组建绩效考核工作小组，打通"总行—支行"直上直下的汇报路径，增强绩效管理信息的上传下达的时效性。

引入党建工作、合规风险和清廉文化考核。探索改变简单以业绩考核为导向的经营理念，将清廉指标纳入考核评价、将清廉金融文化建设情况纳入合规经营类指标。根据职能部门和网点的工作性质，党建类指标占经营考核目标得分10%—33%，强化党建考核，推动党建引领业务发展；合规经营、风险管理指标以倒扣分的形式纳入经营考核得分，将合规内控考核类指标实时反映到业务发展当中，实时反映员工违规违纪情况，使合规考核更科学直观。

将绩效考核与户户通工作有机结合。在2022年季度、年度考核方案中加入"户户通"考核指标，并将机关督导部门的督导成效纳入其绩效考核，将占比比例扩大至15%，提升绩效管理的激励约束作用，有效发挥督导工作效能。

（2）引入新绩效方案，推动考核管理精细化。

初步打破平均主义。2018年，龙门农商银行在实施社区银行网点转型的同时，为充分调动员工营销积极性，开始探索第一次绩效考核改革，引入二次分配考核方案，通过简单有效的工资结构改革，拉开收入差距，初步打破吃大锅饭的局面，促使综合柜员、客户经理、综合客户经理、高级经理营销主动化。

细化各类考核指标。制定了以"存款、贷款、中间业务、不良贷款清收、柜台业务量"为核心的接近100个考核指标，存款指标根据"存量增量、对公对私、高低成本"细分出12个指标，贷款指标根据不同贷款类型不同金额区间的"存量新量管户、利息收入、新增投放和贷款营销"细分出77个指标。

精准考核到个人。2021年，龙门农商银行实施二次绩效管理改革转型，引入新绩效考核方案，从"考核到机构"转变为"考核到个人"，支行员工的绩效工资根据岗位工作内容的不同而挂钩不同比例的业务类考核指标，客户经理和综合柜员挂钩比例为70%，支行负责人挂钩比例为20%，一线支行的岗位重点要以业绩为直接结果导向，以“个人业绩多少”决定“绩效多少”，绩效工资倍差实现从2.45倍到20倍的转变，个人业绩计价上不封顶，行员可根据自己的资源和能力优势发展业绩，多劳多得，充分调动和激发员工的积极性。

（3）上线新绩效系统，科技赋能业务发展。

上线新绩效系统。2021年，龙门农商银行正式上线新绩效系统。该系统能实现精准对各项业务产品逐项计价，按月返还计价绩效工资。员工能够自主使用系统查看绩效、认领业绩、分配业绩、核对绩效，业绩考核规则公开透明，实时体现业绩差距，大家互相监督，有能力、上进行强的员工能够借助系统数据提高自身业绩，形成你追我赶的竞赛考核模式，最终实现个人价值最大化。

上线绩效考核云平台。绩效云平台是根据科学的绩效管理理论进行业务流程设计，支持业绩信息的及时展现跟踪和量化计价，为农商银行（农信社）提供的一个全方位精细化考核管理工具。上线该平台后，员工通过手机移动端就可以轻松查询自己每月业绩情况。截至2022年10月末，龙门农商银行移动端使用人数为256人，系统基层使用率覆盖率达到100%。

（4）巧运用绩效成果，数字提速普惠转型。

完善“三大条线”的等级管理机制。通过季度评价考核结合年度全面考核的形式，借助绩效云平台自动提取个人业绩考核数据，为客户经理、柜员和运营主管三大条线的准入、退出和等级调整提供相关数据，有效推进建立等级管理机制，体现出责、权、利对等原则，强化客户经理团队建设。

提高了对客户分析和精准营销。新绩效考核体系，充分做到“价值客户专人维护、员工充分认领客户、平衡实体和虚拟行员的客户比例”。不仅提高日常计算兑现绩效工资的效率，还有利于员工时刻通过移动端观察客户资产等信息的变化，大幅度提升全员对客户和业绩的数据分析能力，助力员工精准营销和为领导班子的决策提供重要依据。

加快普惠金融转型。通过实施新绩效考核系统和方案，推动实现存款、贷款的业绩转化，9月末实现存款余额比年初增长8.38%、贷款余额增长4.32%，有力发挥绩效考核作为业务导向的“指挥棒”力量，提升全行整体业绩。同时，通过将户户通工作纳入绩效考核，实行计价激励，有效提高建档覆盖率、授信覆盖率和签约用信率，提速“985”任务目标达成，全行合力打造“你可贷，他可贷，龙门人民都可贷”的“全民授信”新模式，加快推动实现普惠转型发展。

附录B 资兴农商银行服务乡村振兴战略绩效管理实施[①]

1. 清晰的战略规划及实施举措

该银行所在省联社从信贷投向、继续强化服务“三农”的能力和水平、服务体系建设、联动机制建设、渠道融合、文化意识培养等维度对乡村振兴战略规划实施提出了明确的规划及举措。承接省联社规划及举措，资兴农商银行也制定了本行的乡村振兴发展规划及具体实施策略，规划从不断优化信贷结构、持续提高普惠金融水平、全面防控金融风险、持续完善服务体系建设着手，具体提出了“六项”工作的打造，即“党建共创＋战略引领”的顶层设计，“网格营销＋综合服务”的经营体系，“充分授权＋精简高效”的管理体系，“有效制衡＋全面管用”的风控体系，“创新驱动＋科技引领”的科技体系，“渠道延伸＋品牌建设”的服务体系等五大体系。在组织体系、信息化系统建设等方面也采取相应措施。如组织体系方面设置乡村振兴金融部，下设数据采集中心，并设置数据采集员；信息化系统建设方面在已有信息化系统中开发客户信息采集管理功能、获客平台客户用信管理功能、网格单位贡献度管理功能、营销地图机构村组管理功能等，服务乡村振兴业务实施中客户管理、营销实施等过程、结果的数据信息管理和及时反馈、分析等。

2. 战略绩效管理实施

资兴农商银行在现有绩效管理体系的基础上，通过优化考核内容精准传导战略导向；强化贷款质量考核，落实全面风险防控；精细化考核体系设置精准激励与约束，全面的信息化保障提升考核效率，常态化的绩效管理运营充分保障落地。

① 资料来源：资兴农商银行提供。

一是优化考核内容，精准传导战略导向。对支行设定涉农贷款、小微贷款任务指标考核，落实优化信贷结构、加大对实体经济、乡村振兴的信贷支持力度；考核线上信贷产品拓展情况，助推信贷线上化转型；考核福祥 e 站的选址建站、维护运营工作，落实综合金融服务站点建设，确实打通金融服务“最后一公里”等。

二是强化贷款质量考核，落实全面金融风险防控。贷款种类、户数、贷款的差异化考核，鼓励员工增户拓面、做小做散、支农支小，将信贷风险分散，避免信贷风险过于集中。加强贷款质量考核，严格按照五级分类与资产减值计提进行风险考核，同时对贷款权限进行区分和贷款责任进行认定，落实风险防控责任主体，实现“谁投放、谁考核、谁收益、谁负责”，避免因责任混淆导致的客户经理恐贷、惧贷。严格落实客户经理薪酬绩效延期支付与追索扣回机制，强化员工风险意识。

三是精细化考核体系，精准激励与约束。资源匹配上，做好薪酬规划与费用预算工作，单列乡村振兴板块，专包专用，实现战略导向与薪酬、费用资源流向的一致性。考核对象上，分别对支行、网格、客户经理实施考核，层层分解目标任务，传导考核压力。考核方法上，结合各考核对象特点，匹配相应考核办法，有效的激励和约束，支行经营目标责任制考核强化目标任务导向，关注目标任务完成情况；员工实施贷款业绩计价考核，直观、透明、激励性强；专项考核方案对常规考核有效补充，突出阶段性重点工作；网格营销考核，业务与考核相结合，助力营销落地实施。

机构任务考核，严格按照省联社要求对支行任务考核指标中乡村振兴相关指标权重为 10%，包括涉农贷款新增占比、普惠型小微企业贷款增速、普惠型小微企业贷款户数占比、农村信用体系建设、绿色信贷和扶贫贷款 6 项指标。

业绩计价考核，贷款业绩根据不同贷款种类（绿色金融、“涉农 + 企业”、涉农、“非农 + 企业”、非农、按揭）设置调节系数实施差异化考核，发挥绩效考核导向作用，落实行内支农支小的战略定位。乡村振兴金融部下设总行信息采集中心，专职负责信息采集和整村授信工作，为实施网格化营销做好基础信息维护校准工作。对完成信息采集及整村授信的信息采集人员进行激励，对未完成既定任务的进行扣罚。

专项方案考核，制定《湖南资兴农村商业银行股份有限公司关于开展 2022 年线上信贷产品营销推广专项考核方案》，通过对“惠农快贷”“移动营销”的考核，发挥线上渠道优势，以点带面推动客户拓展，加快信贷产品线上化转型。制定《湖南资兴农村商业银行股份有限公司关于推进“整村授信”和信用村创建工作实施方案》，深入推进普惠金融助力乡村振兴，大力推进社会信用体系建设，全面实施“整村授信”和信用村创建工作。

网格营销考核，对支行进行属地考核，网格营销过渡期实施网格内业务和网格外业务差异化考核，稳定实施后只对支行下辖网格业绩进行考核；针对不同支行内网格客户特征（如农户、商户、企业等）制定不同业务策略，结合网格差异开展特色化业务，匹配与之对应的资源，根据业务差异实施差异化考核，实现一行一策，一网（格）一策；充分利用信息采集成果，结合行内现有客户业务数据，评估网格内客户业务增长情况和覆盖情况，挖掘网格内业务潜力。

四是全面的信息化保障提升考核效率。资兴农商银行已建设多年的绩效管理信息系统，包括PC端和移动端的运用，乡村振兴考核实施中，绩效系统对接各系统已有的整村授信信息、客户信息、业务交易信息、业绩信息等，基于全面的过程、结果数据，考核精细化、量化程度，效率进一步提升，运营成本有效控降。移动端的运用，大大提升考核各项数据的应用场景和频次，有效助力客户管理、业务营销的实施。全面的数据展示及分析也促进了整个乡村振兴战略实施的有效过程管控和及时总结决策优化。

五是常态化的绩效管理运营充分保障落地。资兴农商银行自2017年起与天维公司合作建设绩效管理项目，管理、文化、软件、制度四大体系建设机制健全、运营畅通。

管理体系方面。一是建立了一纵一横的组织体系，匹配设置董事长、分管行领导、绩效考核办、绩效专管员的一纵岗位体系，一横则是总行各部门，且根据每年总行部门架构设置进行调整和完善，其中还在总行设置绩效薪酬委员会，绩效专员设置A/B角，强化组织管理、协同及专岗履职。二是建立绩效管理全流程管理机制，实行PDCA循环管理，调研访谈定需求、绩效宣讲强宣导、效果评估/月度报告施监测、绩效座谈促改进。三是将绩效管理融入全行战略管理、经营管理体系，充分发挥协同作用，清晰目标、保障资源。年度计划与薪酬规划双并行，将战略目标分解到业务条线、支行、员工自上向下分解目标，同时匹配薪酬总包、条线预算、岗位预算、业绩单价。四是制定业绩关系管理机制、办法，并线上化落地及监控。

文化体系方面。政府、同业、员工、客户四大渠道持续打造政府肯定、同业认可、员工接受、贴合客户的绩效考核文化体系，一对一辅导、专员培训、效果评估、绩效宣讲、支行调研、定期绩效分析座谈及反馈从试行到各年度的常态化运营，打造挣工资，多劳多得、多效多得的绩效分配文化，以及“为客户创造价值是员工最大的价值”的客户服务文化（见附图 B－1）。2022 年上半年月度绩效专员培训薪酬委员会议 7 次，解决问题 20 余项，正式支行调研 7 家支行。

附图 B－1　资兴农商银行行员绩效文化感受对比（2018 年 12 月、2022 年 7 月）

制度体系方面。打造了“任务考核＋营销计价”“总行垂直＋二次分配”“短期考核＋长期考核”“常规考核＋专项考核”“业绩考核＋行为监督”“主观调研＋客观平衡”的考核制度体系，并根据行内发展阶段、经营战略、员工接受度的动态变化，周期性优化绩效考核制度，始终保持与本行业务和管理的高契合度，具有资兴农商银行特色的全方位、多层次、立体式绩效考核制度体系，实现组织绩效与个人绩效紧密结合、共同发展。具体制度涉及有《业绩关系管理办法》《薪酬管理办法》《业绩考核办法》《等级评定办法》《专项考核办法》，专项办法如《“整村授信”专项竞赛活动》《网格化营销建设方案》《“调结构、降成本、提效益”存款结构优化专项考核方案》《“脱困、控险、创标杆”支行分类专项考核办法》等。

系统层面。建设电脑 PC 端绩效管理系统（PAS）、移动端绩效管理系统（MPAS），包含指标配置、考核基数设置、考核方案配置、业绩预约、业绩审批、中后台考核、绩效工资、绩效分析报告、个人桌面等功能，达到90%的考核指标及考核方案可直接通过前端配置实现。个性化定制领导驾驶舱、员工行为管理积分、客户走访、客户画像、金融超市、营销地图、网格化营销等功能，助力行员营销行为实施，实现从业绩创造、业绩分配、业绩评价、业绩改进、客户管理的行员客户价值创造全流程管理。

乡村振兴考核体系有效融入四大体系，充分有效地保障了整个体系的稳定运营和效果的呈现。具体在运营层面，月度跟进、季度评估、年度总结不同阶段频率稳定推进。

月度跟进：每月跟进支行业务开展情况，分析支行重点业务指标变动，及时发现业务短板。

季度评估：每季对全行经营任务、支行经营任务、绩效兑现情况进行分析评估，评估绩效兑现与业务变化的匹配度，评估绩效考核激励和导向作用的效果，及时诊断、及时发现、及时改进。

年度总结：总结年度规模、客户、效益、风险、结构等方面的变化，根据现有业务结构制定下一周期经营策略，同时配套设计与之对应的薪酬预算方案和绩效考核方案，确保薪酬资源流向与战略规划相匹配。

3. 取得成效

资兴农商银行乡村振兴战略的实施，构建了一套信用村服务“十个一”的标准体系，引入了“惠农快贷”一款拳头产品，总结提炼了一套整村授信“五四三二一”工作方法，开好了村级集体经济一般账户，放好了一类贷款。

绩效管理的有效运营，助力普惠金融振兴乡村各项业绩指标的进步及提升。

至2022年9月，全行75个村已启动“整村授信”工作，39个村完成“信用建设示范村”创建全流程验收，累计授信7 262户、60 950万元。全行“惠农快贷”业务签约2 483户、金额33 834万元，用信1 991户、金额20 507.73万元（累计用信2 405户、金额36 479.2万元），占当年新增信用贷款户数的86.81%。“惠农快贷”客户中首贷户1 032户，占比51.83%，占当年新增贷款客户的28%，“惠农快贷”带动信贷业务线下向线上转型初见成效。资兴辖内已有村级集体经济合作社192个，开立对公账户192户，其中基本户8个，一般户184个，完成比例100%。至2022年9月，全年累计投放脱贫人口小额信贷559笔、2 722万元，提前完成资

附图 B－2　资兴农商银行三年规划普惠金融指标（截至 2022 年 6 月）

兴市委市政府全年指导目标的 110%。目前全行现有脱贫人口贷款余额 1 475 笔、7 037万元，脱贫人口小额信贷不良率 0%。

4. 实施经验或亮点总结

国家、全省到省联社、资兴农商银行，自上而下高度重视乡村振兴工作，为乡村振兴工作的有序推进提供有力支撑。以领导班子—挂片部室—支行三级联动健全督导机制，协调资源配置、推进工作落实，狠抓问题整改、评估工作成效。做好薪酬规划与费用预算工作，单列乡村振兴板块，专包专用，实现战略导向与薪酬、费用资源流向的一致性，"计划—实施—评估—改进"形成绩效管理闭环，发挥绩效考核的应用作用。有力的绩效考核实施，为充分发挥考核引导和激励作用、支撑规划落地，提供动力保障。绩效系统实现业绩关系管理、各层级业绩指标查询、考核方案自动配置、绩效自动化核算等，灵活的系统支撑强化绩效考核及时激励作用。

附录C 2017年以来金融助力乡村振兴发展政策文件汇总

附表C-1 历年金融助力乡村振兴发展政策文件概览

编号	文件名称/事件	文件编号	发布单位	发布时间
1	关于推进政策性开发性金融支持农业农村基础设施建设的通知	农办计财〔2022〕20号	农业农村部办公厅国家乡村振兴局综合司国家开发银行办公室中国农业发展银行办公室	2022年7月
2	印发支持加快农产品供应链体系建设进一步促进冷链物流发展通知	财办建〔2022〕36号	财政部、商务部	2022年5月
3	关于2022年银行业保险业服务全面推进乡村振兴重点工作的通知	银保监办发〔2022〕35号	银保监会	2022年4月
4	关于做好2022年金融支持全面推进乡村振兴重点工作的意见	银发〔2022〕74号	人民银行	2022年3月
5	关于做好2022年全面推进乡村振兴重点工作的意见	—	中共中央、国务院	2022年2月
6	关于开展新型农业经营主体信贷直通车秋冬种专项行动的通知	—	农业农村部计划财务司	2021年10月
7	支持国家乡村振兴重点帮扶县工作方案	—	银保监会	2021年9月
8	关于开展2021年度金融支农创新试点的通知	农办计财〔2021〕35号	农业农村部办公厅	2021年9月
9	关于开展农业产业融合发展项目“兴农撮合”活动的通知	农办计财〔2021〕34号	农业农村部办公厅中国工商银行办公室	2021年8月
10	人民银行等六部门联合召开“金融支持巩固拓展脱贫攻坚成果，全面推进乡村振兴电视电话会议”	—	人民银行	2021年8月

续表

编号	文件名称/事件	文件编号	发布单位	发布时间
11	关于巩固拓展社会保险扶贫成果助力全面实施乡村振兴战略的通知	人社部发〔2021〕64号	人力资源社会保障部、民政部、财政部、税务总局、国家乡村振兴局、中国残疾人联合会	2021年8月
12	关于金融支持巩固拓展脱贫攻坚成果，全面推进乡村振兴的意见	银发〔2021〕171号	人民银行、银保监会、证监会、财政部、农业农村部和乡村振兴局	2021年6月
13	金融机构服务乡村振兴考核评估办法	公告〔2021〕第7号	人民银行、银保监会联合发布	2021年6月
14	银行业金融机构绿色金融评价方案	—	人民银行	2021年5月
15	关于金融支持新型农业经营主体发展的意见	银发〔2021〕133号	人民银行、中央农办、农业农村部、财政部、银保监会、证监会	2021年5月
16	《中华人民共和国乡村振兴促进法》表决通过	—	—	2021年4月
17	人民银行等七部门联合在九个省启动金融科技赋能乡村振兴示范工程	—	—	2021年4月
18	关于2021年银行业保险业高质量服务乡村振兴的通知	银保监办发〔2021〕44号	银保监会办公厅	2021年4月
19	关于全面推进乡村振兴加快农业农村现代化的意见	—	中共中央、国务院	2021年1月
20	关于进一步加强惠民惠农财政补贴资金“一卡通”管理的指导意见	财办〔2020〕37号	农业农村部	2020年11月
21	关于国有金融机构聚焦主业、压缩层级等相关事项的通知	财金〔2020〕111号	财政部	2020年11月
22	关于扩大农业农村有效投资加快补上“三农”领域突出短板的意见	—	中央农村工作领导小组办公室、农业农村部、国家发展改革委、财政部、人民银行、银保监会、证监会	2020年7月
23	关于进一步强化中小微企业金融服务的指导意见	银发〔2020〕120号	人民银行、银保监会、发展改革委、工业和信息化部、财政部、市场监管总局、证监会、外汇管理局	2020年5月
24	关于延续实施普惠金融有关税收优惠政策的公告	财政部税务总局公告2020年第22号	财政部、税务总局	2020年4月

续表

编号	文件名称/事件	文件编号	发布单位	发布时间
25	关于金融企业涉农贷款和中小企业贷款损失准备金税前扣除有关政策的公告	财政部税务总局公告2019年第85号	财政部、税务总局	2019年8月
26	关于开展财政支持深化民营和小微企业金融服务综合改革试点城市工作的通知	财金〔2019〕62号	财政部、科技部、工业和信息化部、人民银行、银保监会	2019年7月
27	关于将三大粮食作物制种纳入中央财政农业保险保险费补贴目录有关事项的通知	财金〔2018〕91号	财政部、农业农村部、银保监会	2018年7月
28	关于进一步深化小微企业金融服务的意见	银发〔2018〕162号	人民银行、银保监会、证监会、国家发展改革委、财政部	2018年6月
29	关于规范民间借贷行为维护经济金融秩序有关事项的通知	银保监发〔2018〕10号	银保监会、公安部、国家市场监督管理总局、人民银行	2018年4月
30	关于做好2018—2020年农机新产品购置补贴试点工作的通知	农办机〔2018〕5号	农业部办公厅、财政部办公厅	2018年3月
31	关于做好中央财政农机购置补贴机具资质采信农机产品认证结果工作的通知	农办机〔2018〕6号	农业部办公厅、国家认监委办公室	2018年3月
32	关于印发《2018—2020年农机购置补贴实施指导意见》的通知	农办财〔2018〕13号	财政部	2018年2月
33	关于政策性金融支持农村创业创新的通知	—	农业部办公厅、中国农业发展银行办公室	2017年11月
34	关于推进金融支持农业绿色发展工作的通知	—	农业部、农业银行	2017年11月

参考文献

［1］天维银行绩效考核最佳实践研究所．银行绩效管理理论与实践［M］．中国经济出版社，2019.

［2］丁家奎，李国英．银行绩效管理实践案例［M］．中国经济出版社，2020.

［3］天维银行绩效考核最佳实践研究所．战略绩效管理，为中小银行赢得未来［M］．中国经济出版社，2021.

［4］天维信息．农村中小银行绩效管理模式研究，中国农金 30 人论坛 2021 年年度重点课题，2021.